BASTEI LÜBBE

Abenteuer Leben

GEFANGENE DER SIOUX

FANNY KELLY

Mit einem kurzen Bericht
über die im Jahre 1864 von General Sully
durchgeführte Expedition gegen die Indianer,
die Auswirkungen auf meine Gefangenschaft hatte.

Aus dem Amerikanischen von
Ursula Düchting-Koch

BASTEI
LÜBBE

BASTEI-LÜBBE-TASCHENBUCH
Band 61900

Deutsche Erstveröffentlichung

Published by Arrangement with Carol Publishing Group Inc.

Die amerikanische Originalausgabe erschien unter dem Titel
MY CAPTIVITY AMONG THE SIOUX INDIANS
Printed in Germany, November 1995
Einbandgestaltung: CCG, Köln
Titelbild: © Borack 1978
Satz: hanseatenSatz-bremen, Bremen
Druck und Bindung: Ebner Ulm
ISBN 3-404-61900-5

Der Preis dieses Bandes versteht sich einschließlich
der gesetzlichen Mehrwertsteuer.

Einleitung

Von Jules Zanger, Southern-Illinois-University

Geschichten über Gefangene der Indianer haben sich, obwohl es in anderen Kulturen Vorläufer und Parallelen gibt, in Amerika zu einer eigenständigen literarischen Form entwickelt. Sie erschienen, hatten eine Blütezeit und fanden ihren Niedergang in den etwas über dreihundert Jahren, in denen die Amerikaner an der »Indianerfront« ihre Erfahrungen machten: dreihundert Jahre, in denen die Indianer ein Hindernis waren für die expandierende Zivilisation der Weißen. Mit dem Verschwinden der Grenze – und damit der Bedrohung durch die Indianer – verloren die Gefangenengeschichten ihren letzten schwachen Bezug zur Realität und schwanden ebenfalls, wobei sie schließlich in dem Schwall von Sensationsliteratur über den Westen der USA aufgingen.

Während der dreihundertjährigen Geschichte der Grenze haben die Gefangenenerzählungen sich stark verändert. Als sie anfänglich im puritanischen Neuengland erschienen, handelte es sich um die konkrete, ausführliche Darstellung von Herausforderungen und Mut, die das feste Vertrauen auf Gottes Barmherzigkeit spüren ließ. Da diese Abenteuergeschichten fast alle geschrieben wurden, nachdem die gefangenen Personen gerettet oder freigekauft worden waren bzw. hatte fliehen können, erhielten sie ihre Intensität und

Bedeutung durch die Erfahrung der wiedergewonnenen Freiheit. Für die Puritaner waren die Gefangenengeschichten sowohl der konkrete als auch der symbolische Beweis für die Existenz einer göttlichen Vorsehung.

Später jedoch fanden die Leser das Sensationselement aufregender als den Symbolwert. An die Stelle der in den frühen Geschichten zum Ausdruck kommenden starken Religiosität trat im 18. Jahrhundert eine rein formale Frömmigkeit. Die Erzählungen dienten zunehmend Propagandazwecken, bei denen es hauptsächlich darum ging, die Grausamkeit und Barbarei der Wilden sowie ihrer europäischen Verbündeten zu offenbaren. Das war das Bild, das die Gefangenengeschichten, wenn auch manchmal in abgewandelter Form, von den Indianern vermittelten, bis deren Macht endgültig zerschlagen war.

Im späten 18. und 19. Jahrhundert vermischte sich diese Propagandafunktion mit den Charakteristiken der Schauergeschichten und gefühlsbetonter Romane, so daß die Erzählungen immer sentimentaler und schockierender wurden. Die gefangene Frau warf den gefangenen Mann, weil sie ein größeres Potential an pathetischen Effekten zu bieten hatte und wegen des sexuellen Aspektes für Aufregung sorgte, fast aus dem Rennen. Die authentischen, ausführlichen Berichte, die die ganz frühen Geschichten für Anthropologen und Historiker wertvoll machen, wurden im 19. Jahrhundert ersetzt durch stilisierte, halb-fiktive, blutrünstige und sentimentale Konglomerate, die das Werk von Lohnschreibern waren, denen mehr an der Wiedergabe des allgemein verbreiteten Indianerbildes als an Authentizität lag.

Genau in dieser unergiebigen Endphase der Gefangenengeschichten erschien Fanny Kellys *Gefangene der Sioux*. Mit einem Auswanderertreck von ihrem Heimatort in Kansas unterwegs nach Idaho wurde die Neunzehnjährige am 12. Juli 1864 westlich von Fort Laramie von einer Bande Ogalallasioux gefangengenommen und bis zum 12. Dezember desselben Jahres, als sie in Fort Sully, Dakota, freikam, festgehalten. Die erstmals 1872 unter Bedingungen, die im Text erläutert werden, veröffentlichte Geschichte war untermauert mit eidesstattlichen Erklärungen von Armeeoffizieren und Indianerhäuptlingen, die in einer Zeit, in der es sich bei den meisten dieser Berichte mehr um Erfindungen als um Tatsachen handelte, deren Authentizität bestätigten. Sie ist eindeutig eines der hervorragendsten Beispiele der letzten Phase der Gefangenengeschichten. Wenn Fanny Kellys Buch auch die meisten Standardelemente der Gefangenengeschichten des 19. Jahrhunderts enthält, so stehen ihre gefühlvollen Passagen, ihre blumigen Naturbeschreibungen, ihre überschwenglichen Bekundungen von Frömmigkeit und Patriotismus doch für sich und beeinträchtigen zu keinem Zeitpunkt die detaillierte und aufregende Schilderung ihrer tatsächlichen Erlebnisse. Sie kann sich kollegial über die Squaws, die sie bewachen, äußern und sie »Schöne des Waldes« oder schlicht »Mädchen« nennen, aber sie weist verächtlich und traurig das Bild des »edlen Wilden«, wie es in der Volksliteratur propagiert wird, zurück. Bisweilen schiebt sie umfangreiche, pittoreske Beschreibungen von Sonnenuntergängen und Unwettern in den Bergen ein, aber sie läßt nur selten zu, daß ihre Neigung zu Überschwenglichkeit auf den Erlebnisteil übergreift. Alles in allem bleibt Fanny Kelly während der gesamten Tortur eine außerordentlich nüchtern denkende Frau. Bei ihrer Befreiung stattet sie ihren Dank ab, doch nicht dem Allmächtigen sondern der Fahne der Republik gegenüber. Für ihren Charakter ebenso bezeichnend ist die Tatsache, daß sie, als sie nach ihrer Gefangennahme mit einem weißen Mann spricht, als erstes fragt: »Ist Richmond eingenommen worden?«

Aus Fanny Kellys Geschichte geht hervor, daß sie eine wirklich mutige, kluge Frau ist und daß sie beobachten sowie einfühlsam berichten kann. Was ihre Erzählung jedoch wesentlich von den Dutzenden anderer, denen sie oberflächlich gleicht, unterscheidet, ist eine Ambivalenz in der Betrachtungsweise, wodurch es bisweilen zu so etwas wie unbewußter Ironie kommt. Obwohl Fanny Kelly sich ausdrücklich dazu bekennt, daß sie die Indianer wegen ihrer Falschheit und Grausamkeit haßt, legt sie eine differenziertere Haltung an den Tag, indem sie das ganze Buch hindurch viele Beispiele für die Falschheit, Grausamkeit und Ungerechtigkeit der Weißen gegenüber den Indianern anführt, was ihre Schuldzuweisungen an ihre Entführer erheblich abschwächt. Als sie einen Lagerplatz in der Nähe der Stelle, wo ihr Treck überfallen und ihre Gefährten ermordet wurden, beschreibt, weist sie darauf hin, daß er nicht weit von dem Ort entfernt ist, an dem General Harney ein paar Jahre zuvor eine Gruppe von Indianerfrauen und -kindern niedergemetzelt hatte. In ein fast ausschließlich der Hinterhältigkeit der Indianer gewidmetes Kapitel nimmt sie kommentarlos einen Abschnitt über weiße Reisende auf, die mit Strychnin versetzte Plätzchen liegenlassen, damit die Indianer sie finden.

Diese Ambivalenz zeigt sich ferner in ihrer Tendenz, sich mit ihren Entführern zu identifizieren, wenn sie ihre Erlebnisse schildert: So verändert sie ständig den

Blickpunkt und geht unvermittelt von »sie« zu »wir« über. Selbst als sie von der Flucht der Indianer vor General Sully, der sie vielleicht hätte retten können, erzählt, schreibt sie vorwiegend in der ersten Person Plural und endet gar mit der Festellung »So konnten wir entkommen und fielen ihm nicht in die Hände«.

Fanny Kellys Werk ist nicht nur wertvoll, weil es einen wirklich spannenden, an Informationen über das Leben der Indianer reichen Bericht aus erster Hand enthält, der von einer mutigen und intelligenten Frau geschrieben wurde, sondern vor allem deshalb, weil in ihm die Spannung zwischen den beiden im 19. Jahrhundert verbreiteten, gegensätzlichen Indianerdarstellungen zum Ausdruck kommt: dem wilden Aggressor einerseits und dem unglücklichen Opfer andererseits — eine Spannung, in der die beklemmende Mischung von Feindseligkeit und Schuldgefühlen, die im Mittelpunkt der gesamten amerikanischen Geschichte der Grenze stand, deutlich wird.

Widmung

Diese Geschichte widme ich von Herzen

den

Offizieren und Soldaten der Elften Ohio Cavalry

für die beharrlichen und mutigen Anstrengungen, die sie unternommen haben, um meinen Mann bei seinen Bemühungen um meine Befreiung zu unterstützen,

sowie den

Offizieren und Soldaten der Sechsten Iowa Cavalry

für die Freundlichkeit, die sie mir, als ich wieder frei und in Fort Sully war, erwiesen haben.

Die Verfasserin

Vorbemerkung

Der Sommer 1864 war durch eine Phase ungewöhnlicher Gefahr für die kühnen Pioniere, die im fernen Westen eine Heimat suchten, gekennzeichnet. Nach den schrecklichen Massakern von Minnesota im Jahre 1862 und den daraufhin in 1863 von den Expeditionen unter der Führung der Generäle Sully und Sibley vorgenommenen Strafaktionen, bei denen die Indianer in Iowa, Minnesota und den weißen Siedlungen von Dakota im Missouirital von den damaligen Westgrenzen der Zivilisation vertrieben worden waren, wurden die großen Auswandererstraßen nach Idaho und Montana zum Schauplatz neuer Gewalttaten, wobei die wilde, fast unzugängliche Landschaft eine Verfolgung und Bestrafung unmöglich machte.

Ich gehörte zu einer kleinen Gruppe von Auswanderern, die von einer überwältigenden Streitmacht feindlicher Sioux angegriffen wurde mit dem Ergebnis, daß ein großer Teil der Treckmitglieder umkam und ich für die Dauer von fünf schrecklichen Monaten gefangengenommen wurde.

Über die in dieser grauenvollen und entbehrungsreichen Zeit erlebten Abenteuer und gemachten Erfahrungen möchte ich mit einfachen Worten und ungeschönt berichten, in der Hoffnung, daß der Leser mehr an Fakten über die Gewohnheiten, Sitten und Gebräuche der Indianer sowie ihre Behandlung von

Gefangenen interessiert ist als an theoretischen Spekulationen und ausgefeilten Sätzen.

Ich muß mich jedoch entschuldigen für die Verzögerung, die bei der Veröffentlichung meiner Geschichte entstanden ist. Als ich auf der Grundlage von während meiner Gefangenschaft gemachten Notizen das Werk soweit fertiggestellt hatte, daß es erscheinen konnte, wurde das Manuskript gestohlen und gedruckt. Doch wurde das Buch zurückgehalten, bevor es an die Öffentlichkeit gelangen konnte. Nachdem ich viele Hindernisse überwunden hatte, ist es mir schließlich gelungen, die einzelnen Fragmente wieder zusammenzubekommen, und mit Hilfe meiner Erinnerungen, die sich so eingegraben haben, wie ich es keinem anderen Menschen wünschen möchte, bin ich nun in der Lage, das Ergebnis einem, wie ich hoffe, wohlmeinenden, empfänglichen Publikum vorzulegen.

I

Vorgeschichte – Von Kanada nach Kansas – Der Tod meines Vaters – Meine Heirat – »Auf nach Idaho!« – Die Überquerung des Flusses Platte – Ein Unwetter

Ich wurde 1845 in Orillia, Kanada, geboren. Unser Haus lag am Seeufer, und dort, inmitten einer freundlichen Umgebung, verbrachte ich die glücklichen Tage meiner frühen Kindheit.

In den Jahren 1852 bis 1856 erlebte der Westen, verglichen mit einer entsprechenden Zeitspanne, die bis dahin wahrscheinlich stärkste Einwanderungswelle. Diejenigen, die früher ihren Weg dorthin gefunden hatten, sandten ihren Freunden daheim so wunderbare Berichte über die Fruchtbarkeit des Bodens, die schnelle Entwicklung des Landes und die Leichtigkeit, mit der man sein Glück machen konnte, daß das »Westfieber« fast zu einer Epidemie wurde. Ganze Städte in den alten Oststaaten waren beinahe entvölkert. Alteingesessene, solide Farmer, die anscheinend über alle Annehmlichkeiten verfügten, die das Herz begehren konnte, gaben die Häuser auf, in denen ihre Familien seit Generationen gelebt hatten, und wandten sich mit ihrer ganzen weltlichen Habe der untergehenden Sonne zu. Und mit was für hochgesteckten Hoffnungen! Ach, wie wenige wurden doch nur erfüllt.

1856 schloß sich mein Vater, James Wiggins, einer

New Yorker Gruppe von Siedlern an, die auf dem Weg nach Kansas waren. Von dem Land und seinen Bewohnern angenehm berührt, gründeten sie die Stadt Geneva, und mein Vater kehrte zurück, um seine Familie zu holen.

Als wir auf dem Weg in unsere neue Heimat den Missouri erreichten, erkrankte mein Vater an der Cholera und starb.

Den von ihm erteilten Anweisungen Folge leistend, setzte meine verwitwete Mutter mit ihrer kleinen Familie den Weg in unsere neue Heimat fort. Aber oh! Mit welcher Trauer im Herzen nahmen wir davon Besitz. Es war als ob unser Lebenslicht erloschen wäre. Er, der zuvor dieses Heim für uns hergerichtet hatte, war nicht da, um es mit uns zu teilen, und uns, die wir von all unseren früheren Bindungen weit entfernt und fast allein in einem neuen, dünn besiedelten Land waren, kam es vor, als ob es keine Hoffnung mehr gäbe.

Aber Gott ist barmherzig. Er bereitet die Seele vor für die Last, die sie zu tragen hat. Wahrlich: »Er mildert den Wind für das geschorene Lamm.«

Unsere Familie blieb in diesem schönen Haus in der Prärie, wo ich mit Josiah S. Kelly verheiratet wurde.

Als meinem Mann seine Gesundheit zu schaffen machte, entschloß er sich zu einem Klimawechsel. Am 17. Mai 1864 traten wir in einer Gruppe von sechs Personen, bestehend aus Mr. Gardner Wakefield, meinem Mann, mir, unserer Adoptivtochter (dem Kind meiner Schwester) und zwei farbigen Dienern, von Geneva aus unsere Reise an, mit hochfliegenden Hoffnungen und angenehmen Visionen von einer romantischen, herrlichen Fahrt durch die Prärie sowie in dem zuversichtlichen Glauben an künftigen Wohlstand in den goldenen Bergen von Idaho.

Ein paar Tage nach Beginn unserer Reise schloß sich uns Mr. Sharp, ein methodistischer Geistlicher vom Verdigris River, einem Fluß etwa dreißig Meilen südlich von Geneva, an, und einige Wochen später überholten wir einen großen Auswandererteck, bei dem sich eine Familie aus Allen County befand, mit der wir bekannt waren: Mr. Larimer mit Frau und Kind, einem achtjährigen Jungen. Da sie lieber mit unserer kleinen Gruppe reisen wollten, verließen sie die größere und kamen zu uns. Die Bereicherung unserer kleinen Gesellschaft durch eine Vertreterin meines Geschlechts war sehr erfreulich für mich und trug dazu bei, unserem mühsamen Marsch etwas von seiner Monotonie zu nehmen.

Während der Mittags- und Abendruhe bereiteten wir unser bescheidenes Mahl, pflückten mit unseren Kindern Blumen, sammelten Beeren, spürten Merkwürdigkeiten auf oder blickten voller Staunen und Bewunderung auf die Schönheit dieses seltsamen, verwirrenden Landes.

Wir unterhielten uns auf verschiedene Art. Singen, Lesen, das Schreiben an Freunde zu Hause oder nette Gespräche füllten unsere Mußestunden.

So vergingen die wenigen glücklichen Tage unserer Reise in das Land der Sonne und der Blumen.

Wenn die Sonne unterging und ihre letzten Strahlen die steilen Gipfel der Rocky Mountains gesprenkelt aussehen ließen, versammelten wir uns um die Lagerfeuer und aßen in unserem einem Haus ähnlichen Zelt mit einem Genuß, den nur jene kannten, die wie wir reine Luft atmeten und nach den Gesetzen der Natur lebten.

Andy und Franklin, unsere Farbigen, schlugen unser

Das Lager

Lager abends immer nach dem gleichen Muster auf. Mr. Kelly ritt, wenn der Abend nahte, ein paar Meilen voraus, um den Platz zu wählen.

Die tagsüber drückend heiße Atmosphäre wurde kühl und war angereichert mit dem Duft von Präriebluen, deren wunderschöne Kelche durch den nächtlichen Tau mit himmlischem Naß gefüllt wurden.

Die Erhabenheit der Nacht durchdrang alles. Das Zwitschern der Vögel hatte aufgehört. Die Antilopen und das Rotwild ruhten in den Bergen. Man hörte kein Lachen oder Lärmen von Kindern, wie in einem besiedelten Land, kein Stapfen von geschäftigen Füßen oder Hin- und Herhasten. Alles war still. Die Natur, wie der Mensch, hatte die Mühen des Tages abgestreift und erging sich in Ruhe und Frieden.

Weiter weg, abseits des Weges, konnte man vielleicht – wie einen winzigen Funken, einen fernen Stern – in der Dunkelheit, die sich über die Erde gebreitet hat, ein kleines Lagerfeuer erkennen.

Sämtliche Augen unserer kleinen Gesellschaft waren geschlossen, keine Hand rührte sich, während wir in unseren behaglich abgedeckten Wagen lagen und auf den Anbruch eines neuen Tages warteten.

Doch das Auge, das niemals ruht, wachte über uns in unserem einsamen Lager und behütete die schlummernden Reisenden.

Mr. Wakefield, dessen Bekanntschaft wir machten, als er sich in Geneva niederließ, erwies sich als ein äußerst angenehmer Gefährte. Mit großem Respekt erinnern wir uns an ihn als an einen umgänglichen, höflichen, uneigennützigen Menschen und Gentleman.

Eine stabile Brücke überquert den Kansas. Nach einer halben Stunde Fahrt durch dichtes, schweres Waldland, über tiefschwarzen, unermeßlich fruchtbaren Boden, gelangten wir zu ihr und überquerten sie.

Dann hatten wir das liebliche, von dunkelgrünen, anmutigen Hängen durchzogene Prärietal vor Augen, wo das hohe Präriegras mit den Wildblumen dazwischen wogt.

Über Hunderte von Morgen breiten sich diese gelben, purpurnen, weißen und blauen Blumen aus und lassen die Erde wie einen kostbaren, buntgefleckten Teppich aussehen. Die Frühlingsblüten sind zart und bescheiden in ihrer Färbung. Im Spätsommer und Frühherbst jedoch kommt es zu einer solchen Prachtentfaltung, daß Salomons Gold und Purpur sich damit nicht messen könnten.

Die Natur schien in Schönheit zu schwelgen, allein

um der Anmut willen und nur für die einfachen Kinder des Waldes.

Langsam gehen Myriaden von Jahren über ihre Einsamkeit hinweg. Der zarte Frühling und der prächtige Sommer lassen aus überquellenden Schatztruhen ihre Geschenke herabfallen, während der Sprung des Wildes oder der Gesang der Vögel die Stille durchbricht.

Der Himmel ist wunderbar klar und durchsichtig. Schmale Waldgürtel und -ränder säumen die sich dahinwindenden Flüsse.

In der Ferne erheben sich kegelförmige Hügel, von blassem, nebelhaftem Dunst sanft umhüllt.

Auf der ausgetretenen Straße ziehen Auswanderer dahin. Ihren Haushalt haben sie auf lange, mit Planen bedeckte Wagen gepackt, die von Ochsen, Maultieren oder Pferden gezogen werden. Spekulanten sind mit Frauen und Kindern unterwegs in irgendeine neue Stadt. Und wir begegnen Halbblutmädchen mit dichten Augenwimpern und sonnenverbrannten Gesichtern, die zu Pferd an uns vorbeitraben.

Ich war überrascht, so viele Frauen unter den Auswanderern anzutreffen und festzustellen, wie leicht sie sich an die mit einer Fahrt durch die Prärie verbundenen Mühsale gewöhnten.

Die Auswanderer reisen in der Regel ohne Zelt und schlafen in oder unter ihren Wagen, ohne sich zu entkleiden.

Das Kochen ist auf dem Weg in den fernen Westen eine ziemlich primitive Angelegenheit: eine Bratpfanne und vielleicht ein flacher Bratentopf stellen den Hauptteil des Küchengeräts dar.

Der Mangel an Holz bereitet große Schwierigkeiten und ist unbequem. Getrockneter Büffelmist dient als Ersatz. An manchen Stationen, wo sich die Gelegenheit bot, kaufte Mr. Kelly pfundweise Holz, da ich noch nicht lange genug an die Entbehrungen der Prärie gewöhnt war, um auf einem Büffelmistfeuer gekochtes Essen zu schätzen.

Wir überquerten den Fluß Platte, indem wir vier Wagenkästen zu einem Boot zusammenbanden und uns, nachdem wir es mit Sachen beladen hatten, von etwa zwanzig Männern hinüberrudern ließen.

Wir brauchten mehrere Tage zum Übersetzen. Unser Vieh und die Pferde schwammen hinüber. Die Luft war schwer und drückend heiß gewesen; jetzt verdunkelte sich der Himmel plötzlich, und gerade, als wir das gegenüberliegende Ufer erreichten, schoß ein Blitz wie eine zickzackförmige Flamme aus den schwarzen Wolken und blendete uns mit seinem Licht. Dann folgte ein schreckliches Donnergrollen.

Es blitzte und donnerte wieder, und undurchsichtige Schwärze senkte sich bedrohlich auf uns herab, wobei sie die weiter weg gelegenen Anhöhen nahezu unseren Blicken entzog und uns wie Gefangene in dem zu unseren Füßen liegenden Tal einzuschließen schien.

Die kräftigen Blitze, die die Finsternis für einen Augenblick erhellten, machten sie nur noch beängstigender, und das schwere Rollen des Donners schien den Himmel darüber fast zu zerreißen.

Mit einem Mal brach er über unsere ungeschützten Köpfe herein, der Regen. Aber was für ein Regen! Nicht wie die sanften Tropfen eines Nachmittagsschauers oder wie bei einem gewöhnlichen Unwetter. Nein, es fiel eine Lawine von Wasser herab, die uns mit dem ersten Schwall völlig durchnäßte und, indem sie sich weiter ergoß, das Land, auf dem wir standen, zu bedrohen und den guten alten Platte in Versuchung zu führen schien, anzusteigen und es für sich zu beanspruchen.

Bei der Überquerung des Flusses hatten wir die Planen von den Wagen genommen, und es blieb uns keine Zeit, Zelte zu unserem Schutz aufzuschlagen, bis die Wucht des Unwetters nachließ. So mußten wir den Elementen trotzen, wobei ein Teil unserer Leute sich noch auf der anderen Seite des angeschwollenen Flusses befand und wir von einem wilden Schauspiel, das wir durch den herniederklatschenden Regen kaum erkennen konnten, umgeben waren.

Wenn man im Freien lebt, wird man bald heldenmütig. Daher stellten wir, als sich das Wetter beruhigte und es zuließ, soviel Schutz wie möglich auf, und schlugen, nachdem wir unsere Kleider und das Haar ausgewrungen sowie das Wasser aus den Augen gewischt hatten, unser Lager auf in der freudigen Hoffnung auf einen strahlenden neuen Tag, der uns und Hunderte von anderen Auswanderern, die mit uns unterwegs waren, dann auch nicht enttäuschte.

Jeden Sonntag begrüßten wir dankbar als Gelegenheit zur Ruhe und zum Nachdenken; aus Gewissensgründen sowie aus Pflichtgefühl feierten wir diesen Tag und hatten unsere Freude daran.

Wir ließen einen Gottesdienst mit Predigt halten, verrichteten die Gebete und sangen, was in unserer Abwesenheit von zu Hause und ohne die entsprechenden religiösen Möglichkeiten dankbar anerkannt wurde.

Etwa 25 Meilen von California Crossing liegt ein Ort namens Ash Hollow, wo sich der Blick im Raum verliert, wenn er versucht, in die Tiefe zu dringen. Hier machte sich einige Jahre zuvor General Harney einen Namen, indem er eine Gruppe feindlicher Indianer mit Frauen und Kindern rücksichtslos niedermetzeln ließ.

II

Der Angriff und die Gefangennahme

Eine Kette von Wagen und Menschen, die ebenso leuchtende Vorstellungen von der Zukunft hatten wie wir, war auf dem Weg nach Westen. Manchmal konnte man ein einzelnes Gespann allein reisen sehen.

Unsere Gruppe gehörte zu den vielen kleinen, die in das Land der Verheißung auswanderten.

An dem Tag, an dem die Mitglieder unserer verlorenen Gemeinschaft auseinandergerissen beziehungsweise getötet wurden, schrieben wir den 12. Juli. Es war warm und drückend. Die brennende Sonne sandte ihre heißesten Strahlen auf die hohen Black Hills und die riesigen Ebenen Montanas. Auf der großen Auswandererstraße wimmelte es von Männern, Frauen und Kindern sowie Viehherden, die ganze Abenteurerstädte ausmachten.

Wir warteten ungeduldig darauf, daß der Abend kam und uns nach der extremen Hitze des Tages Erleichterung brachte.

Unsere Reise war angenehm, aber auch anstrengend gewesen, denn wir waren seit vielen Wochen unterwegs.

Unsere Wagen wanden sich langsam durch das bewaldete Land, das den Little Box Elder säumte, und nachdem wir ihn durchquert hatten, fuhren wir das gegenüberliegende Ufer hinauf.

Wir dachten an keine Gefahr und hegten keinerlei Befürchtungen in bezug auf Wilde, denn all unsere Ängste waren dadurch, daß man uns ständig versicherte, sie seien freundlich, zerstreut worden.

An den Außenposten und auf den Ranches bekamen wir nur Spott über ihre vermeintliche Kriegskunst zu hören, und in Fort Laramie, wo man uns verläßliche Informationen hätte geben müssen, wurde uns erneut bestätigt, daß die Straße sicher und die Indianer freundlich seien.

Am Horseshoe Creek, den wir gerade verlassen hatten und wo sich eine Telegraphenstation befand, hatten unsere Fragen ähnliche Versicherungen zur Folge gehabt, nämlich daß das Land, durch das wir ziehen mußten, ruhig und friedlich sei.

Nachdem wir so von der Grundlosigkeit unserer Befürchtungen überzeugt worden waren, fühlten wir uns sicher und weiterhin, wie ich bereits erwähnte, zog unsere kleine Gruppe es vor, allein zu reisen, weil wir dadurch schneller vorwärtskamen.

Die Schönheit des Sonnenuntergangs sowie der Landschaft um uns herum erfüllte unsere Herzen mit Freude, und wir hörten Mr. Wakefield zum letzten Mal singen: »Auf nach Idaho!« Klein-Marys süßes Stimmchen fiel in den Chor ein. Sie war in ihrer kindlichen Heiterkeit so frohgemut wie immer an diesem Tag, das Glück und die Freude aller.

Wir zogen friedlich und gutgelaunt dahin, ohne etwas von der Gefahr zu ahnen, die wie ein Tiger an unserem Weg lauerte.

Unhörbar und ohne Vorwarnung hatten sich die Felshänge vor uns mit etwa 250 Indianern in Kriegsbemalung und mit Kriegsausrüstung gefüllt, die ihr wildes Kriegsgeheul anstimmten und eine Gewehr- beziehungsweise Revolversalve als Signal in die Luft feuerten.

Ihr schreckliches und unerwartetes Auftauchen traf uns so völlig überraschend, daß wir keine Zeit zum Denken hatten, bevor die Hauptstreitmacht innehielt und einen Teil ihrer Krieger aussandte, die uns in gleichmäßigem Abstand, jedoch in einer gewissen Entfernung von unseren Wagen, einkreisten. Unmittelbar nachdem wir uns von dem Schock erholt hatten, entschlossen sich unsere Männer zur Verteidigung und fuhren die Wagen zu einer Burg zusammen. Mein Mann hatte eine Führungsposition inne, da er der Hauptbesitzer des Trecks war. Ungeachtet unserer geringen Zahl wollte Mr. Kelly seine Stellung behaupten; aber mit aller mir zu Gebote stehenden Inbrunst flehte ich ihn an, davon Abstand zu nehmen und ausschließlich auf eine Verständigung hinzuarbeiten. »Ich bin sicher«, sagte ich, »daß du, wenn du auch nur einen Schuß abgibst, unser Schicksal besiegelst, da einem von uns anscheinend zehn von ihnen gegenüberstehen und sie uns sofort alle töten werden.«

Die Liebe, die ich für das zitternde kleine Mädchen an meiner Seite, meinen Mann und unsere Freunde empfand, gab mir die Kraft, mich gegen alles zu wehren, was unsere Chance, mit dem Leben davonzukommen, mindern würde. Arme kleine Mary! Von Anfang an hatte sie eine unbeherrschbare Angst vor den Indianern gehabt, eine Abneigung, die sich nicht überwinden ließ, obwohl ich bei unseren Begegnungen mit freundlichen Wilden versucht hatte zu beweisen, wie unbegründet sie war, und das Kind davon zu überzeugen, daß sie zivilisiert und harmlos waren, aber alles umsonst. Mr. Kelly kaufte Mary Perlen und viele kleine Geschenke von ihnen, die sie sehr bewunderte, aber immer indem sie hinzufügte: »Sie sehen mich so böse an, und sie haben Messer und Tomahawks. Ich habe Angst, daß sie mich töten.« Konnte es sein, daß sie in ihrem zarten jungen Herzen so etwas wie eine Vorahnung oder eine Warnung vor ihrem schrecklichen Schicksal verspürte?

Mein Mann ging auf den Häuptling zu und fragte nach seinen Absichten.

Der wilde Führer ritt ihm sofort entgegen und sprach die Worte »How! How!«, die als freundliche Begrüßung gelten.

Er hieß Ottawa und war einer der obersten Kriegsführer des Ogalallastammes, der zum Volk der Sioux gehört. Er schlug sich auf die Brust und sagte: »Ich guter Indianer.« Auf die um ihn herum zeigend fuhr er fort: »Viele gute Indianer, jagen Hirsch und Büffel.« Er versicherte uns, daß er den Weißen gegenüber allergrößte Freundschaft empfinde. Dann gab er meinem Mann die Hand, und seine Begleiter folgten seinem Beispiel, indem sie sich um unsere Wagen scharten und uns allen immer wieder die Hand schüttelten, bis unsere Arme schmerzten. Dabei grinsten und nickten sie jedesmal, wenn sie so ihren guten Willen bekundeten.

Wir hatten anscheinend nur die Möglichkeit, in der Hoffnung auf Hilfe Zeit zu gewinnen; daher gestatteten wir ihnen, ungehindert das zu tun, wozu sie Lust hatten. Zuerst sagten sie, sie wollten eines ihrer Pferde gegen das, das Mr. Kelly ritt (eins einer beliebten Pferderasse), austauschen. Ganz gegen seinen Willen ging er auf ihre Forderung ein und überließ ihnen das edle Tier, an dem er sehr hing.

Mein Mann kam zu mir mit Worten der Ermunterung und Zuversicht. Aber oh! Auf seinem Gesicht stand so deutlich Verzweiflung geschrieben, wie ich es noch nie gesehen hatte.

Die Indianer verlangten nach Mehl, und wir gaben ihnen von unseren Vorräten, was sie wollten. Das Mehl leerten sie auf den Boden aus und behielten nur den Sack. Sie verständigten sich mit uns teils durch Zeichensprache teils in gebrochenem Englisch, das einige von ihnen recht gut sprachen, und da wir darauf bedacht waren, ihren Launen nachzugeben und möglichst lange ein freundliches Verhältnis zu bewahren, erlaubten wir ihnen zu nehmen, was sie begehrten, und machten ihnen obendrein noch viele Geschenke. Es war, wie ich bereits festgestellt habe, sehr warm, aber sie meinten, daß sie sich wegen der Kälte nach Kleidung umsehen müßten, und erbaten welche von uns, was wir ohne den geringsten Einwand akzeptierten. Ich sagte, indem ich mich unbekümmert gab, sie müßten mir für einige Kleidungsstücke, die ich ihnen gerade ausgehändigt hatte, Mokassins geben. Daraufhin überreichte mir ein junger Indianer sehr freundlich ein hübsches, reich mit verschiedenfarbigen Perlen besticktes Paar.

Unser Bestreben, sie versöhnlich zu stimmen, wurde mit jedem Augenblick größer, denn je länger sie herumtrödelten, desto größer wurde unsere Hoffnung, daß von irgendwoher Hilfe käme. Und leider war es auch unsere einzige.

Sie wurden dreister und frecher in ihrem Verhalten. Einer von ihnen griff nach dem Gewehr meines Mannes, ließ aber davon ab, als er zurückgestoßen wurde.

Der Anführer bedeutete uns schließlich, er wolle, daß wir unseren Weg fortsetzten, und versprach, daß wir nicht belästigt würden. Wir folgten, ohne ihnen zu trauen, und bald war unser Zug wieder in Bewegung. Die Indianer bestanden darauf, unsere Herde zu trei-

Der Angriff auf unseren Treck
und meine Gefangennahme am 12. Juli 1864

ben, und wurden verdächtig vertraulich. Nach kurzer Zeit ließ mein Mann anhalten. Er sah, daß wir uns einer Felsenschlucht näherten, in deren dunkler Tiefe er einen mörderischen Angriff erwartete und aus der zu entkommen völlig unmöglich wäre. Unsere Feinde drängten uns weiter vorwärts, aber wir weigerten uns entschieden, uns zu rühren. Dann verlangten sie, daß wir Abendbrot machten, das sie, wie sie sagten, mit uns teilen und sich dann zum Schlafen in die Berge zurückziehen würden. Unsere Männer meinten, es sei am besten, sie auf ihre Kosten kommen zu lassen. Mr. Kelly gab unseren beiden farbigen Dienern Anweisung, unverzüglich Vorbereitungen zu einem Festschmaus für die Indianer zu treffen.

Andy sagte: »Ich meinen, haben Abendessen gehabt«, da sie eine ganze Stunde und noch länger Plätzchen aus unseren Vorräten gegessen hatten.

Die beiden Farbigen waren Sklaven bei den Cherokesen gewesen und kannten den Charakter der Indianer aus Erfahrung. Ihre Angst und ihr Grauen vor ihnen waren grenzenlos, und ihr Entsetzen weckte Mitleid in uns, da sie seit langem für uns arbeiteten und äußerst treue, zuverlässige Diener waren.

Alle Männer beteiligten sich an den Vorbereitungen für das Abendbrot: Mr. Larimer und Frank machten Feuer, Mr. Wakefield holte Vorräte aus dem Wagen, Mr. Taylor kümmerte sich um sein Gespann, Mr. Kelly und Andy waren etwas weiter weg und sammelten Holz, Mr. Sharp verteilte Zucker unter den Indianern. Das Abendessen, das sie verlangt hatten, war mitten in der Herstellung, als unsere schrecklichen Feinde plötzlich ihre Masken fallenließen und ihr wahres dämonisches Wesen zeigten. Gleichzeitig feuerten sie ihre Waffen ab, und als sich die Rauchwolke verzogen hatte, konnte ich Mr. Larimer zurückweichen und den armen Mr. Wakefield sich in Zeitlupe bewegen sehen, denn er war tödlich getroffen.

Mr. Kelly und Andy kamen wie durch ein Wunder mit dem Leben davon. Mr. Sharp wurde ein paar Fuß von mir entfernt getötet. Mr. Taylor — ich werde nie vergessen, was für ein Gesicht er machte, als ihn eine Gewehrkugel durch die Stirn traf. Er sah mich an, als er rückwärts als Leiche zu Boden fiel. Ich war das letzte, was er sterbend wahrnahm. Unser armer treuer Frank sank mir zu Füßen, von vielen Pfeilen durchbohrt. Ich erinnere mich mit Abscheu und Grauen an diese Szene. Meinen Mann konnte ich nirgendwo entdecken, und ich wußte nicht, wie es ihm ergangen war. Aber ich zitterte und ängstigte mich um ihn. Beim Anblick meiner Umgebung schwanden mir anscheinend für eine Weile die Sinne. Aber ich konnte nur weiterleben und ausharren.

Ich hatte nicht viel Zeit zum Nachdenken, denn die Indianer sprangen geschwind auf unsere Wagen, rissen alle Planen herunter, zertrümmerten, zermalmten und vernichteten alles, was sie am Plündern hinderte, brachen Schlösser, Truhen sowie Kästen auf und verteilten oder zerstörten unsere Sachen mit großer Eile, wobei sie ihre Tomahawks benutzten, um Kisten aufzustemmen, die sie dann rücksichtslos kleinschlugen.

Oh, was für ein schrecklicher Anblick! Die Feder vermag nicht zu beschreiben, was sich um mich herum abspielte. Die Luft war erfüllt von ihrem furchterregenden Kriegsgeheul und scheußlichen Geschrei. Ich versuchte, meine Angst so gut wie möglich unter Kontrolle zu halten, wissend daß eine Unbesonnenheit meinerseits unser Leben in Gefahr bringen könnte, obwohl ich sicher zu sein glaubte, daß auch wir zwei hilflose Frauen den Tod von ihrer Hand erleiden würden; aber ich verhielt mich still und schaute dabei so gleichgültig drein, wie ich nur konnte, in der Hoffnung, unser Leben zu verlängern, und sei es nur um ein paar Augenblicke. Doch diese Ruhe war mir lediglich einen Moment lang gegönnt. Dann stürzten sich zwei der am wildesten aussehenden Mitglieder der Bande auf meinen Wagen. Die Tomahawks in der rechten Hand ergriffen sie mit der linken meine beiden Hände und zogen mich gewaltsam hinunter, wobei sie mir die Arme schwer verletzten, ja fast brachen, so daß ich später noch viel daran zu leiden hatte. Ich drehte mich nach meiner kleinen Mary um, die mit ausgestreckten Händchen im Wagen stand, nahm sie in die Arme und half ihr herunter. Dann wandte ich mich dem Anführer zu, und indem ich ihm die Hand auf den Arm legte, erflehte ich seinen Schutz für meine Mitgefangenen und unsere Kinder. Zuerst machte er mir keine Hoffnung, sondern schien meinen Bitten gegenüber völlig gleichgültig zu sein. Teils mit Worten und teils durch Zeichen befahl er mir, ruhig zu sein, und legte, um seiner Forderung nach Gehorsam Nachdruck zu verleihen, die Hand auf den Revolver, der in einem Gürtel an seiner Seite hing.

Nicht weit hinter unserem Treck kam ein Wagen in Sicht. Der Häuptling sandte sofort eine Abordnung aus, damit sie ihn an sich brachte oder von uns ablenkte. Ich sah sie ungestüm davonreiten in Verfolgung der kleinen Gruppe, die nur aus einer Familie und einem Mann bestand, der vor dem einzelnen Wagen herritt. Der Reiter war fast augenblicklich umzingelt und von einer Pfeilsalve tödlich getroffen. Der Familienvater riß sein Gespann schnell herum, fuhr mit voller Geschwindigkeit an und übergab Peitsche und Zügel seiner Frau, die ihr jüngstes Kind im Arm hielt. Dann begab er sich ans Wagenende und warf Kisten, Truhen, alles, was er besaß, hinaus. Währenddessen setzte seine Frau ihr ganzes Sinnen und ihre gesamte Kraft daran, auf ihrer Flucht vor dem Tod die Pferde anzutreiben. Die Indianer waren inzwischen sehr nahe, so daß sie die Wagenplane mit Gewehrkugeln und Pfeilen durchsiebten, wobei ein Pfeil sich durch den Kleiderärmel des Kindes, das die Mutter auf dem Arm hielt, bohrte, es aber nicht verletzte.

Der entsetzte Mann hielt die Indianer mit seinem Revolver in Schach. Letzten Endes ließen sie von ihm ab und jagten zurück zum Schauplatz des Mordanschlags auf unseren Troß.

III

Mein Mann entkommt — Bestattung der Toten — Ankunft der Überlebenden am Deer Creek — Ein zum falschen Zeitpunkt veranstalteter Ball

Als die Indianer die verhängnisvolle Salve in unsere kleine Gruppe abschossen, während diese sich noch darauf vorbereitete, sie zum Abendbrot gastlich zu bewirten, befand sich mein Mann in einiger Entfernung von der schrecklichen Szene. Überrascht durch den unerwarteten Knall blickte er sich hastig um und sah die blassen, entsetzten Gesichter von Frau und Kind sowie Reverend Sharp, der vom Wagen fiel, während er nach Zucker und anderen Nahrungsmitteln griff, mit denen er unsere wilden Gäste bei Laune halten wollte. Die Hoffnungslosigkeit der Situation ließ sein Herz erstarren. Da er das Gewehr abgelegt hatte, um bei der Vorbereitung des Festmahls zu helfen, war es nur zu offensichtlich, daß es absolut keinen Sinn hatte, allein gegen ein solches Heer von rasenden Dämonen zu kämpfen. Seine einzige Hoffnung — und auch die war gering — bestand darin, daß die Indianer das Leben seiner Frau und seines Kindes schonen könnten, um ein Lösegeld zu erhalten. In dieser Hoffnung beschloß er, sich um den Erhalt seines eigenen Lebens zu kümmern, damit er sich später für unsere Rettung, entweder durch Verfolgung und Strategie oder durch Kauf, einsetzen konnte.

Man schoß auf ihn, und die mit Widerhaken versehenen Pfeile zischten an ihm vorbei; einige durchbohrten seine Kleidung. Er sah Mr. Wakefield fallen und wußte, daß er verwundet, wenn nicht gar tot war. Mr. Larimer kam an ihm vorbei, als er in Richtung eines in der Nähe liegenden Waldstücks um sein Leben lief.

Daraufhin rannte Mr. Kelly auf hohes Gras und Beifuß zu, wo er sich versteckte, begünstigt durch die schnell anbrechende Dunkelheit. Er wagte kaum zu atmen. Von quälender Angst um das Schicksal seiner Frau und seines Kindes gepeinigt glaubte er, ihren Hilferuf zu hören, und einmal wollte er zu ihnen eilen, um sie zu retten oder mit ihnen zu sterben. Jedes Los schien ihm besser als so schmerzliche Zweifel. Aber da er schließlich die völlige Hoffnungslosigkeit eines Rettungsversuchs erkannte und wissend, daß die Indianer manchmal das Leben weißer Frauen und Kinder, die sie gefangengenommen hatten, im Hinblick auf ein Lösegeld schonten, beschloß er noch einmal, wenn möglich sein eigenes Leben zu retten, damit er seine ganze Kraft und den Rest seines Besitzes, den die Wilden ihm nicht geraubt hatten, für die Rettung seiner Frau und seines Kindes einsetzen konnte.

An seinem gefährlichen Zufluchtsort liegend sah er, wie die Dunkelheit langsam über die Berge kroch und sich barmherzig wie ein Vorhang über der Stätte des Todes und der Verwüstung schloß, als hätte man ihn herabgelassen, um einen häßlichen Anblick zu verbergen. Er hörte, wie Kisten aufgebrochen oder zertrümmert wurden und die Indianer sich gegenseitig etwas zuriefen. Dann erreichte seine schreckliche Spannung ihren Höhepunkt. Die Indianer waren wieder auf die Pferde gestiegen, und während sie ihren furchtbaren, unheilvollen Kriegsgesang anstimmten, machten sie sich auf den Weg über die Berge und nahmen seine sehnsuchtsvollen Gedanken mit. Man kann die Qualen nicht beschreiben, die ihm diese entsetzlichen Augenblicke bereiteten.

Während er immer noch nicht wagte, sich in der Dunkelheit zu bewegen, hörte er auf einmal Schritte in der Nähe und erkannte an dem verstohlenen Gang, daß es die eines Indianers waren. In atemloser Stille duckte er sich auf den Boden, jeden Augenblick befürchtend, daß der Tomahawk auf ihn niederging und das Skalpiermesser blitzte, als, es mutet seltsam an, ihm ein giftiges Reptil zu Hilfe kam und sein Feind davor floh. Eine riesige Klapperschlange, eine der vielen, die die Gegend dort unsicher machen, hob unmittelbar neben ihm ihren geschwungenen Leib und schoß unter warnendem Klappern mit ihrem giftigen Maul nach vorn. Der herumschleichende Indianer erschrak bei dem Geräusch; andere Schlangen, besorgt um ihre Brut in den umliegenden Höhlen, wiederholten es, und der Wilde, wissend daß es tödlich wäre, sich weiter vorzuwagen, zog sich zurück und ließ meinen Mann an seinem Zufluchtsort in Sicherheit. Denn obwohl er ganz in der Nähe des bedrohlichen Reptils gelegen haben muß, geschah ihm kein Leid, und die größere Angst vor seinem menschlichen Widersacher machte ihn den Gefahren seiner Umgebung gegenüber fast gleichgültig.

Vorsichtig kroch er aus dem Unkraut und dem Gras, und als er unversehrt auf den Füßen stand, begab er sich eilends in östliche Richtung. Er mußte weit in die Berge hinaufsteigen, um die Wilden zu umgehen, und nachdem er viele Meilen zurückgelegt hatte, erreichte er schließlich den großen Treck, bei dem die kleine Gruppe, deren Verfolgung ich beobachten konnte, Zuflucht gefunden hatte.

Es ging bereits ein Zusammenschluß mit anderen Trecks vonstatten, damit man sich verteidigen konnte, und niemand wollte, obwohl Mr. Kelly inständig darum bat, mit ihm ausziehen, um seinen Freunden und seiner Familie, sofern noch jemand lebte, zu helfen.

Der Farbige, Andy, stieß bald darauf zu ihnen. Er kam ganz aufgeregt angelaufen und wollte gerade berichten, daß unsere ganze Gruppe tot sei, als er zu seiner Freude Mr. Kelly entdeckte.

Die Nachricht von dem Massaker hatte zu großer Bestürzung und Unruhe geführt, und die Sorge um seine persönliche Sicherheit hielt jeden davon ab, meinen unglücklichen Mann bei dem Versuch, Frau und Kind zu retten oder seinen vermißten Gefährten beizustehen, zu unterstützen.

Der Treck zog nicht weiter, bis er in vielen anderen, die auf demselben Weg waren, Verstärkung gefunden hatte; und selbst dann noch traf man alle Vorkehrungen, um Sicherheit zu gewährleisten und Überraschungen zu vermeiden. In vielen Fällen fuhren zum Beispiel Frauen die Gespanne, damit ihre Männer und Väter nicht in eine ungünstige Lage kommen konnten; jeder Mann trug Waffen, und wachsame Augen waren auf jeden Felsen, jede Schlucht gerichtet für den Fall, daß von dort eine Attacke drohte.

Nachdem sie ein Stück weitergezogen waren, kamen sie zum ersten Mordschauplatz, wo sie den Gefährten des Mannes, der mit seiner Familie so knapp entkommen war, tot vorfanden. Sie legten die Leiche in einen Wagen und setzten ihren Weg fort zu der schrecklichen Stelle, wo das Gemetzel an unserer Gruppe stattgefunden hatte.

Die Wagen standen noch da, und auf dem Boden lagen Federn, Mehl und das, was von vielen nur halb zerstörten Sachen übriggeblieben war, herum.

Mr. Kelly, unsicheren Schritts, von Andys starkem Arm gestützt, war unter den ersten, die den Ort absuchten; sein großer Kummer wegen des unbekannten Schicksals seiner Familie trieb ihn voran, obwohl er kaum daran zu denken wagte, was er an dieser blutigen Stätte entdecken könnte.

Man fand die toten Körper von Mr. Sharp, Mr. Taylor und unserem farbigen Diener, Franklin, da, wo sie hingefallen waren. Den armen Frank hatte ein Pfeil getroffen, der ihm durch beide Beine gedrungen war, so daß sie zusammengeheftet waren. In diesem Zustand hatten ihn die skrupellosen Kerle ermordet, indem sie ihm den Schädel zertrümmerten.

Sowohl Mr. Sharp als auch Mr. Taylor hinterließen daheim große, um sie trauernde Familien. Mr. Larimer kam herbei mit einer Pfeilverletzung am Arm. Er hatte die ganze Nacht hindurch versucht, sich seinen wilden Verfolgern zu entziehen, und war sehr müde und erschöpft sowie in großer Sorge um seine Frau und seinen Sohn, einen kräftigen kleinen Kerl von acht oder neun Jahren.

Aber Mr. Wakefield war nirgendwo zu sehen. Nachdem man eine Weile im Unterholz gesucht hatte, fand man ihn eine Viertelmeile vom Tatort entfernt. Er lebte noch, war aber von drei Pfeilen getroffen, die er vergeblich herauszuziehen versucht hatte. Es war ihm nur gelungen, die Schäfte zu entfernen. Die Stahlspitzen saßen noch tief im Fleisch. Mr. Kelly nahm sich seiner an und sorgte für ihn so gut und so liebevoll, wie er nur konnte. Brüder hätten einander nicht mehr zugetan sein können. Dann beschaffte er ein möglichst bequemes Transportmittel und hob ein paar Überbleibsel von unserem verwüsteten Troß auf, darunter auch ein Tagebuch, in dem von unserer Heirat bis zum Überfall der Indianer auf unserer Reise alles festgehalten war. Dieses Buch bedeutete ihm, wie er sagte, mehr als sein Leben.

Das nächste, was getan werden mußte, nachdem man die Verwundeten versorgt hatte, war die Bestattung der Toten. Ein breites Grab wurde ausgehoben, und dann übergab man die vier Körper, ohne Sarg, feierlich der Erde, bedeckte sie mit einem Büffelfell und häufte Erde auf ihre leblosen Herzen.

Damals führte die Frage der Hautfarbe noch zu vielen Unstimmigkeiten, und es gab große Unstimmigkeiten darüber, ob es sich schickte, den Farbigen das Recht einzuräumen, neben ihren weißen Brüdern zu sitzen. Der arme Franklin hatte mit unseren Gefährten den Tod geteilt und wurde nicht für unwürdig befunden, auch das Grab mit ihnen zu teilen. Sie liegen zusammen im Tal des Little Box Elder, wo unsere Freunde sie voller Trauer zurückließen, im Gedenken an die hochgesteckten Hoffnungen und die furchtlose Tatkraft, mit der sie ihre Reise angetreten hatten, wobei jeder von ihnen sich des zu erwartenden Erfolgs sicher war und nie auch nur einen Augenblick lang an ein Grab in der Wildnis gedacht hätte, das sich über ihnen und ihren irdischen Hoffnungen schließen würde. Man bestattete sie in der Einsamkeit der Prärie, 1000 Meilen entfernt von ihren geliebten Frauen und Kindern, die ihr trauriges, zu frühes Ende beweinen.

Mr. Kelly fand einen Teil seiner Herde beim Grasen in der Nähe; die von Mr. Sharp war immer noch an den Pfahl gebunden, an dem er sie sorgfältig festgemacht hatte. Die Indianer hatten unsere Pferde genommen, die Rinder aber zurückgelassen, wie sie es immer tun, wenn sie auf dem Kriegspfad sind, es sei denn sie brauchen Fleisch zum sofortigen Verzehr. Ein paar Tiere hatten sie jedoch erschossen und zum Verwesen liegenlassen. Auf dem Boden waren viele Pfeile verstreut, deren eigenartige Markierungen erkennen ließen, daß ihre Besitzer alle zu einem Stamm, aber zu unterschiedlichen Gruppierungen gehörten. Sie glichen einander in Form und Verarbeitung: Die Schäfte waren rund, drei Fuß lang und an den Seiten gerillt, damit das Blut des Opfers ungehindert abfließen konnte; oben waren sie jeweils mit drei, etwa sieben Zoll langen Federstreifen versehen, während sich am anderen Ende eine Stahlspitze befand, die nur schwach befestigt war, so daß sie sich, wenn sie ins Fleisch eindrang, leicht löste. Die Tiefe der Wunde hängt von der Entfernung des Ziels ab. Manchmal gehen die Pfeile ganz durch den Körper hindurch, aber gewöhnlich ist ihre Wucht aufgebraucht, wenn die Spitze und ein paar Zoll des Schafts eingedrungen sind.

Nachdem man es den Verwundeten so bequem gemacht hatte, wie die Umstände es erlaubten, zog der Treck am Abend weiter zu einem Lager, das eine Meile von der traurigen Stelle entfernt war, wo die Reise unserer verlorenen Gefährten, deren Bild vom goldenen Land erhabener und strahlender sein mußte als irdische Augen es je zu schauen vermögen, für immer geendet hatte.

Am Morgen des nächsten Tages erreichten die Reisenden das Fort Deer Creek, wo Mr. Kelly ärztliche Hilfe für die Verwundeten fand und ein Zelt zu ihrem Schutz besorgte. Er versuchte, ihnen Erleichterung zu verschaffen, und mit Hilfe der freundlichen Menschen vom Fort konnte er es ihnen leidlich angenehm machen.

Kommandierender Offizier des Forts war Captain Rhineheart, der anordnete, ihm den Besitz der Verstorbenen zu übergeben, was Mr. Kelly tat.

Die Nachricht von dem Angriff und Massaker war schneller gereist als die Leidtragenden der Barbarei. In der Garnison hatte man davon erfahren, bevor der Treck eintraf, und zwar durch ein paar Soldaten, die von Fort Laramie zurückkehrten, wo sie Geld vom Zahlmeister geholt hatten, dem von dem Überfall auf der Straße berichtet worden war. Im Vorbeireiten hatten die Soldaten dann einen flüchtigen Blick auf das furchtbare Schlachtfeld geworfen.

Am Abend des Tages, an dem der große Treck im Fort angekommen war, gaben die Offiziere einen Ball und luden die Frauen der Auswanderer, die in der Nachbarschaft ihr Lager aufgeschlagen hatten, zu diesem zu einem unpassenden Zeitpunkt stattfindenden Fest ein.

Die Mutter des Kindes, das so knapp dem Tod entronnen war, borgte sich, da sie bei den Bemühungen, der Verfolgung durch die Indianer zu entgehen, ihre eigene Garderobe verloren hatte, ein Kleid von einer Dame, die im Fort wohnte, und besuchte die Veranstaltung. Sie tanzte und beteiligte sich an den Lustbarkeiten, als ihr Reisegefährte und unsere armen Männer kaum beerdigt und von der schweren Wolke unseres Unglücks in Dunkelheit gehüllt worden waren. So wirken sich mangelnde Einflüsse der Gesellschaft und Zivilisation, das Leben mit der Gefahr und die Vertrautheit mit Terror und Tod aus.

Die Menschen werden leichtfertig und verlieren oft das zarte Mitgefühl, das das Leiden erleichtert, durch die häufige Begegnung damit in seiner schlimmsten Form.

IV

Der Beginn meiner Gefangenschaft

Das, was ich im vorangegangenen Kapitel über die Erlebnisse und Abenteuer von Mr. Kelly nach dem Angriff auf unseren Troß berichtet habe, hat dieser mir, als ich wieder frei und bei ihm war, erzählt.

Nun kehre ich zu meinen eigenen schrecklichen Erlebnissen zurück.

Man führte mich mit Mary ein kurzes Stück vom Wagen weg und hieß mich schweigen. Ich versuchte, mich zu fügen; aber oh, wie sehnte sich mein Herz danach zu fliehen, was, wie ich hoffte, meinem Mann gelungen war. Doch viele wachsame Augen beobachteten mich, und auf allen Seiten war ich von Feinden umgeben. Ich erkannte, daß ein Fluchtversuch zu diesem Zeitpunkt nur fehlschlagen konnte und wahrscheinlich den Tod aller Gefangenen nach sich ziehen würde.

Mrs. Larimer kam mit ihrem Jungen zu uns. Sie zitterte vor Angst und sagte: »Die Männer sind alle entkommen und haben uns den Wilden preisgegeben.«

Ich antwortete: »Ich hoffe, sie sind entkommen. Was würde es uns nützen, sie hier zu haben, damit sie Angst und Gefahr mit uns teilen? Man würde sie töten und damit all unsere Hoffnungen auf Rettung zunichte machen.«

Sie war äußerst erregt. Ihr Schmerz schien seinen

Höhepunkt erreicht zu haben, als sie sah, wie die Indianer ihren Besitz zerstörten, der hauptsächlich aus Daguerreotypiegeräten bestand. Sie hatte sehr gehofft, mit der Ausübung dieser Kunstfertigkeit in den Bergbaustädten von Idaho ihr Glück zu machen. Als sie sah, wie ihre Chemikalien, Bildkästen und andere Teile ihrer Berufsausrüstung vernichtet wurden, schrie sie so laut und verzweifelt, daß der Anführer der Bande zu uns kam und mit blitzendem Messer drohte, ihr alles weitere Leid auf dieser Welt zu ersparen. Das war für sie ein kritischer Augenblick. Die Indianer verspürten Mut angesichts ihres leicht errungenen Sieges über einen schwachen Gegner; sie hatten »Blut geleckt«, und so reichte schon die kleinste Provokation, um sie auch noch das von wehrlosen Frauen und Kindern vergießen zu lassen.

Meine eigenen Qualen konnten nicht geringer sein als die meiner Leidensgenossin. An den Verlust unseres irdischen Besitzes, der nicht unbeträchtlich war — bestand er doch aus einer großen Viehherde, Lebensmitteln und Waren, die in den Bergbaugegenden einen besonderen Wert hatten — dachte ich nicht. Das Schicksal meines Mannes, die dunkle, beängstigende Zukunft, die sich vor mir und Klein-Mary auftat — um letztere machte ich mir mehr Sorgen als um mich —, waren die Dinge, die mir im Kopf herumgingen und für rein finanzielle Erwägungen keinen Raum ließen.

Aber meine arme Gefährtin befand sich in großer Gefahr, und vielleicht war es der selbstsüchtige Gedanke daran, daß ich in der Gefangenschaft künftig allein sein würde, der mich dazu bewegte, mich dafür einsetzen, daß ihr Leben verschont blieb. Ich trat an die Seite des Anführers und bat ihn, eine Heiterkeit an den Tag legend, die ich nicht annähernd verspürte, erfolgreich um ihr Leben.

Ich versuchte alles, um unseren wilden Gegner versöhnlich zu stimmen, erhielt aber keinerlei Zeichen von Freundlichkeit oder Nachsicht, wie ich es damals verstand. Er schenkte mir jedoch den Kranz aus lustigen Federn, den er auf dem Kopf trug. Ich nahm ihn an und hielt ihn lediglich für ein Schmuckstück. Dabei war er, wie ich später lernte, ein Beweis seiner Gunst und Schutzbereitschaft.

Dann verließ er uns, um sich seinen Anteil an der Beute zu sichern, aber wir sahen uns von besonderen Wachposten mit Waffen umgeben, so daß wir den Kampf gegen das, was unser unausweichliches Schicksal zu sein schien, aufgaben und uns verzweifelt auf den Boden setzten.

Ich weiß jetzt, daß die Nacht anbrach, während wir dasaßen, und die Dunkelheit sich über die Stätte der Verwüstung und des Todes legte, bevor die Indianer ihre Vorbereitungen zum Aufbruch abgeschlossen hatten.

Den ersten Hinweis darauf, daß es nicht geplant war, uns sofort zu töten, erhielten wir durch ein paar Kleidungsstücke, die uns von einem jungen Indianer namens Wechela, der uns zu verstehen gab, daß wir sie bräuchten, übergeben wurden.

Es war traurig, die entsetzten Gesichter unserer hilflosen Kinder zu sehen, die wir, obwohl sie sich schutzsuchend an uns klammerten, nicht beschützen konnten. Mrs. Larimer wußte nicht, daß es in unserer Gruppe Tote gegeben hatte. Ich sagte ihr auch nicht, was ich miterlebt hatte, aus Angst, sie könnte es nicht ertragen, sondern bemühte mich, ihr zuzureden und sie zu ermuntern, damit sie in ihrer Erregung nicht ihren Tod beschleunigte oder sich den Zorn unserer Feinde zuzog.

Wir befürchteten beide, daß die Indianer, wenn sie ihre Vorbereitungen zum Aufbruch getroffen hatten, sich unserer schnell mit dem Skalpiermesser entledigen würden. Aber selbst wenn wir vorerst davonkämen, sahen wir keine Chance, aus der Gefangenschaft entlassen zu werden. Schreckliche Angst um das Schicksal der Kinder hatte von mir Besitz ergriffen, und all das Grauenvolle, das wir über Gefangene der Indianer gehört hatten, drängte sich mit einer neuen, furchterregenden Bedeutung in unseren Köpfen zusammen — das langsame Verbrennen, das erbarmungslose Messer, die vergifteten Pfeile, die Folter des Hungers und tausend namenlose, Qualen bereitende Gespenster zogen an unserer geplagten Seele vorbei. Sie erfüllten uns mit solcher Furcht, daß der Tod im Vergleich dazu eine Erleichterung sein mußte.

Es mag fast undenkbar erscheinen, daß jemand, der so in Ängste verstrickt ist, die Seele zum Gebet sammeln kann, aber

In der Not ist die Seele stumm,
die nicht zu Gott ruft,

und die einzigen Augenblicke, in denen wir der Verzweiflung entkommen konnten, waren die, in denen wir unsere zitternden Herzen zu unserem barmherzigen Gott erhoben.

Ich werde jene schmerzlichen Stunden nie vergessen. Es bedrückte uns eine Furcht, die wir nicht erklären oder greifen konnten. Da waren die plötzliche Trennung von denen, die wir liebten und denen wir vertrauten, unsere eigene Hilflosigkeit und die dunkle Ungewißheit, die über der Zukunft lag. — Niemand kann wohl besser Zeugnis für den Wert des Gottvertrauens ablegen als der, der auf Erden anscheinend keine Hoffnung mehr haben kann. Und so schwach unser Glaube auch war, er rettete uns vor völliger Trostlosigkeit und finsterer Verzweiflung.

Unter den überall herumliegenden Sachen jedweder Art suchte der junge Indianer, Wechela, mir ein Paar Schuhe heraus, und auch eines für Klein-Mary. Er schaute freundlich drein, als er sie vor mich hinstellte und mir durch Gesten andeutete, daß unser Leben verschont bliebe und wir die Schuhe sowie andere Kleidungsstücke auf unserem langen Marsch in die Gefangenschaft bräuchten. Er brachte mir auch einige Bücher und Briefe, die ich alle dankend entgegennahm. Sogleich beschloß ich, sie mir zunutze zu machen, und verbarg soviel wie möglich davon in meiner Kleidung. Ich sagte zu Mrs. Larimer: »Wenn ich diese Papiere und Briefe behalten kann und wir mit den Indianern in ihr unbekanntes Land ziehen müssen, dann werde ich sie in bestimmten Abständen entlang unserer Route als Wegweiser fallenlassen und im Vertrauen auf Gott hoffen, daß unsere Freunde sie finden und ihnen zu unserer Rettung folgen, oder wenn sich eine Gelegenheit zur Flucht bietet, werden wir sie ergreifen und so den Rückweg finden.«

Das, was die Indianer nicht mitnehmen konnten, warfen sie auf einen Haufen und zündeten ihn an. Im Licht der Flammen konnten wir sehen, wie sie ihren und unseren Pferden emsig Beuteteile aufluden und zum Aufbruch rüsteten. Als sie fertig waren, kamen sie zu uns und gaben uns zu verstehen, daß wir sie begleiten müßten, indem sie auf die Pferde wiesen, die sie zu uns geführt hatten, und uns aufforderten, sie zu besteigen. Das mir zugeteilte Pferd hatte Mr.

Larimer gehört und lahmte hinten, was ich ihnen klarzumachen versuchte. Aber es gelang mir nicht.

So erhielten wir die erste zuverlässige Versicherung, daß unser Leben nicht unmittelbar in Gefahr war, und wir nahmen sie dankbar entgegen. Mit der Aussicht auf Leben entstand wieder Hoffnung sowie die Zuversicht, daß Gott uns nicht verlassen hatte und daß wir vielleicht wieder einmal mit unseren Freunden vereint sein würden, die uns nie teurer erschienen als in dem Augenblick, in dem wir von den feindlichen Söhnen des Waldes in Gefangenschaft geführt wurden.

Viele Menschen haben mir seitdem gesagt, daß sie den Tod einem Leben mit einer solchen Aussicht vorgezogen und, anstatt sich von Wilden in dunkle Ungewißheit verschleppen zu lassen, lieber selbst Hand an sich gelegt hätten. Doch nur diejenigen, die in den finsteren Abgrund des Todes geschaut haben, wissen, wie die Seele vor einer unbekannten Zukunft zurückschreckt.

Das Leben ist ein guter Lehrmeister. Wir waren gerade bei ihm in der Schule und lernten, daß wir, solange die Hoffnung auch nur die geringste Ausflucht läßt, an der beängstigenden Schwelle zur Ewigkeit Halt machen und uns nach Hilfe umsehen.

Mrs. Larimer war in den Sattel gestiegen – ihr Junge saß hinter ihr auf demselben Pferd – und ritt los, von einer Gruppe Indianer begleitet. Ich stieg auch auf. Doch kaum war ich oben, brach das Pferd zusammen, und ich lag unter ihm, wodurch ich mir neue Prellungen zuzog, die sehr schmerzhaft waren. Durch den Zwischenfall blieb ich zurück, und die Furcht, in dieser schrecklichen Wildnis von der einzigen weißen Frau getrennt zu sein, erfüllte mich mit Grauen.

Schon bald hatten sie ein anderes Pferd für mich

gesattelt und halfen mir aufzusteigen. Ich sah mich nach meiner kleinen Mary um. Da stand sie, ein armes, hilfloses Lamm, inmitten von blutrünstigen Wilden. Ich streckte flehentlich die Arme nach ihr aus. Einen Augenblick lang zögerten sie, doch dann gaben sie zu meiner unbeschreiblichen Freude nach und reichten mir das Kind. Danach ritten sie los, wobei sie mein Pferd führten. Sie gaben mir auch ein Seil, das sie am Unterkiefer des Pferdes befestigt hatten.

Die Luft war kalt und der Himmel hell vom Glitzern der Sterne. Das in der Ferne über die Felsen herabstürzende Wasser klang in unseren lauschenden Ohren wie ein leises, angenehmes Rauschen. Die ganze Natur strahlte Frieden und mitleidslose Ruhe aus. Sie wußte nichts von unserem schrecklichen Elend. Der Ruf der Nachtvögel und das Zirpen der Insekten kamen uns schmerzhaft laut vor, als wir abzweigten und das Tal des Little Box Elder verließen.

Angestrengt versuchte ich die Schatten des Waldes zu durchdringen, in dem sich vielleicht unsere geflohenen Freunde versteckten. Die glimmenden Überreste unserer Habe zerfielen zu Asche, und der Rauch verzog sich. Die Nacht hatte ihren schützenden Mantel über die Spuren des Chaos und des Kampfes gebreitet. Alles wirkte ruhig und unendlich friedvoll.

Ich wandte mich um und warf einen letzten Blick zurück. Nun war auch der Rauch geschwunden; die erhabenen Bäume, das Geräusch des Wassers, der sanfte Nachtwind und das Licht der Sterne berichteten nichts davon, daß hier Verwüstung und Tod stattgefunden hatten. Mit meinem sich an mich klammernden Kind ritt ich weiter in meiner Hilflosigkeit, und es gab nichts, an das ich mich halten konnte, außer meinem Gottvertrauen.

V

Ein Plan für Klein-Mary – Quälende Ungewißheit – Ein fehlgeschlagener Fluchtversuch

Die Indianer verließen den Schauplatz ihrer grausamen Habgier und zogen, ihren monotonen Kriegsgesang singend, gen Norden. Nach einem Ritt von zwei Meilen durch hohes Unkraut und Büsche, verließen wir das Tiefland, erklommen einige Felshänge und kamen bald darauf zu einem Wasserlauf, der leicht zu durchqueren war und wo die Indianer ihren Durst löschten.

Die Berge dahinter waren schwerer zu besteigen, und die Schluchten schienen beängstigend tief, wenn wir in die schwarzen Schatten blickten, die von dem schwachen Sternenlicht nicht gemildert wurden.

Auf diesem Ritt durch die Dunkelheit faßte ich einen Plan für Klein-Mary.

Ich flüsterte in ihr kindliches Ohr: »Mary, wir sind nur ein paar Meilen von unserem Lager entfernt, und das Flüßchen, das wir hinter uns haben, kannst du leicht durchwaten. Ich habe unterwegs Briefe fallenlassen, um unseren Freunden die Richtung zu weisen, in die wir gezogen sind; sie werden dich wieder zurückführen. Es könnte deine einzige Chance sein, dem Tod zu entrinnen. Spring' leise ab, und leg' dich eine Weile auf den Boden, damit man dich nicht sieht. Dann geh' den Weg zurück. – Möge Gott in seiner Barmherzigkeit dich begleiten. Wenn ich kann, komme ich nach.«

Das Kind, das für sein Alter ausgesprochen verständig war, willigte sogleich ein. Seine Augen leuchteten auf, und sein junges Herz pochte, als es an das Gelingen des Plans dachte.

Ich wartete auf eine günstige Gelegenheit. Dann ließ ich es vorsichtig und unbeobachtet auf den Boden hinab, wo es liegenblieb, während die Indianer ihren Weg fortsetzten, ohne den Verlust zu bemerken.

Was ich nach dieser Trennung empfand, kann ich unmöglich schildern. Die Qualen, die ich litt, sind nicht zu beschreiben. Ich war fest davon überzeugt, richtig gehandelt und Mary zu der einzigen Fluchtmöglichkeit verholfen zu haben, die ich ihr geben konnte. Doch die schreckliche Ungewißheit in bezug auf das, was sie vielleicht erwartete, war fast unerträglich.

Ich dachte so intensiv darüber nach, daß ich schließlich verzweifelte und beschloß, ihr um jeden Preis zu folgen. Also paßte ich wieder eine entsprechende Gelegenheit ab und glitt unter dem freundlichen Schutz der Nacht ebenfalls vom Pferd, das seinen Weg ohne Reiter fortsetzte.

Doch mein Plan ging nicht auf. Meine Flucht wurde bald entdeckt. Die Indianer drehten um und ritten zurück, um mich zu verfolgen. In das Unterholz gekauert hätte ich mich in der Dunkelheit vielleicht retten können, wenn sie nicht so schlau gewesen wären. In einer Reihe von 40 oder 50 nebeneinander reitend, deckten sie praktisch das ganze Gelände ab, als sie bei mir vorbeikamen.

Die Pferde wurden so geführt, daß sie mich verraten mußten, denn vor meiner geduckten Gestalt scheuten sie, blieben stehen und bäumten sich auf. So wußten die Indianer, wo ich mich versteckte.

Mit großer Geistesgegenwart erhob ich mich in dem Moment, in dem ich mich entdeckt fand, und dadurch daß ich eine Lügengeschichte, Erfindung eines Augenblicks, erzählte, gelang es mir teilweise, ihren Zorn zu mildern.

Ich sagte, das Kind sei eingeschlafen und vom Pferd gefallen; ich hätte mich vergeblich bemüht, sie darauf aufmerksam zu machen, und aus Angst, ich könne es nicht mehr finden, wenn wir weiterritten, sei ich abgesprungen und hätte mich allein auf die Suche gemacht.

Die Indianer reagierten sehr heftig und machten mir klar, daß, wenn ich erneut versuchen sollte, zu fliehen, meine Bestrafung entsprechend ausfallen würde.

Dann versprachen sie, nach dem Kind suchen zu lassen, wenn es hell wurde. Arme kleine Mary! Allein in der Wildnis, ein kleines, hilfloses Kind; wer kann seine Furcht beschreiben! Nur auf den Glauben und Wagemut bauend hielt dieses kleine, zitternde Wesen die langen Nachtstunden hindurch Wacht.

Der einsame, melancholische Ruf des Nachtvogels hatte nichts Beängstigendes an sich für das kleine, inmitten des Präriegrases kauernde Mädchen auf der Wanderschaft. Das Heulen des vorbeiziehenden grauen Wolfs konnte die verlassene Wächterin vielleicht erschrecken, ihr aber nicht den Glauben aus dem Herzen reißen.

Gott ist gerecht! Engel werden die unsicheren Schritte zu Freunden und nach Hause lenken. Wie konnte dieses Kind, das frei von jeder Schuld war, anders als darauf vertrauen, daß die unsichtbaren Hände von Geistern es aus den sie umgebenden Gefahren hinausführten.

VI

Die Fortsetzung unseres Marsches durch die Wildnis — Durst und Müdigkeit — Das Verschwinden meiner Mitgefangenen — Der Verlust der Pfeife des alten Häuptlings und die Folgen für mich — Eine Schreckensszene

Um den Faden meiner eigenen Geschichte wiederaufzunehmen und auf die Fortsetzung meiner Reise mit den Wilden nach der unvergeßlichen Nacht, in der ich mich von Klein-Mary trennte, und meinen eigenen Fluchtversuch zurückzukommen, will ich dem Leser das Bild der gefährlichen, steilen Pfade in den hohen Felsen, denen wir uns genähert hatten, sowie die furchtbaren, schwindelerregenden Höhen über dunklen Abgründen oder schrecklichen, finsteren Schluchten, wo sich nur Indianer hinwagen, vor Augen führen.

Die Schwärze der Nacht und die Angst vor unseren wilden Begleitern machte diesen gefährlichen Ritt noch schlimmer. Als wir, bevor wir in diese Festung aus Felsen eindrangen, den kleinen Fluß passierten, hatten wir einige, seine Ufer säumende Waldstücke hinter uns gelassen.

Ich erinnere mich, daß ich sehnsüchtig nach dem dunklen Schutz dieser freundlichen Bäume Ausschau hielt und von dem fast unbezwingbaren Wunsch besessen war, vom Pferd zu springen und das Schicksal herauszufordern, indem ich versuchte, in ihren schützenden Schatten zu gelangen. Aber die Gewehre der Indianer hinter mir und meine Angst vor dem sofortigen Tod hielten mich davon ab. Und nun fesselte mich die wilde, furchterregende Landschaft um uns herum, durch die unsere schrecklichen Wärter mit Leichtigkeit ritten, obwohl es unmöglich schien, daß Mensch oder Tier auf so schroffen Gipfeln und in so felsigen Schluchten nicht den Halt verloren.

Die kühle Luft und das Plätschern von Wasser deuteten darauf hin, daß in der Nähe ein Fluß sein mußte; und schon bald lenkten die Wilden ihre Pferde einen steilen Hang hinunter, der wie eine mächtige Wand das große Bett des nördlichen Platte abschloß.

Ich sah, daß der Fluß schnell floß und tief war, aber wir überquerten die Sandbank, begaben uns hinein und trotzten der Strömung.

Von dem Kind kam ich leicht zu meinem Mann. Ja, wenn ich an den einen dachte, hatte ich den anderen auch im Geiste vor mir, und in dem Markieren des Rückwegs mit Briefen und Papieren schien für mich die einzige Hoffnung zu liegen, durch ihn gerettet werden zu können.

Als die Pferde in den anschwellenden Fluß eintauchten, ließ ich heimlich noch einen Brief fallen, der — darum betete ich — ein Hinweis auf das Labyrinth sein könnte, durch das wir geführt wurden; denn ich konnte an allen Vorsichtsmaßnahmen der Indianer erkennen, daß sie durch die Art und Weise, wie sie sich bewegten, jeden, der den Versuch wagte, uns zurückzubekommen, irreführen wollten.

Sie hatten Pfade gewählt, die für Weiße unzugänglich waren, und Überquerungen an Stellen vorgenommen, wo Trecks unmöglich passieren konnten, so daß sie nicht auf Auswanderer stoßen würden. Nachdem sie das gegenüberliegende Ufer erreicht hatten, teilten sie sich in Gruppen auf und ritten in alle Richtungen, außer nach Süden, um eventuelle Verfolger durch die verschiedenen Spuren zu täuschen oder zu verwirren.

Die Gruppe, in der wir uns befanden und die uns beaufsichtigte, zog nach Norden und hielt sich dabei leicht westlich. Ich versuchte, die Himmelsrichtungen zu bestimmen, da dies zu der Hoffnung beitruge, auf die ich mich stützte.

Mr. Kelly hatte gesagt, daß unsere Position am Little Box Elder etwa zwölf Meilen von der Station Deer Creek entfernt war, die nordwestlich von uns lag. Mir den Kurs merkend, den wir verfolgten, versuchte ich, durch Berechnung der Entfernung diese Position im Sinn zu behalten, denn auf sie richtete sich mein ganzes Sehnen nach Hilfe und Erleichterung.

Nachdem wir den Fluß durchquert hatten und aus den Felsen herausgekommen waren, gelangten wir an einen klaren, kühlen Wasserlauf, der sich durch ein liebliches Tal zog und überall köstliche Frische verbreitete.

Leuchtende Blumen öffneten ihre prächtigen Kelche dem auf sie fallenden Sonnenschein, und zarte Blüten verbargen sich in dem üppigen Buschwerk sowie dem Moos an den Wurzeln der großen alten Bäume.

Die erwachenden Vögel schwangen sich laut frohlockend in den Himmel, und die Natur freute sich auf den anbrechenden Tag.

Dieser schöne und liebliche Anblick spottete meiner schlaflosen Augen, und die Verzweiflung zerriß mir das Herz. Trotzdem unternahm ich übermenschliche Anstrengungen, um heiter zu wirken, denn ich hatte nur die Möglichkeit, mich zu fügen und versöhnlich zu geben. Meine Furcht vor ihnen war zu mächtig als daß sie mir erlaubte, auch nur einen Moment meinen Gefühlen ihren Lauf zu lassen.

Sie hatten an verschiedenen Stellen Wachposten aufgestellt, die sie warnen sollten, wenn sich jemand näherte, um uns zu befreien. Später erfuhr ich, daß man mich in einem solchen Fall auf der Stelle getötet hätte.

Am nächsten Morgen fand ich durch Zeichen heraus, daß eine Anzahl von Indianern ausgezogen war, um Klein-Mary zu suchen, und sich in Gruppen über die Berge verteilt hatte. Die, die zurückgeblieben waren, befaßten sich die ganze Zeit mit ihrer Beute und rollten Bündel auf, die sie von unseren Wagen genommen hatten. Sie bewunderten das Diebesgut und unterhielten sich laut dabei.

Die Indianer wählten anscheinend mit einem eindeutigen Instinkt für natürliche Schönheit immer Örtlichkeiten aus, die am ehesten Erfrischung und Ruhe versprachen.

Hinter uns war die Landschaft wild und majestätisch gewesen; jetzt wurde sie heiter und schön. Ein Naturliebhaber, der frei von Angst und Sorge war, hätte in dem Ganzen ein traumhaftes Bild des Entzückens gesehen.

In der Nacht nach meiner Gefangennahme befahl man mir, mich neben einen verwundeten Indianer auf den Boden zu legen. Um mich herum standen Wachen, und ganz in der Nähe saßen drei grimmige Krieger mit gezücktem Tomahawk.

Lieber Leser, stellen Sie sich meine Gefühle vor nach den schrecklichen Szenen des vorangegangenen Tages; die Gefühle einer einsamen weißen Frau in der Gewalt von rachsüchtigen Wilden, die nicht zu sprechen wagt, damit sich nicht der Zorn ihrer Widersacher über ihr schutzloses Haupt ergießt.

Meine größte Sorge war es nun, den Verstand zu behalten, der in Gefahr zu geraten drohte, wenn ich mich nicht dazu aufraffte zu hoffen, und die Verzweiflung, die mich manchmal beschlich, zurückdrängte. Ich erhob meine Seele ständig zu Unserem Vater und gewann allmählich die Zuversicht, daß mein Gebet erhört und ich von Gott zur rechten Zeit erlöst werden würde. Das gab mir die Kraft, auszuharren und den Eindruck zu erwecken, daß ich mich fügte.

Im frühen Morgengrauen wurde ich von dem obersten Krieger aus meinem scheinbaren Schlummer gerissen. Er schickte mich, die Pferde einfangen – unsere amerikanischen Pferde hatten Angst vor den Wilden –, und da es sich um Tiere von unserem Treck handelte, ging man davon aus, daß ich dies ohne weiteres könnte.

Als ich zurückkehrte, war ich froh, meine Mitgefangene zu sehen, die mit ihrem Jungen auf dem Boden saß und Büffelfleisch mit Keksen aß. Ich ging sofort zu ihr, und wir unterhielten uns leise, wobei ich ihr erzählte, daß ich die Absicht hätte, bei der ersten Gelegenheit zu fliehen. Sie schien sehr deprimiert, aber ich bemühte mich, ihr Mut zuzusprechen, und indem ich sie aufforderte, das Beste zu hoffen, kehrte ich dahin zurück, wo die Indianer in Vorbereitung auf den nächsten Marsch, der früh am Tag begann, Seile fertigten und ihre Sachen sowie die Beute besser verzurrten.

Wir setzten unsere Reise fort bis ungefähr gegen Mittag und machten dann in einem Tal nicht weit nördlich von der Station Deer Creek Halt; dabei traf ich diese Frau wieder. Das Tal war hell und schön. Wir ruhten uns aus, bis die sengenden Strahlen der Sonne am Horizont verblaßt waren.

Da man mir das Gewehr sowie Pfeil und Bogen des Häuptlings aufgebürdet hatte, spürte ich die Erleichterung in meinen müden Armen und bat aus vielen Gründen darum, die ganze Nacht hierbleiben zu dürfen. Einer der Gründe war der, daß wir von Freunden überholt werden könnten, die man zu unserer Rettung ausgesandt hatte, und der Rückweg wäre kürzer, wenn mir mein nächster Fluchtversuch gelingen sollte.

Mein Bitten nützte nichts; die Wilden waren entschlossen weiterzuziehen, und bald saßen wir wieder im Sattel und ritten weiter, bis zum Sonnenuntergang. Dann schlugen wir in einem abgelegenen Tal unser Nachtlager auf. Es war als erreichten wir dieses Tal, indem wir am Sockel einer aus Felsen oder Bergspitzen bestehenden Wand entlanggingen. Von diesen Anhöhen eingekreist lag es da: ein grüner, kühler Rastplatz, von einem klaren, sprudelnden Bach bewässert, mit freundlichen Tupfen aus Gebüsch und Unterholz.

Der Mond ging früh unter, und in dem blassen, unscharfen Licht der Sterne schienen die schweren Felsen uns auf allen Seiten einzuschließen und sich wie Wächter grimmig über den Grenzen unseres Gefängnisses zu erheben. Es wurden Decken ausgebreitet, auf denen die Indianer sich zur Ruhe legten.

Mich führten sie etwas aus dem Lager heraus und banden mich für die Nacht sicher fest. Zuvor aber sagte ich meiner Mitgefangenen, daß ich entschlossen sei, in dieser Nacht zu fliehen, auch wenn es mich das Leben kosten sollte, da ich in jedem Windhauch die nach mir rufende Stimme von Klein-Mary zu hören glaubte. Meine Gefährtin flehte mich an, sie nicht alleinzulassen. Aber indem ich ihr Hilfe versprach, wenn ich das Glück haben sollte freizukommen, wünschte ich ihr traurig eine gute Nacht und begab mich zu dem mir angewiesenen Platz.

Am Morgen, als ich aufstehen durfte, erfuhr ich, daß sie verschwunden war. Eine schreckliche Einsamkeit bemächtigte sich meiner. Niemand, der nicht annähernd so etwas erlebt hat, kann dieses Gefühl nachvollziehen.

Ich war auch vorher einsam. Doch nun, da ich wußte, daß man mich von meiner einzigen weißen Begleitung getrennt hatte, spürte ich es zehnmal mehr, und die damit verbundene furchtbare Hoffnungslosigkeit schien mich zu erdrücken.

Inmitten der Wildnis, umgeben von Kreaturen bar allen Mitgefühls, fern von zu Hause, meinen Freunden, den Vorteilen der Zivilisation, den gesellschaftlichen Attraktionen – und vor allem von meinem Mann und denen, die ich liebte, getrennt –, sah ich nur noch einen Hoffnungsschimmer in all der Dunkelheit und Verzweiflung: die Flucht.

Ich achtete auf jedes Geräusch, während Augenblicke mir wie Stunden vorkamen, und hatte den Eindruck, daß der Tod in seiner schlimmsten Form nicht so schwer zu ertragen wäre wie die Folterqualen, die ich litt.

Ich murmelte Bruchstücke von Gebeten vor mich hin. Ich glaubte, die Stimmen meines Mannes und meines Kindes zu hören, die mich riefen. Ich schnellte vor in dem wirren Glauben, daß es wirklich so war, und sank, von neuem Schmerz überwältigt, wieder zurück.

Dann wurden Vorbereitungen für die Fortsetzung unserer Reise getroffen, und bald befanden wir uns erneut auf dem Marsch.

Man hatte meinem fast völlig erschöpften Körper

noch mehr zugemutet: Ich mußte ein störrisches Pferd führen, und meine Arme waren so voller Sachen, die ich zu transportieren hatte, daß ich die Pfeife des alten Häuptlings – ein nahezu drei Fuß langes Rohr, das er mir zur Aufbewahrung gegeben hatte – wegwarf, was äußerst verhängnisvoll für mich war, da es den Häuptling furchtbar zornig und wütend machte.

Sie schienen mir jetzt Abneigung beziehungsweise Mißtrauen entgegenzubringen und waren nicht mehr so freundlich wie zuvor.

Das Land, über das sie zogen, lag hoch und war trocken und unfruchtbar. Ich ritt auf einem Pferd und führte ein anderes. Als der Abend nahte, hielten sie an, um in einem Waldstück mit hohen Bäumen und einem ausgetrockneten Flußbett zu rasten.

Wasser erhielt man, indem man im Sand grub. Aber das Ergebnis war karg, und mir gestanden sie nichts zu.

Die Sonne begann zu sinken, und der Häuptling war so wütend auf mich, daß er mir durch Zeichen bedeutete, daß ich ihren Aufgang nicht mehr erleben würde.

Vor Zorn und Wut mit den Zähnen knirschend gab er mir zu verstehen, daß man mir nicht trauen könne. Ich habe einmal versucht zu entkommen, und ihnen den Verlust meines Kindes zugefügt. Dafür müsse ich mit dem Leben büßen.

Sie hatten ein großes Feuer entzündet und tanzten alle darum herum. Die Nacht mit ihrer Dunkelheit war mächtig über mir hereingebrochen, und ich stand da, zitternd, von Grauen gepackt und wußte nur, daß die Flammen, um die die Wilden herumhüpften, dazu bestimmt waren, meinen gequälten Körper zu verzehren.

Man konnte die Pfeife des Häuptlings nirgends finden und verlangte von mir, daß ich sie herbeischaffte. Der Häuptling benutzte das indianische Wort »Chopachanopa«, das er mit donnernder Stimme hervorbrachte, begleitet von Gesten, deren Bedeutung zuviel von einer Drohung hatten, um mißverstanden zu werden.

Ich blickte ängstlich und verzagt um mich, da ich überhaupt nicht wußte, was man von mir erwartete, aber die Folgen meines Ungehorsams fürchtete.

Wechela, der Indianerjunge, der so nett zu mir gewesen war, kam nun herbei und bewegte, um mir zu helfen, die Lippen so, als ob er Rauch ausstieße. Da erinnerte ich mich, daß ich die Pfeife am Vortag zerbrochen und fortgeworfen hatte, in Unkenntnis ihrer Verehrung dafür und ihres Wertes als Friedensangebot.

Der Häuptling erklärte, ich solle für meine Schuld am Verlust seiner Pfeife sterben.

Ein ungezähmtes Pferd wurde gebracht, und sie sagten mir, sie würden mich darauf setzen als Zielscheibe für ihre tödlichsten Pfeile, und das Tier könne dann laufen, wohin es wolle und mich mitnehmen.

Hilflos und fast sterbend vor Angst wegen meiner Lage sank ich auf einen steinernen Sitz in ihrer Mitte. Sie waren alle bewaffnet und warteten gespannt auf das Signal. Sie hatten Pistolen, Bögen und Speere, und ich bemerkte, wie sich einige bückten und glühende Holzscheite aufnahmen, um das ausschlagende Tier, das mich in den Tod tragen sollte, zu erschrecken.

Sprachlos vor Qual erhob ich meine Seele zu Gott! Bald würde ich vor seinem Thron stehen, und mit der ganzen Inbrunst meines sinkenden Herzens bat ich um Vergebung und Gnade durch sein kostbares Blut, das er für meine Sünden vergossen hatte, um in den Himmel aufzufahren und mir meine Schuld zu erlassen.

In einem einzigen Augenblick zog mein ganzes Leben an meinem geistigen Auge vorbei, und ich konnte mein altes Zuhause sehen und die Stimme meiner Mutter hören. Der Gegensatz zwischen der Liebe, der man mich so skrupellos entrissen hatte, und den Hunderten von wilden, vor Grausamkeit und Erregung funkelnden Gesichtern um mich herum kam mir wie Licht und Schatten auf einem unheimlichen Bild vor.

Aber ich sollte sterben und wünschte mir von ganzem Herzen, die Verheißungen von Gottes Barmherzigkeit zu verstehen und meinen scheidenden Geist von aller Rachsucht und allen irdischen Gedanken zu befreien.

Mit dem, was ich fast als meinen letzten Atemzug empfand, betete ich um Erlösung für mich und Vergebung für meine Feinde. Dann erinnerte ich mich an eine Geldbörse, die ich in der Tasche hatte, und in dem Wissen, daß sie mit meinem Körper in der Wildnis vergehen würde, zog ich sie heraus und teilte mit von Tränen verschleiertem Blick den Inhalt unter ihnen auf, obwohl meine Hände kaum noch Kraft hatten und mein Sehvermögen mich verließ. Ich gab ihnen 120 Dollar in Scheinen und nannte ihnen dabei jeweils ihren Wert, als zu meinem Erstaunen auf ihren Gesichtern eine Änderung eintrat. Sie legten ihre Waffen nieder, schienen angetan und darauf bedacht, zu lernen, indem sie mich aufforderten, ihnen den Wert jeder Note mit Hilfe meiner Finger genau zu erklären.

Eifrig versuchte ich, ihren Wünschen Folge zu leisten, wegen der Hoffnung, die in ihrem milderen Gebaren lag; doch meine kalten Hände fielen kraftlos zur Seite, meine Zunge brachte keinen Ton hervor, und,

Eine Szene aus der dritten Nacht meiner Gefangenschaft

das Bewußtsein verlierend, sank ich zu Boden, völlig unempfänglich für die Dinge um mich herum.

Als meine Teilnahmslosigkeit wiederkehrenden Gefühlen wich, lag ich immer noch da, wo ich hingefallen war, aber die Vorbereitungen für die tödliche Szene hatten aufgehört, und die Wilden schlummerten neben mir im schwachen Schein des Feuers. Mich langsam in Sitzposition aufrichtend, ließ ich den Blick über das Lager schweifen und sah Hunderte von schlafenden Gestalten in Gruppen herumliegen. Aber die Wachen waren an ihrem gewohnten Platz, und ich konnte nicht fliehen, selbst wenn meine Kraft es zugelassen hätte.

Schwach und zitternd sank ich zurück und lag still da bis zum Tagesanbruch, als das Lager wieder in Bewegung geriet. Auf ihr Geheiß bestieg ich ein Pferd und führte ein anderes, wie am Tag vorher.

Das war nicht leicht, denn das Packpferd, das nicht zugeritten war, zog mich oft so heftig zurück, daß ich auf dem Boden landete, worüber der Häuptling furchtbar wütend wurde und drohte, mich sofort zu töten.

Indem ich große Vorsicht übte und mich sehr anstrengte, suchte ich im Sattel zu bleiben und weitere Knüffe und Püffe zu vermeiden.

Immer wenn mir die Zügel versehentlich aus den Händen glitten, erfolgten die blasphemischen Äußerungen des Häuptlings ganz in Englisch: ein trauriges Beispiel für das, was die Weißen ihren wilden Brüdern zuteil werden lassen, wenn es zu einem engeren Kontakt kommt.

Trunkenheit, Ruchlosigkeit und Ausschweifung: Das sind die Lehren der Zivilisation für den roten Mann, und wenn er die Waffen, die wir liefern, auf uns richtet, dann sind sie wirklich scharf.

Da ich fühlte, daß ich den guten Willen der Indianer verspielt hatte, und wußte, daß es höchst ungewiß war, wie lange ich noch lebte, wagte ich nicht, mich zu beklagen, obwohl mich Hunger und brennender Durst quälten.

Der Weg führte immer noch durch trockenes, sandiges Bergland, auf das die Sonne mit verzehrender Hitze herunterstrahlte und allem, auf das ihre Strahlen fielen, das Leben und die Feuchtigkeit zu entziehen schien. Soweit das Auge reichte, sah man nichts als heißen Sand, welkenden Beifuß oder stachelige Kakteen. Meine ganze Umgebung verschlimmerte den Durst nur noch, und die während dieses langen Tagesritts herrschende schreckliche Hitze steigerte ihn bis zum Wahnsinn.

Als ich, vor Durst verzweifelnd, die Augen schloß,

war mir, als hielte man mir einen Becher mit einem kühlen, köstlichen Getränk an die Lippen, um ihn dann wieder grausam zurückzuziehen. Bei dieser Marter kam ich mir vor wie der reiche Mann, der, von Durst gequält, Lazarus um einen Tropfen Wasser anflehte, damit er seine ausgedörrte Zunge damit kühlen konnte.

Ich dachte an alles, von dem man mich – wie es schien, für immer – getrennt hatte, und der Schmerz, den ich verspürte, stürzte mich in Verzweiflung. Ich wollte sterben, weil mir schien, daß die Qualen des Todes nicht schwerer zu ertragen seien als mein Dasein als lebende Tote. Ich hatte fast keine Stimme mehr, und nur mit Mühe hielt ich mich im Sattel.

Die Augen verzweifelt auf die richtend, die mich gefangenhielten, nannte ich das Wort »Minne«, das in ihrer Sprache Wasser bedeutet, und wiederholte es in bestimmten Abständen immer wieder flehentlich. Sie schienen vorwärts zu hasten, und genau bei Sonnenuntergang kam wie ein Hoffnungsschimmer für meine fast sterbenden Augen ein mit Gras bewachsenes Tal, das von einem Fluß durchquert wurde, in Sicht.

Ein kleiner Bach aus den darüberliegenden Bergen ergoß sich in diesen größeren Strom. – Hier stiegen sie ab, hoben mich vom Pferd und legten mich in sein flaches Bett. Ich war fast bewußtlos geworden. Doch das kühle, wunderbare Naß ließ mich wiederaufleben. Zunächst konnte ich nicht trinken, aber allmählich kehrte meine Kraft zurück, und ich wurde von den unbeschreiblichen Qualen des Dursts erlöst.

Der Strom, an dem die Indianer in jener Nacht ihr Lager aufschlugen, hieß Powder. Dort entstand 1866 Fort Conner, das im darauffolgenden Jahr in Fort Reno umbenannt wurde.

VII

Der Fluß Powder – Ein neuer Fluchtversuch – Entdeckt und verzweifelt – Ein Streit – Gerettet durch »Springender Bär«

Die Indianer nennen den Fluß Powder »Chahalee Wacapolah«. Er durchquert das Land östlich des Big-Horn-Gebirges, und von seinen Ufern kann man den Cloud Peak mit seiner schneebedeckten Spitze sehen, der sich majestätisch aus den ihn umgebenden Bergen erhebt. Im Bereich dieses Gebirges, das in der imposanten Erhebung mit der leuchtenden Krone gipfelt, deren Name daher rührt, daß sie die Wolken zu durchstoßen scheint, liegen fruchtbare Täler, reich an Wild und vielerlei köstlichen Früchten, die manchmal, obwohl sie in der Nähe der Schneegrenze reifen, an Üppigkeit und Aroma von den Erzeugnissen des Obstanbaus nicht zu übertreffen sind.

In diesen Tälern scheint das Land in sanften Wellen dahinzuwogen, wobei es sich dem Betrachter in mannigfaltiger Hinsicht als lieblich und vielversprechend präsentiert.

Der Powder, ein trüber Fluß, entspringt auf der Südseite des Big-Horn-Gebirges und fließt nach Südwesten, so daß er sich nicht mit zu dem klaren Kanal vereint, der den Missouri aus der Big-Horn-Kette speist.

Dieser Teil der Rocky Mountains ist gekennzeichnet durch zwei charakteristische Merkmale: einen Gebirgsrücken, der sich bis in den ewigen Schnee mit dem Cloud Peak als überragender Spitze und König all seiner stolzen Gipfel erhebt, und eine allmählich zum südlichen Tal hin abfallende ähnliche Bergkette mit dem Namen Wind River Mountains.

Zwischen diesen Gebirgen liegen über eine Breite von 12 bis 25 Meilen ausgezeichnete Jagdgründe, die edle Wildfrüchte verschiedener Art und Trauben sowie erlesenes Wildbret für den Jäger in Überfluß anbieten. Trotz der Nähe der Schneegrenze gibt es sanfte Hänge von eigenartiger Schönheit.

Einige Meilen weiter nordwestlich, dem Bogen der höheren Nordkette folgend und sechs bis acht Meilen von ihrem Hauptsockel entfernt, öffnet sich ein neues Land. Beifuß und Kakteen, die über nahezu 200 Meilen weitgehend das Bild beherrschten, verschwinden schnell.

Dieser Wechsel ist, obwohl er sich plötzlich vollzieht, wunderschön. Man passiert nur eine kleine Wasserscheide und legt ungefähr einen Tagesritt von dem oben genannten Fluß zurück. Dann erreicht man den klaren, durchsichtigen, tosenden Deer Fork, dessen schnelle Strömung den Pferden Schwierigkeiten bereitet. Der Fluß ist so sauber, daß man jeden Kieselstein und jeden Fisch auf dem Grund deutlich sehen kann, und das Wasser so kühl, daß man sich im Hochsommer nicht nach Eis sehnt.

Die natürliche Schönheit und der Liebreiz, die diese Gegend den Wilden teuer gemacht haben, werden später Auswanderer anlocken, die dieses neue, unentwickelte Land zu ihrer Heimat machen wollen.

Der klare Wasserlauf hat seinen Ursprung im Big-Horn-Gebirge und ist nur einer von vielen, nicht weniger reinen und nützlichen, die durch die Schneeschmelze und unzählige Bergquellen entstehen.

Als nächstes kommt der weit weniger auffällige, aber im Charakter ähnliche Rock Creek.

Ein Tagesritt nach Norden bringt den Reisenden zum stetig dahinfließenden Crazy Woman's Fork, der seine gelbe Färbung vom Powder, in den er mündet, erhält.

Das Land ist verunstaltet von zahllosen Büffelspuren, d. h. daß es sich bei dem, was man oft als Indianerpfad bezeichnet, lediglich um die Hufabdrücke dieser Tiere handelt.

Als wir den Powder verließen, ritten wir durch große Nadelwälder und Täler mit viel schönem Gras und klaren Quellen, die scheinbar immer grün waren.

Ich ließ weiterhin Papiere fallen in der Hoffnung, daß sie zu meiner Entdeckung führen würden. Dabei wäre es fatal gewesen, wenn jemand versucht hätte, mich zu retten, da die Indianer ihre Gefangenen lieber töten als sie herzugeben.

In der fünften Nacht meines Aufenthaltes bei ihnen fand ich mich unter den Trauerweiden am Clear Creek wieder.

Die Männer, des Reisens müde und froh, einen so guten Lagerplatz gefunden zu haben, legten sich schlafen, jedoch nicht ohne ausreichende Wachen bei ihrer Gefangenen und an den Außenposten aufgestellt zu haben.

Der Ritt hierher war für mich voller Gefahren gewesen, da ich die Felspfade, die zwischen engen Schluchten verliefen und über Schottermassen führten, nicht gewöhnt war, während die Indianerponys sie bereitwillig und mit Leichtigkeit erklommen.

Ich erkannte den Unterschied zwischen diesen Ponys und amerikanischen Pferden, die nur kämpfen konnten, um auf so unebenem Grund Halt zu finden, während die

Ponys den Weg wiesen und mit Lasten auf dem Rücken fast senkrechte Steigungen nahmen.

Die Weiterreise nach der Rast am Clear Creek war beeinträchtigt durch die schwierigen Bergpässe und sehr mühsam. Außerdem machten die Pflichten, die man mir auferlegt hatte, das Leben für mich fast unerträglich. Ich war immer froh, wenn wir unser Lager aufschlugen und eine Pause einlegten.

In der sechsten Nacht lag ich auf einem Felsen im Schatten einiger Büsche und dachte über eine Fluchtmöglichkeit nach.

Unser Weg lag nun weit außerhalb meiner Berechnungen, und es konnte sein, daß sich in dem Wald, in dem wir uns befanden, Raubtiere aufhielten. Doch die Aussicht darauf, zu entkommen und von den Wilden frei zu sein, schloß mir die Augen vor solchen Schrecken wie Hunger und wilden Bestien.

Ich erhob mich leise und versuchte, mich in ein Gehölz zu stehlen. Aber der wachsame Häuptling setzte seine Beute nicht so leicht aufs Spiel, er hatte mich fest im Blick. Mit eisernem Griff umklammerte er mein Handgelenk und zog mich zurück.

Dann stieß er mich wütend zu Boden und zischte mir zwischen zusammengebissenen Zähnen eine Drohung zu, deren sofortige Umsetzung in die Tat ich erwartete, als ich zitternd zu seinen Füßen lag.

Von da an hatte ich das Gefühl, daß ich mein Leben lang ihre Gefangene bleiben würde, und dumpfe Verzweiflung überfiel mich.

Schlaf, der Balsam für die Seele, brachte mir nur schreckliche Träume, in denen sich eine furchterregende Zukunft auftat. Und dann wiederum schienen mein Mann und mein Kind mich zu sich zu rufen. Ach! Vergeblich, denn wenn ich erwachte, sah ich mich auf dem wilden Lagerplatz im Gras liegen, von den unbarmherzigen Wachen beaufsichtigt und der Hoffnung auf ein Heim oder zivilisiertes Leben beraubt.

Ich hatte gute Schuhe an den Füßen, und der Schwager des Häuptlings gab mir ein Paar Strümpfe aus seinem Besitz, das ich freudig annahm, ohne auch nur im geringsten zu ahnen, daß ich, indem ich dies tat, aufs gröbste gegen eine Sitte der Menschen, unter denen ich mich befand, verstieß.

Der Häuptling sah das Geschenk, sagte aber nichts. Doch bald darauf erschoß er eines der Pferde seines Schwagers, der entschieden protestierte, so daß es zum Streit kam.

Wohl wissend, daß ich der Grund für die Meinungsverschiedenheit war, beobachtete ich zitternd die Auseinandersetzung. Ich konnte weder den einen noch den anderen der beiden Streitenden beschwichtigen und fürchtete den Zorn beider.

Der Häuptling wollte keine Einmischung dulden und bot auch keine Wiedergutmachung für das Unrecht, das er begangen hatte, an.

Sein Schwager, erbost über diese Arroganz, zog seinen Bogen und zielte, entschlossen, sich für den Verlust seines Pferdes Genugtuung zu verschaffen, mit dem Pfeil auf mein Herz.

Ich konnte nur Gott um Erbarmen anflehen und mich auf den Tod vorbereiten, der schon lange über meinem Kopf geschwebt hatte. Doch dann bewahrte mich ein junger Schwarzfußindianer namens »Springender Bär« vor meinem nahenden Ende, indem er dem Wilden den Bogen behende entriß und zu Boden schleuderte.

Der Name »Springender Bär« rührte von der fast an ein Wunder grenzenden Gewandtheit her, die er bei einigen seiner Heldentaten an den Tag gelegt hatte.

Dieser Umstand und der besagte Indianer waren aus meiner Sicht Werkzeuge in der Hand der Vorsehung, als Fort Sully nicht der Rache der Schwarzfußindianer, denen es gelungen war, das Vertrauen einiger Offiziere am Missouri zu gewinnen, zum Opfer fiel und niedergemacht wurde.

Sein Verhalten bei dem Überfall auf unseren Treck sowie die Energie, die er dabei im Töten und Plündern bewies, ließen es, obwohl er mich das Gegenteil glauben machen wollte, nicht zu, anzunehmen, daß er sich aus Sympathie für mich einsetzte.

Der andere Indianer fügte sich insofern als er den Bogen nicht wieder zog, und ich entspannte mich vorübergehend, weil der Häuptling seinem Schwager ein Pferd schenkte, wodurch sich die Wut des ungerecht Behandelten legte.

Zufällig war dieses als Friedensangebot offerierte Tier das Packpferd, das so unangenehm am Leitzügel zog, und so profitierte ich schließlich von dem, was ich durchgemacht hatte, indem ich von einer nicht zu bewältigenden Aufgabe befreit wurde.

Von Anfang an hatte ich jede Annehmlichkeit, die mir das Leben erträglich gemacht hätte, entbehren müssen.

Es wurde keine Zeltbahn für mich ausgebreitet, und man bot mir keinen Teppich und auch keine Decke an, auf die ich mich hätte legen können. Der harte, nur spärlich mit Gras bedeckte Boden diente mir als Lager, und böse Vorahnungen sowie Kummer raubten mir die Ruhe, nach der mein mühseliges Dasein verlangte. Sie gaben mir nichts zu essen, und anfangs bat ich auch nicht darum.

Das lag zum Teil daran, daß mir jeder natürliche Appetit fehlte und sich mein langes Fasten lediglich in

Form von großer Schwäche und ständigem starken Durst auswirkte.

Die völlige Hoffnungslosigkeit meiner Isolierung schaffte mich und trieb mich fast zum Wahnsinn. Bilder von meinem Mann und meinem Kind spukten mir im Kopf herum. Manchmal waren es hoffnungsvolle und – wie zum Hohn – glückliche Bilder. Ein anderes Mal sah ich die beiden sterben oder tot. Aber immer waren sie außerhalb meiner Reichweite und durch die unüberwindbare Schranke meiner wahrscheinlich lebenslangen Gefangenschaft von mir getrennt.

In meinem geschwächten Zustand hatte ich den grausigen Marterpfahl, dem ich mich mit jedem Tag, an dem die Entfernung zu ihrer Heimat kleiner wurde, näher fühlte, wie ein Schreckgespenst vor Augen.

Er war mir seit meinem ersten Fluchtversuch angedroht worden, und man hatte mir zu verstehen gegeben, daß diese Strafe die unumgängliche Folge meines Handelns sei.

Die entsetzliche Hitze der vorangegangenen Tage hielt an, und der Weg, den sie nahmen, war besonders arm an Wasser. Die Indianer stecken sich, nachdem sie vor dem Aufbruch reichlich getrunken haben, Stöckchen in den Mund, auf denen sie ständig herumkauen. Dadurch fördern sie die Speichelbildung und verhindern, daß ein Gefühl des Ausgetrocknetseins aufkommt, wie es bei mir, da ich so etwas nicht kannte, der Fall war.

In der siebenten Nacht begaben sie sich in einen einzigartigen Canyon, den sie gut zu kennen schienen, da sie dort Pferde vorfanden, die sie offenbar bei einem früheren Besuch zurückgelassen hatten.

Ich konnte mich nur wundern über die Klugheit und Geduld dieser Indianerponys, die damit zufrieden waren, auf ihren Herrn zu warten und an den spärlichen Pflanzen und dem dünnen Gras herumzuknabbern.

An diesem Tag hatten die Indianer eine Antilope erlegt und mir ein Stück rohes Fleisch als Mahlzeit zugeteilt. Anschließend hatten sie einen meilenweiten Umweg gemacht, um zum Eingang dieses Canyons zu gelangen, in den sie kurz nach Sonnenuntergang hineinritten.

Der dort herrschende dunkle Schatten war eine große Erleichterung nach der Sonnenhitze, und der Canyon selbst erfüllte mein empfindsames Gemüt mit Ehrfurcht. Nie schien die Sonne in seine Tiefe vorzudringen, und um mich herum stieg feuchte Luft auf wie in einem Kerker.

Sie ritten nach unten, als ob sie sich in das Innere der Erde begeben wollten. Der abschüssige Boden, auf dem sie sich bewegten, war über ungefähr eine halbe Meile mit rotem Sand bedeckt.

Dann gerieten sie auf felsigen Untergrund, während die senkrechten Wände aus Erde bestanden. Aber als sie nach einer weiteren Wegbiegung in einen großen Raum gelangten, waren die Wände anscheinend aus Stein mit vorspringenden Gewölben und überhängenden Brüstungen.

Es waren hohe Wände, die sich so über dem Sockel erhoben, daß sie oben fast zusammentrafen, und mit ihren unzähligen Überständen und Unregelmäßigkeiten sahen sie aus wie gemeißelte Säulen, die eine gewaltige Ruine tragen.

Gelegentlich kämpfte ein schwacher Strahl des verblassenden Lichts mit der Dunkelheit, in die die Indianer immer tiefer eintauchten, und dann wendeten ihre Pferde, indem sie die Füße vorsichtig setzten, die Knochen einer Antilope oder eines Hirschs um, die ein lauernder Wolf dorthin geschleppt hatte, als Futter für seine Jungen im Bau.

Ich war starr vor Angst bei diesem Anblick, fürchtete ich doch, daß es sich um Menschenknochen handeln könnte, zu denen bald auch die meinigen gehören würden.

Wegen der zunehmenden Dunkelheit mußten die Indianer Fackeln tragen. So fiel auf die phantastische Pracht der Erd- und Felsformationen, zwischen denen sie hindurchritten, der gespenstische Schein ihrer schwankenden Lichter.

Als sie an die Stelle kamen, die sie als Lagerplatz ausgesucht hatten, entzündeten sie Feuer, deren bizarre Funken auf den Felswänden tanzten und deren wunderbare Verzierungen noch um ein magisches Element bereicherten.

Die geisterhafte Grandiosität dieser selten durchdrungenen Schatten läßt sich nicht beschreiben. Aber ihre Wirkung ist einzigartig.

Sie scheinen die Konturen der wie gemeißelt wirkenden Formen geheimnisvoll anzudeuten, und in dem unscharfen Licht des Feuers sieht alles wie ein antiker Tempel aus, der wegen seiner Kunst selbst dann noch berühmt sein wird, wenn die zu seinem Bau verwandten klassischen Steine zu Staub geworden sind.

Hier fand ich Wasser für meine ausgedörrten Lippen, was für meine müden Sinne wohltuender war als irgendeine Naturerscheinung. Und nachdem ich auf einen mit Moos bewachsenen Felsen neben dem rieselnden Bächlein, das weiter weg im Sand versickerte, gesunken war, fand ich Schlaf in dieser wunderlichen, ungewohnten Einsamkeit.

Von einem Pfeifton wurde ich wieder wach. Mich sammelnd, schaute ich ängstlich umher. Zwei funkelnde

Augen schienen die Dunkelheit wie ein Schwert zu durchbohren. Ich schauderte und hielt den Atem an, als eine lange, geschmeidige Schlange sich an mir vorbeiwandt und, ihren glänzenden Körper durch den feuchten Sand ziehend, unter den tropfenden Reben langsam außer Sichtweite geriet.

Danach schlief ich nicht mehr, und als ich sah, wie sich das Tageslicht durch die Öffnung in den Steinen über mir kämpfte, begrüßte ich freudig die Sicherheit des Sonnenscheins, auch wenn er Sorgen, Kummer und Mühsal brachte.

Nachdem wir uns am Morgen erhoben hatten, verließen wir den Canyon auf dem Weg, auf dem wir gekommen waren, da es anscheinend keinen anderen Ausgang gab, und setzten unsere Reise fort.

VIII

Der Sturm – Ankunft im Indianerdorf – Die Frau des alten Häuptlings – Etwas Freundlichkeit mir gegenüber – Teilnahme an einem Fest

Am 20. Juli hatten wir fast das Indianerdorf erreicht und schlugen unser Nachtlager, wie immer, wenn es machbar war, am Ufer eines Flüßchens mit gutem Wasser auf.

Es handelte sich um ein glitzerndes, schwellendes Gewässer, das sich durch die Schneeschmelze in den Bergen neu gebildet hatte. Der Abend war warm und still. Bald begann der Himmel, sich seltsam zu verdunkeln, und große, zerfetzte Wolkenmassen hingen tief über den Bergen um uns herum. Die Luft wurde schwer, und es gab nur gelegentlich Erleichterung durch einen heftigen Windstoß, auf den eine unheilvolle Stille folgte. Dann klang mir ein leises Donnerrollen unangenehm in den Ohren. Meine zerrütteten Nerven zogen sich zusammen bei der Aussicht auf ein bevorstehendes Unwetter. Von Kind auf hatte ich Angst vor Blitzen gehabt, und nun, da ich ohne Schutz und hilflos war, erfüllte mich ihr zickzackförmiger Strahl mit Schrecken.

Die Indianer, die das Gewitter hatten nahen sehen, bereiteten sich darauf vor, indem sie die Pferde zusammenholten und anbanden, die Schußwaffen sowie die Munition abdeckten und sich flach auf den Boden legten. Ich duckte mich auch, konnte aber dem furchtbaren grellen Licht des Blitzes nicht entgehen. Das Krachen des scheußlichen Donners schwoll zu ohrenbetäubender Stärke an.

Dann setzte das Unwetter mit verblüffender Geschwindigkeit ein, und die gräßliche Artillerie des Himmels begann, über unseren Köpfen zu toben, unmittelbar gefolgt von blendenden Blitzen. Die Geschwindigkeit des Wirbelsturms nahm anscheinend zu, so daß zu dem schlimmen Schauspiel auch noch Verwüstung hinzukam.

Wenn die kräftigen Blitzstrahlen die Dunkelheit erhellten, konnte man sehen, wie sich gewaltige Bäume unter der Heftigkeit des Windes bogen und große weiße Wasserwände aus den Wolken brachen, als ob sie die Welt mit einer Sintflut überziehen wollten. Sämtliche Naturgewalten hatten sich zu einem fürchterlichen Krieg vereint, und die Erde schien mir, während ich mich an ihre überflutete Oberfläche klammerte, eine Zeitlang nicht mehr sicher. Vom Blitz geblendet sowie von dem unaufhörlichen Donnern und der wahnsinnigen Zerstörungskraft des unbändigen Sturms verschreckt, fühlte ich mich in dem großen Durcheinander wie ein hin- und hergestoßenes Teilchen und konnte mich nur noch in stillem Gebet Gottes immerwährendem Erbarmen anvertrauen.

Riesige Bäume neigten sich zur Erde und zerbarsten. Andere wurden wie Zweige abgeknipst und durch die rasende Atmosphäre geschleudert. Ein paar Könige des Waldes verloren ihr Laub oder ihre Äste und standen da wie ihrer Auszeichnungen beraubte, einsame Veteranen.

Der Regen hatte den kleinen Fluß bereits zu einem mächtigen Strom anschwellen lassen, dessen dunkles, aufgebrachtes Wasser sich mit Gewalt dahinwälzte und dem Geheul des Sturms sein unheilvolles Rauschen hinzufügte. Ich schrie, aber meine Stimme ging, sogar für mich selbst, in dem gewaltigeren Chor der wütenden Elemente verloren. Drei Stunden lang — drei volle Stunden, die ich nie vergessen werde — dauerte dieses Toben, und damals kam es mir wie ein ganzes Leben vor. Dann ließ es zu meiner Freude allmählich nach, und bald konnte ich durch Risse in den am Himmel treibenden Wolken die funkelnden Sterne sehen, während das für Auge und Ohr nicht mehr so deutlich wahrnehmbare Blitzen und Donnern mir sagte, daß das verheerende Unwetter auf dem Weg nach Osten war. Und als sich bei Tagesanbruch das Wasser beruhigt und das Donnern aufgehört hatte, während der Blitz wieder in seinem Käfig saß, wirkte alles unbeschreiblich trostlos. Der Wind war geschwunden. Das Tageslicht hatte aus dem rasenden Giganten einen kleinlauten Gefangenen gemacht und den Jammernden in seine Höhle in den östlichen Bergen abgeführt. Eine seltsam feierliche Ruhe schien anstelle des heftigen Kampfes zu treten. Aber die Spuren der Zerstörung waren vorhanden: Das angeschwollene Wasser und die gefällten Bäume, die herumliegenden Äste und entwurzelten Schößlinge kündeten von der Verwüstung durch das Unwetter.

Es war eine Nacht des Schreckens, und dankbar begrüßte ich den wiederkehrenden Tag, der mir einmal mehr das wohltuende Licht schenkte, das inzwischen mein fast einziger Trost geworden war, denn meine Situation wurde bitterer, je mehr der Häuptling nach Art der Wilden über meine Gefangennahme und gelungene Entführung frohlockte, während wir uns dem Dorf näherten, in dem ihre Familien lebten und wo, wie ich fürchtete, mein Schicksal durch Blutvergießen oder den furchtbaren Marterpfahl besiegelt würde.

Am 21. Juli gaben wir früh unser Lager auf. Der Tag war kühl und eignete sich gut zum Reisen. Unser Weg

Die Büffeljagd

führte über welliges Grasland, das mit ausgedehnten Marschflächen, die man jedoch leicht umgehen konnte, durchsetzt war. Nach ein paar Meilen gelangten wir zu einem hohen, unterbrochenen Kamm, der etwa in Nord-Süd-Richtung verlief. Während wir hinaufritten, entdeckten wir eine große Büffelherde, die ruhig auf dem in Büscheln wachsenden, auch Büffelgras genannten Grün, das sie allem anderen vorziehen, weidete. Büffel sind kurzsichtig. Sie riechen einen auf sie zukommenden Feind, bevor sie ihn sehen können, und in ihrer Neugier laufen sie ihm oft entgegen, bis sie nahe genug sind, um definitiv festzustellen, ob eine nähere Bekanntschaft gefährlich sein könnte. In unserem Fall entschieden sie sich für letzteres. Sobald sie uns eindeutig ausgemacht hatten, verloren sie keine Zeit und vergrößerten den Abstand zwischen uns, indem sie zunächst in einen langsamen, schwerfälligen Trott verfielen, der sich jedoch bald zu einer Gangart beschleunigte, die im allgemeinen die meisten Verfolger weit zurückfallen ließ.

Doch die Indianer und ihre Pferde sind geübte Büffeljäger, und es dauerte nicht lange, bis sie eine Anzahl von Tieren eingekreist hatten. Sie reiten neben ihrem Opfer her, zielen mit den Gewehren oder Pfeilen so, daß sie die Herzgegend treffen, und weichen dann bis zu einer sicheren Entfernung zurück, um dem verzweifelten Satz zu entgehen, den ein angeschossener Büffel fast immer macht, und nicht dabeizusein, wenn er sich, seinen zottigen Kopf mit den ungeheuer starken Hörnern schüttelnd, zur Wehr setzt und seinen menschlichen Widersacher mit hervortretenden Augen voller Trotz und Wut anstarrt. Bald quillt ihm das Blut aus dem Maul und nimmt ihm den Atem. Die Jäger schießen nicht noch einmal, sondern warten geduldig, bis ihr Opfer von dem Blutverlust schwach wird und, nachdem es taumelnd auf die Knie gefallen ist, verzweifelt versucht, wieder auf die Beine zu kommen, um seinen Schlächter anzufallen, und schließlich erneut hinfällt, auf die Seite rollt und tot ist.

Manchmal finden sich diese Tiere in Herden von Zehntausenden zusammen. Die Indianer machen sich häufig einen Sport daraus, sie anzugreifen und viele von ihnen zu töten. Dann feiern sie ein üppiges Fest, das sie »ta-tonka« (indianische Bezeichnung von Büffelfleisch) nennen. Beim Essen sparen sie nicht. Entweder sie prassen, oder sie hungern, und sie scheinen sich genauso gut vollstopfen wie fasten zu können. Jeder Mann sucht sich von dem Tier, das er erlegt hat, den Teil aus, der ihm am besten schmeckt, und überläßt den Rest dem Verfall oder den Wölfen. So verschwenden sie ihr Wildbret und müssen als Folge davon oft Entbehrung leiden.

Sie gaben mir ein Messer und forderten mich auf, mich zu bedienen. Ich tat es jedoch nicht, weil ich damals glaubte, nie rohes Fleisch essen zu können. Sie übernachteten an dieser Stelle und brachen am nächsten Morgen früh auf. Wir näherten uns nun dem Dorf, wo sie hingehörten.

Springender Bär, der junge Indianer, der mir mehrfach seinen guten Willen gezeigt hatte, trat wieder auf den Plan, mit einem traurigen Gesichtsausdruck, und an diesem Tag ritt er schweigend neben mir, was für ihn eine große Herablassung bedeutete, denn diese Männer setzen sich nicht oft mit Frauen gleich sondern reiten voran.

Sie hatten fast 300 Meilen zurückgelegt, und trotz meiner Ängste begann ich mich bei der Aussicht, unter Frauen zu kommen, obwohl es Wilde waren, zu freuen, und es keimte in mir die Hoffnung, daß ich bei Vertreterinnen meines Geschlechts, auch wenn sie ganz anders lebten und andere Sitten hatten, vielleicht auf Mitgefühl und Freundschaft treffen würde.

Ich hatte über die dunkelhäutigen Mädchen gelesen und dachte an die ganzen poetisch schön geschilderten Romanfiguren und geschichtlichen Indianergestalten. Ihre unverbildete Herzensgröße, ihr tapferer Edelmut und ihre einfache, von den hohlen Konventionen der Zivilisation unbeeinträchtigte Würde, all diese Eigenschaften tauchten höhnisch vor mir auf, und die Helden meiner jugendlichen Phantasie zogen, einen seltsamen Kontrast zu den aus Fleisch und Blut bestehenden Menschen, denen ich in die Hände gefallen war, bildend, an meinem geistigen Auge vorbei.

Der imposante Logan, der furchtlose Philip, der kühne Schwarze Falke, die sanftmütige Pocahontas: Wie anders waren doch diese habgierigen, verschlagenen und grausamen Wilden, die mich so skrupellos meinen Freunden entrissen hatten!

Wahrlich, jene Bilder von den Kindern des Waldes, die die Seiten der Romane zieren, stellen reizende Phantasien dar, die das Herz erfreuen. Sie sind unterhaltsam und vertreiben die Zeit. Aber die wirkliche Rothaut, wie ich sie kennengelernt habe, kommt in vielen Büchern nicht vor. Sie durchstreift die ihr angestammte Wildnis, und um ihr zu begegnen und sie zu erforschen, muß man soviel aufgeben, daß die um einen solchen Preis gewonnenen Erkenntnisse es mir kaum wert schienen.

Ungeachtet all dessen, was ich gesehen und erlebt hatte, erinnerte ich mich an viele Beispiele, in denen man den Indianerfrauen Sanftmut und Treue zuschrieb. Vielleicht würde ich eine finden, die mir genug Sympathie und Freundschaft entgegenbrachte, um mir irgendwie zur Flucht zu verhelfen. Ich schöpfte Hoffnung bei diesem Gedanken, und in meinem Sehnen nach den freundlichen Gesichtern von Indianerfrauen vergaß ich fast meine Angst vor den Drohungen derjenigen, die mich gefangengenommen hatten.

Das Land um uns herum war fruchtbar und abwechslungsreich. In den Bäumen saßen schöne Vögel, und vielerlei duftende Blumen nickten auf ihren Stielen. Es gab Wildfrüchte im Überfluß. Ich pflückte Rosen und Beeren zum Essen, während meine wilden Begleiter sich an rohem Fleisch gütlich taten. Sie schienen sich nichts aus Obst zu machen und drängten mich, mit ihnen Fleisch zu essen. Ich lehnte ab, weil es roh war. Ein junger Indianer, der den Grund für meine Ablehnung erriet, beschaffte einen Topf, entzündete ein Feuer, garte etwas und bot es mir an. Ich versuchte, ihnen den Gefallen zu tun und zu essen, weil sie sich die Mühe gemacht hatten, für mich etwas Besonderes zuzubereiten. Aber da das ganze ziemlich schmutzig vonstatten gegangen war, hatte ich mit einer sehr kleinen Portion genug.

Wir näherten uns nun einem Fluß, der von seiner Lage her der Tongue sein mußte. Dort fanden wir Trinkwasser, um uns zu erfrischen, und machten kurz Rast. Die Indianer gaben mir zu verstehen, daß es, wenn wir diesen Fluß durchquert hatten, nicht mehr weit bis zu ihrem Zuhause sein würde.

Sie legten eine Pause ein, um sich so anzuziehen, daß sie bei ihrem Einzug ins Dorf lustig aussahen und Eindruck machten. Ein Indianer trägt, außer wenn es um besondere Anlässe geht, nur ein Büffelfell, das auch zu seiner guten Garderobe gehört. Es wird ziemlich ungünstig, ohne Befestigung, umgelegt und muß mit der Hand in Position gehalten werden.

Jetzt waren die Sachen von unserem Troß sehr gefragt, und jeder Krieger, der das Glück gehabt hatte, sich Kleidungsstücke von uns aneignen zu können, putzte sich nun so gut heraus, wie die Teile und seine begrenzte Vorstellung von Zivilisation es zuließen. Einige, die ihre Toilette für komplett hielten, tauschten weniger attraktive Stücke mit Gefährten, die bei der Verteilung nicht so gut weggekommen waren, damit diese sich auch an dem Sport, den sie sich mit diesem lächerlichen Schauspiel leisteten, beteiligen konnten.

Ihr sonderbarer Geschmack ließ sie grotesk erscheinen. Ein fleischiges Gesicht präsentierte sich mit meinem Hut und lächelte, offenkundig zufrieden darüber, daß es mit seinem Putz von seinen Brüdern, die weniger Glück gehabt hatten, abstach. Ein anderer schützte sich mit einem winzigen Sonnenschirm vor der sengenden Sonne, und die braune Hand, die ihn hochhielt, steckte in einem dünnen Seidenhandschuh, der so ungefähr das einzige Kleidungsstück darstellte, abgesehen von dem unvermeidlichen Lendenschurz, den die Krieger trugen.

Westen und andere Sachen zogen sie mit dem unteren Teil nach oben an, und alle bewiesen einen bemerkenswerten Erfindungsreichtum in der Zusammenstellung. Sie schienen viel von ihrem Diebesgut zu halten, von dem einiges frivol und anderes wertlos war.

Bei diesem albernen Sich-Verkleiden versuchte ein edler Krieger den anderen zu übertreffen, wobei der Maßstab nur die Farbe und nicht die Beschaffenheit des Materials war. Ihre Pferde putzten sie auch aufs lächerlichste heraus.

Ottawa, auch Silbernes Horn genannt, der Anführer der Krieger, zeigte sich in vollem Staat. Er war sehr alt, über 75, teilweise blind und knapp mittelgroß. Er sah sehr grimmig und wild aus und wirkte nun furchtbar. Sein Gesicht war rot angemalt, mit schwarzen Streifen, und um die Augen hatte er leuchtend gelbe Ringe. Das lange schwarze Haar endete in zwei Flechten, und oben auf dem Kopf saß eine Skalplocke. An den Ohren trug er große Ringe aus Messingdraht mit einem Durchmesser von gut sechs Zoll, und um den Hals hingen ihm Ketten und Perlenschnüre. Armreifen und -bänder aus Messing sowie eine Aufreihung von Bärenkrallen vervollständigten seinen Schmuck. Er trug auch Gamaschen aus Hirschleder und ein Hemd aus dem gleichen Material, das wunderschön mit Perlen verziert und am Rand mit Skalplocken, die er angeblich seinen sowohl roten als auch weißen Feinden abgenommen hatte, eingefaßt war. Um die Schultern hatte er sich eine große, aus unserem Besitz stammende, leuchtend bunte Steppdecke gelegt, und auf dem Kopf trug er eine Krone aus Adlerfedern, von der hinten ein Federbusch herabhing.

Sein Pferd, ein edel aussehendes Tier, war nicht minder prächtig zurechtgemacht. Man hatte ihm, wie seinem Herrn, die Ohren durchstochen, und seinen Hals umschloß ein Kranz mit Bärenkrallen, die der Häuptling erlegt hatte. An seiner Mähne baumelten ein paar Glokken sowie ein menschlicher Skalp. Alles zusammen, so herausgestellt, war wie ein Museum voller Trophäen, die von der Tapferkeit des alten Häuptlings auf dem Kriegspfad und seinem Jagdglück zeugten.

Als sie ihre Vorbereitungen abgeschlossen hatten, bestieg der Häuptling sein Pferd und ritt im Triumph auf das Dorf zu, wobei er mächtig stolz auf seine weiße Gefangene war, nach der er sich nie umschaute und von der er auch keine Notiz nahm außer wenn es galt, sie zu bestrafen, weil sie zu langsam war, was sich jedoch nicht vermeiden ließ, da ich ein erschöpftes Pferd ritt und nicht Schritt halten konnte.

Alle Indianer strömten herbei, um uns, freudig erregt Fahnen und Kriegswaffen schwenkend, unter Gesang und ausgelassenem Tanz voller Begeisterung zu begrüßen, als wir in das Dorf einzogen, das, sich über Meilen am Flußufer entlang ziehend, einem riesigen Militärlager glich. Die mit weißen Häuten bedeckten kegelförmigen Rundzelte (Tipis) waren nicht nach einer bestimmten Ordnung, wohl aber in eine Himmelsrichtung aufgestellt.

Bis über eine Meile drangen wir in die uneinheitliche Siedlung ein, begleitet von den jubelnden Männern, Frauen und Kindern.

Wir ritten mitten in einer doppelten Kolonne, direkt hinter dem Häuptling, bis zu dessen Hütte, aus der mehrere seiner Frauen traten, um ihn zu empfangen. Er besaß sechs Frauen, aber die älteste blieb im Zelt, während eine der jungen sich gerade bei den Farmer- beziehungsweise Gros-Ventre-Indianern aufhielt. Die Begrüßung gleicht stark der der Mexikaner: Die Frauen kreuzten die Arme auf der Brust des Häuptlings und lächelten.

Mir begegneten sie schweigend, aber mit sehr erstauntem Blick.

Ich stieg, wie befohlen, vom Pferd und folgte dem Häuptling in die große Hütte beziehungsweise in das Zelt, das sich von den anderen durch seine schöneren Verzierungen unterschied. Es war mit bunt glänzenden Stachelschweinstacheln geschmückt und mit einem schrecklichen Besatz aus menschlichen Skalplocken, die aus Kämpfen mit den Pawnees stammten, versehen.

Auf einer Seite befand sich eine einfache, aus Farbklecksen bestehende Darstellung des Guten Geistes und auf der anderen ein gleich geartetes Bild des Bösen Geistes. Die Indianer glauben an diese beiden Gottheiten und huldigen ihnen. Die erste halten sie für absolut wohlwollend und freundlich, während die zweite als niederträchtig und übler Ränkeschmied gilt.

Sie fürchten sie und halten es für angebracht, sie sich gelegentlich geneigt zu machen, indem sie sich ihrem bösen Willen beugen. Das könnte der Grund für einige ihrer schlimmsten Grausamkeiten sein und die entsetzliche Brutalität erklären, die sie so oft an den Tag legen.

Die älteste Frau, die in der Hütte geblieben war, begrüßte ihren Mann auf die gleiche Weise wie die anderen Frauen.

Mir wies man einen Platz gegenüber dem Eingang, auf einem Büffelfell, an. Dann wurde die Beute des Häuptlings hereingebracht, damit seine ältere Frau sie verteilte.

Als sie ausgebreitet dalag, versammelten sich die Frauen bewundernd darum und zeigten ihren individuellen Geschmack. Die Freude an hübschen Dingen war bei diesen Schönen des Waldes genauso ausgeprägt wie bei

Damen aus der Stadt. Sie sahen sich jedes Teil genau an und bekundeten ihren Beifall durch Grunzen, bis ihre ältere Gefährtin ein Stück Stoff ergriff und erklärte, daß sie alles für sich behalten wolle.

Das rief Unzufriedenheit hervor, aus der sich bald offener Widerstand entwickelte. Die Frauen kämpften für eine gerechte Verteilung der Sachen. Die ältere Frau, ihrem berühmten Mann in der Reaktion auf solche Ausbrüche folgend, zog ihr Messer aus dem Gürtel und sprang zwischen die anderen. Sie berief sich darauf, daß sie als älteste zu bestimmen habe, und drohte, jeden zu töten, der sich ihr auch nur im geringsten widersetzte. Ich hatte so gehofft, Anteilnahme und Mitgefühl bei diesen schlichten Frauen des Waldes zu finden. Statt dessen saß ich eingeschüchtert und zitternd auf meinem Platz und wagte kaum zu atmen.

Der Häuptling bemerkte, daß ich mich fürchtete und zurückschreckte. Er lächelte. Dann erhob er sich und sagte etwas, das Wirkung hatte. Die Frauen wurden still. Kurz darauf erhielt der Häuptling eine Einladung zu einem Fest. Er stand auf, um ihr Folge zu leisten.

Ich sah ihn mit Bedauern gehen, denn so schlecht er und seine Männer mich auch behandelt hatten, die Frauen kamen mir noch schlimmer vor, und das Alleinsein mit ihnen jagte mir Angst ein, vor allem wegen des hitzigen Temperaments und locker sitzenden Messers der älteren Squaw.

Große Scharen neugieriger Indianer strömten herein, um mich anzustarren. Die Frauen brachten ihre Kinder mit. Einige von ihnen, über deren helle Haut ich mich wunderte, waren, wie ich später erfuhr, Nachkommen aus Ehen mit Fortbewohnern.

Ein kleiner blonder Junge, der mit seiner Mutter gerade von Fort Laramie zurückgekehrt war, kam nahe an mich heran. Da die Squaw ein paar Worte Englisch konnte, sprach ich sie an und erhielt als Antwort auf meine Fragen die Auskunft, daß sie die Frau eines Captains gewesen sei. Da dieser seine weiße Frau aus dem Osten erwartete, habe man ihr gesagt, sie solle wieder zu ihrem Volk gehen. Sie tat es und nahm das Kind mit. Der kleine Junge war bis zu den Streifen an seiner Hose wie ein Militärangehöriger gekleidet und ein sehr intelligentes, attraktives Kind von etwa vier Jahren.

Es stimmte mich sehr traurig, daß ein Vater sich von so einem Kind trennen konnte und es für immer einem Leben überließ, in dem es mit dem Stempel seiner überlegenen Rasse, die eine so starke Verbindung mit dem Indianerblut eingegangen war, völlig ungebildet mit Wilden die Wälder durchstreifen würde. Ich begegnete vielen anderen kleinen Kindern mit hellen Gesichtern und hörte die traurige Geschichte ihrer Mütter. Es schmerzte mich zutiefst, ihre Blässe und ihre gequälten Züge zu sehen, wenn sie nach Essen schrien, und es gab nichts. Manchmal sind größere Mischlingskinder auch grausam zu ihnen wegen ihrer unglückseligen Geburt.

Nun, da entschieden war, wer von den Frauen des Häuptlings was bekam, schienen sie mir freundlich gesonnen zu sein, und eine von ihnen brachte mir ein Fleischgericht. Viele andere, sogar von den umliegenden Hütten, folgten ihrem Beispiel. Sie schienen mich wirklich zu bedauern und lieferten nachhaltige Beweise ihres Mitgefühls. Sie bemühten sich, durch Zeichen zum Ausdruck zu bringen, daß sie daran Anteil nahmen, daß ich meinen Leuten entrissen und gezwungen worden war, eine so lange, ermüdende Reise machen, und untersuchten mich immer wieder ganz, mein Kleid, meine Hände und vor allem meine Füße. Dann entdeckten sie zu ihrer großen Überraschung die Prellungen an meinen fast gebrochenen Armen, die ich mir bei meiner Gefangennahme und als ich in der ersten Nacht vom Pferd fiel, zugezogen hatte, und machten sich daran, meine Wunden zu behandeln.

Ich wollte mich gerade über die aufkeimende Freundlichkeit, die ihre dunklen Gesichter sanfter erscheinen ließ, freuen, als ein Bote des obersten Kriegers, begleitet von einer kleinen Gruppe junger Indianer, eintraf, um mich zum Häuptling zu bringen. Ich wußte zuerst nicht, um was es ging, und da jede neue Äußerung nur noch mehr Angst in mir weckte, fürchtete ich mich davor, ihnen zu folgen, wagte aber auch nicht, mich zu weigern. Als die ältere Frau mich zögern sah, erlaubte sie einer kleinen Tochter des Häuptlings, Gelber Vogel genannt, mich zu begleiten. Dann führte man mich zu mehreren Festmahlen, wo man mir jeweils mit Wohlwollen begegnete und guten Willen sowie Schutzbereitschaft bekundete. Dabei geschah es zum erstenmal, daß der Häuptling selbst sich dazu herabließ, freundlich mit mir zu sprechen. Dieser Umstand und die Anwesenheit des Kindes mit dem Namen Gelber Vogel, das im Gegensatz zu den im allgemeinen ängstlichen und scheuen Indianerkindern mit vertrauensvoller Anmut ungezwungen auf mich zuzugehen schien, weckten Hoffnung in mir.

Der Häuptling sagte, ich könne Gelben Vogel von nun an mein eigen nennen, anstelle meines kleinen Mädchens, das tot war. Ich begriff nicht sofort alles, was er meinte, aber ich gewann etwas Hoffnung auf Sicherheit.

Als wir bei Einbruch der Nacht in die Hütte zurückkehrten, die künftig mein Zuhause sein sollte, fand ich die ältere Frau damit beschäftigt, einen Pfahl in den Boden zu treiben, und sofort befürchtete ich, die ich mich ständig in Alarmbereitschaft befand, daß dies ein schlechtes Omen war. Aber im Gegenteil, es handelte sich nur um eine hauswirtschaftliche Angelegenheit, denn alsbald hängte sie einen Feldkessel daran, machte Feuer und brachte Wasser zum Kochen, mit dem sie einen Tee aufbrühte, wovon sie mir eine Portion gab mit der Versicherung, daß er mich von meiner Müdigkeit und Erschöpfung befreien und gut schlafen lassen würde.

Das erwies sich als zutreffend. Es dauerte nicht lange, bis die ermattete Gefangene von großer Schläfrigkeit befallen wurde. Man zeigte mir mein aus Fellen bestehendes Bett. Gelber Vogel erhielt die Weisung, mein Lager mit mir zu teilen, und von da an war das Kind ständig bei mir. Ich legte mich hin. Die Frau des Häuptlings zog mir liebevoll die Mokassins aus, und dann schlief ich süß – den ersten wahren Schlaf seit vielen schlaflosen Nächten. Bevor meine Augen sich im Schlummer schlossen, wandte sich mein unsagbar dankbares Herz Gott zu, im Gedenken an Sein unermeßlich großes Erbarmen.

Ich gewöhnte mich schnell an meine neue Position. Die drei Schwestern des Häuptlings wohnten auch bei uns in der Hütte. Am nächsten Tag begannen meine Pflichten, wobei die Frau des Häuptlings eine gewisse Schutzfunktion mir gegenüber wahrzunehmen schien.

Am 25. Juli wurde den ganzen Tag die glückliche Rückkehr der Krieger gefeiert.

Man hatte mehrere Zelte zu einem großen vereint, in dem alle Häuptlinge, Medizinmänner und großen Krieger zu Beratungen und festlichem Schmaus zusammenkamen. Ich wurde auch dazu eingeladen und durfte auf einem erhöhten Sitz Platz nehmen, während der ganze Rest der Gesellschaft, weitgehend mit gekreuzten Beinen, auf dem Boden saß und auf das Essen wartete.

In der Mitte des Kreises, den sie bildeten, befand sich ein Fahnenmast, an dem viele Skalps, Trophäen und Ornamente befestigt waren. Unten, am Fuß des Fahnenmastes, hatte man in einer Reihe mehrere große Töpfe aufgestellt, in denen das Festmahl vorbereitet wurde. Außerdem stand dort eine Anzahl von Holzschalen, in denen das Fleisch serviert werden sollte. Davor warteten zwei oder drei Frauen, um die Bedienung zu übernehmen und die Pfeifen anzuzünden.

Das war die Situation, und alle saßen wir da, während um uns herum Tausende sich reckten und nach vorn drängten, um einen Blick von mir bei dem großen Fest und Rat zu erhaschen. Schließlich erhob sich der sehr ansehnlich gekleidete Häuptling und hielt eine Rede. Dabei zeigte er öfter auf mich. Ich konnte jedoch nur wenig davon verstehen.

Mehrere andere hielten auch Ansprachen, die für mich alle gleich klangen. Ich zitterte vor Angst bei diesen seltsamen Vorgängen und fürchtete, sie berieten darüber, wie sie mich zur Krönung ihrer Unterhaltung irgendeinem grausamen Tod zuführen könnten. Was an diesem Tag, während ich mitten unter diesen wilden, ungebildeten Menschen saß, in mir vorging, kann ich nicht beschreiben. Bald steckte man eine hübsche Pfeife an und brachte sie dem Häuptling. Er nahm sie, und nachdem er mit dem Stiel nach Norden, Süden, Osten und Westen sowie zur Sonne über seinem Kopf gezeigt hatte, sagte er ein paar Worte und machte einige Züge. Dann ließ er sie herumgehen, und alle rauchten. Dieses Rauchen fand unter strengster Einhaltung genau festgelegter Regeln statt, und während des ganzen Festmahls herrschte höchst angenehme Stille.

Man nahm die Deckel von den Töpfen, die alle ausschließlich mit gut gegartem, zu einer Art Schmorgericht verarbeitetem Hundefleisch gefüllt waren. Vor jeden Gast stellte man eine große Holzschale mit einer

Portion von diesem Fleisch, das in reichlich Suppe oder fettiger Soße schwamm, und einem großen Löffel aus Büffelhorn hin.

Ich war also in einer äußerst schwierigen und peinlichen Lage, während ich Zeugin des feierlichen Geschehens wurde. Man reichte mir mein Gefäß, und es fiel mir schwer einzusehen, daß ich unbedingt daraus essen mußte. Nach vielem Drängen probierte ich ein paarmal. Dann ließ ich die Schale stehen, die daraufhin wieder aufgenommen und zusammen mit anderen an die einzelnen Mitglieder der Gruppe weitergereicht wurde, die alle herzhaft zulangten. So endete das Fest, und sämtliche Teilnehmer zogen sich allmählich schweigend zurück, bis das Terrain nur noch der Bedienung überlassen war, die für die ganze Veranstaltung zuständig zu sein schien.

Die Frauen gaben mir durch Zeichen zu verstehen, daß ich mich ausgesprochen geehrt fühlen könne, weil man mich zu einem Fest mit Häuptlingen und großen Kriegern eingeladen hatte. Und wenn ich daran dachte, wie es abgehalten wurde, konnte ich diese Einladung nur mit Respekt betrachten und darin eindeutig ein ganz großes Kompliment sehen.

Nachdem ich an dieser Veranstaltung teilgenommen hatte, ehrte man mich mit zahlreichen ähnlichen Einladungen, bei denen es stets gleich feierlich und eindrucksvoll zuging.

Soweit ich feststellen konnte und die Dinge verstanden habe, dürfte es sich bei dem »Hundefest« um eine echte religiöse Zeremonie handeln, bei der die abergläubischen Indianer es für richtig halten, ihren treuen Gefährten zu opfern, um unter Beweis zu stellen, daß ihnen die dem Großen Geist gelobte Freundschaft heilig ist. Sie bieten immer einen Teil des Fleisches dem Gott an und legen es dann auf den Boden, um ihn an ihr feierliches Opfer zu erinnern.

Der Hund erfreut sich bei allen Indianerstämmen einer größeren Wertschätzung als überall sonst in der zivilisierten Welt. Die Indianer können ihm mehr Zeit widmen, und mit ihrem unverbildeten Gemüt passen sie sich dem Wesen dieses treuen Dieners besser an.

Hundefleisch ist, obwohl die Indianer es anscheinend gerne essen, zweifellos nicht so gut wie Wild oder Büffelfleisch, das immer als Festschmaus dient, wenn, wie in einer zivilisierten Gesellschaft, Freunde zu einem netten, geselligen Beisammensein eingeladen werden, woraus sich eigentlich von selbst ergibt, daß sie auf alle Fälle einen besonderen Grund haben müssen, wenn sie sich an dem Fleisch ihres nützlichen und treuen Gefährten laben, so auch bei der Veranstaltung, die ich beschrieben habe.

Das Dorf war gut versorgt mit frischem sowie getrocknetem Büffel- und Hirschfleisch. Das »Hundefest«, glaube ich, feiern alle amerikanischen Stämme, und sie alle opfern meines Wissens dieses treue Tier sowie das Pferd, unter Umständen auf verschiedene Weise, um verstimmte Geister oder Götter zu beschwichtigen, die man meint, auf diese Weise besänftigen zu müssen. Und wenn dies geschieht, wird immer das beste Tier aus der Herde oder der Meute geopfert.

Am Abend wurde getanzt. Alle kamen mir wild und ausgelassen vor. Mich führte man in die Mitte des Kreises und wies mir die unangenehme Aufgabe zu, eine kleine Stange, an der menschliche Skalps befestigt waren, über meinen Kopf zu halten. Der Tanz dauerte fast bis zum Morgen. Dann kehrten alle in ihre Hütte zurück. Die drei freundlichen Schwestern des Häuptlings standen bereit, um mich zu meiner zu bringen.

IX

Vorbereitungen zur Schlacht – Ein Indianerdorf unterwegs – Skalptanz – Eine schreckliche Art, Triumphe zu feiern – Ich muß mich an den Orgien beteiligen – Ein Grund für die Feindseligkeit der Indianer – Noch ein Kampf mit den weißen Truppen – Die Bestattung eines jungen Indianers – Hastiger Rückzug – Medizinische Versorgung der Verwundeten durch mich – Mauve Terre bzw. Bad Lands

Am nächsten Morgen war das ganze Dorf auf den Beinen. Die Krieger zogen in die Schlacht gegen einen weißen Feind, wie sie sagten, und die alten Männer, Frauen und Kinder wurden in eine andere Richtung zu einem von dem Häuptling bestimmten, sicheren Ort geschickt. Bald war alles in Bewegung. Mit gewohnter Schnelligkeit entfernte man die Zeltstangen und rollte die Zeltbahnen auf. Das Kochgeschirr wurde zusammengepackt und auf Querträger verfrachtet, die die unteren, über den Boden schleifenden Enden der Stangen miteinander verbinden, während die oberen Enden seitlich an den Pferden befestigt sind. Die Hunde macht man sich auch zunutze bei diesem Exodus. Sie ziehen, nach dem gleichen System wie die Pferde, kleinere Lasten hinter sich her.

Das ganze Dorf war in Aufruhr: Kinder schrien oder lachten, Hunde bellten oder knurrten wegen ihrer schweren Bürde, Squaws liefen hin und her, demontierten Tipistangen, packten alles zusammen und führten schwer beladene Pferde und Hunde.

Die kleinen Kinder steckt man in Säcke aus Büffelfell, die an die Sättel gehängt oder von den Müttern auf dem Rücken getragen werden. Die aufgewickelten und mit Riemen verschnürten Zeltbahnen bringt man mit verschiedenen anderen, für den häuslichen Gebrauch bestimmten Sachen auf den von den Rücken der Pferde herabhängenden Stangen an, und darauf setzt man dann Frauen und Kinder. Die Pferde werden geführt von einer Frau, die mit dem Zügel in der Hand vorausgeht und auf dem Rücken fast ebenso schwer trägt wie das Pferd. Manchmal sitzen Frauen und Kinder auf Pferden und halten alles Mögliche im Arm, zum Beispiel kleine Hunde oder andere verloren und hungrig aussehende Haustiere. Auf diese wenig gefällige Weise werden bisweilen in einem Zug 2 - 3000 Familien über viele Meilen umquartiert, und da alle gleichzeitig unterwegs sind, zieht sich die Kavalkade über eine große Strecke hin.

Der Anblick der Männer und Jungen ist weniger störend, da sie in Gruppen auf guten Pferden und den besten Indianerponys reiten, während Frauen und Kinder sich mit den bepackten Pferden und Hunden dahinschleppen.

Es ist manchmal erstaunlich, wozu die treuen Hunde eingesetzt werden und wie viele es sind, nämlich Hunderte, von denen jeder einen Teil des allgemeinen Hausrats transportiert. An ihren Schultern werden zwei Stangen von etwa zehn oder zwölf Fuß Länge festgemacht, die mit dem anderen Ende über den Boden schleifen. Auf diese Stangen packt man eine kleine Fracht, und mit ihr trottet das gute Tier dahin, ohne nach rechts oder links zu sehen, anscheinend nur darauf bedacht, ans Ziel zu gelangen. Diese treuen Kreaturen unterstehen

Eine Indianerfamilie unterwegs

den Frauen und Kindern, die ihnen gelegentlich durch »Ermahnungen« in Form von wiederholten kräftigen Peitschenhieben auf die Beine und Flanken zu einem größeren Tempo verhelfen. Es tat weh mitanzusehen, wie diese armen Tiere entgegen ihrer natürlichen Bestimmung zu einem knechtischen Arbeitsleben gezwungen wurden und Lasten ziehen mußten. Wenn sie sich daran gewöhnt haben, dann sind sie als Jagd- oder Wachhunde, ja selbst zum Bellen nicht mehr zu gebrauchen, und ihre Funktion reduziert sich auf die eines Lasttieres. Es war nicht ungewöhnlich, daß ein großer, wie ein Wolf aussehender Hund sich mit einem Haufen Kochgeschirr auf der einen Seite und einem schreienden Kind zum Ausgleich auf der anderen bedrückt dahinschleppte, während ein anderer sich verdrießlich mit einem Viertel von einer Antilope oder einem Hirsch auf dem Rücken vorwärtsarbeitete, wobei ihnen eine alte Frau oder ein paar Kinder folgten, die alle widerspenstigen, frei laufenden Hunde in Schach hielten, welche bisweilen ihre Überlegenheit zeigten, indem sie nach ihren weniger begünstigten Gefährten schnappten oder sie anknurrten.

Der Zug war ungeheuer groß, da sich in diesem Gebiet fast das ganze Volk der Sioux konzentrierte, um Krieg zu führen. Die Schwestern des Häuptlings brachten ein gesatteltes Pferd und sagten mir, ich solle aufsteigen und in der sich bereits bewegenden Kolonne, die sich bis weit über die Hügel im Norden zu erstrecken schien, mitreiten. Wir quälten uns den ganzen Tag voran. Am späten Nachmittag gelangten wir zum Lagergrund, wo wir auf weitere Befehle von den Kriegern warteten, die in die Schlacht gezogen waren und zu uns stoßen wollten.

Zu diesem Zeitpunkt hatte ich keine Möglichkeit, in Erfahrung zu bringen, gegen wen sie Krieg führten. Aber später hörte ich, daß General Sullys Armee die Sioux verfolgte und daß es bei den Kampfhandlungen um seine Männer ging.

Nach drei Tagen kamen die Indianer im Lager an und veranstalteten ein Freudenfest, das mich annehmen ließ, daß sie in der Auseinandersetzung nur geringe Verluste erlitten hatten. Sie verbrachten ihren Ruhetag mit dieser Art der Unterhaltung, und bei der Gelegenheit sah ich zum ersten Mal den Skalptanz, eine Zeremonie, die meine Achtung vor denen, die mich gefangenhielten, beziehungsweise meine Hoffnung auf ihr Mitgefühl nicht gerade vergrößerte.

Diese Veranstaltung findet nur nachts bei Fackellicht statt, so daß die schrecklichen, typischen Merkmale durch den unwirklichen Schein der glühenden Scheite auch noch verstärkt werden.

Die Frauen beteiligten sich auch an diesem Tanz, und ich wurde gezwungen, bei dieser furchterregenden Feier mitzumachen, indem ich, speziell dafür angemalt und gekleidet, einen Stab hielt, an dem oben mehrere Skalps hingen.

Die Krieger zogen auf, mit vor Stolz geschwellter Brust, und rühmten sich ausgiebig ihrer Heldentaten sowie ihrer Tapferkeit im Krieg, wobei sie unter fürchterlichen Verrenkungen und Drohungen Waffen schwenkten.

Sie wurden begleitet von einer Anzahl junger Frauen, dic die Trophäen ihrer Freunde trugen und sie hochhielten, während die Krieger waffenschwenkend und auf höchst gräßliche Weise ihren entsetzlichen Kriegsruf ausstoßend mit beiden Beinen gleichzeitig im Kreis herumsprangen und nach einem bestimmten Rhythmus die Waffen bewegten und damit aufstampften. Ihre Gesten wirken als ob sie einander tatsächlich in Stücke schnitten, wenn sie so fürchterlich und durchdringend schreien. Je mehr sie sich erregen, desto wilder werden sie, bis ihre Gesichter aufs äußerste verzerrt sind.

Ihre funkelnden, unmenschlich aussehenden, ja nicht zu beschreibenden Augen treten hervor, während sie mit den Zähnen knirschen und versuchen, das Pfeifen und Gurgeln eines in der Schlacht Sterbenden nachzuahmen. Sie stampfen immer ungestümer und schneller, bis ihre Darstellung eher einem Bild von Teufeln in einem Karnevalszug als so etwas wie einem Kriegstanz gleicht.

Es ist unmöglich, das volle Ausmaß dieses grauenhaften Anblicks und die ganze schreckliche Barbarei zu schildern, die darin zum Ausdruck kommt, daß die blutigen Siegeszeichen der Krieger im flackernden Feuerschein geschwenkt werden, während sie selbst mit ihren Verrenkungen halb in Dunkelheit gehüllt sind. Das Abziehen des Skalps dient dem Triumph und ist ein Zeichen von Tapferkeit und Erfolg. Ich bin unfähig zu beschreiben, was bei dieser furchtbaren Szene in mir vorgegangen ist.

Das Land, in dem wir uns befanden, schien von unzähligen Spuren verunstaltet zu sein, die die Indianerponys beim Wechsel des Wohnorts oder der Jagdgründe mit den Zeltstangen gezogen hatten. Die Indianer wollen nicht, daß die Weißen es besetzen oder darin eindringen, und setzen ihnen erbitterten Widerstand entgegen. Das Fällen von Bäumen, das Erlegen von Büffeln, das Bereisen mit Trecks oder sonst irgend etwas, das auf eine dauerhafte Inbesitznahme durch den weißen Mann schließen läßt, schafft tödliche Feindseligkeit. Es ist ihre letzte Hoffnung. Wenn sie zurückweichen und ihr Land aufgeben, müssen sie sterben oder sich für immer den Gesetzen der Weißen unterwerfen. Deshalb lassen sie keine Gelegenheit aus, sie zu töten, zu bestehlen oder zu stören.

Das Wild hält nach wie vor an seinen Lieblingsplätzen fest, und die Indianer müssen dem weißen Mann nachstellen, sonst verlieren sie jegliche Hoffnung auf Unabhängigkeit. Ganze Rudel von Wapitis stehen mit stolz erhobenem Geweih da als ob sie von Musik verzaubert wären oder wissen wollten, was dieser seltsame Übergriff auf ihre lange gehüteten Lustgärten bedeutet. Die Bergschafe schauen herab von den spitzen Felsen an der steil abfallenden Nordseite der Berge und lassen keinen Rivalen an ihrer Schönheit und dem ausgezeichneten Futter teilhaben. Das Rotwild mit dem schwarzweißen Schwanz und die Antilopen sind allgegenwärtig, während die Hasen und Kaninchen, die Steppen- und Präriehühner fast ausgerottet werden, wenn Fremde in ihr Gebiet eindringen.

Wildgänse und Enten vermehren sich. Sie bevölkern die schönen Seen und leben in vielen Flüssen. Grizzly- und Schwarzbären werden häufig getötet und opfern ihr prächtiges Fell für den Profit des Jägers. Zahllose, aus Zehntausenden bestehende Büffelherden wandern vor und zurück. Sie füllen die Täler, soweit das Auge reicht, und liefern den Indianern Nahrung, Unterkunft, Brennstoff und Kleidung. Der Big-Horn-Fluß, die Wasserläufe im Big-Horn-Gebirge sowie jenseits davon sind reich bestückt mit unterschiedlichen Fischarten. Das Land scheint voll von Wölfen zu sein, die mit ihrem Geheul die Nacht durchdringen. Doch diese müssen wie die Biber, deren Dämme in den ganzen kleineren Flüssen Sperren bilden, und die Otter ihr schönes Haarkleid für die Indianer sowie den Luxus der Weißen hergeben.

Die Indianer spürten, daß sich die Nähe der Truppen und deren Übergriffe auf ihre besten Jagdgründe für sie und ihre künftigen Hoffnungen auf Wohlstand als verheerend erweisen würden, und rüsteten sich bald wieder zu einer Schlacht. Am 8. August zogen sie erneut auf den Kriegspfad, und diesmal schienen die Kampfhandlungen verdächtig nahe bei unserem Lager stattzufinden.

In der Nacht zuvor war ein Indianerjunge gestorben, den man am Morgen ziemlich hastig beisetzte. Man wikkelte ihn in ein paar Vorhänge, die einst meine Fenster in Geneva geziert hatten. Außerdem gab man den auf einer erhöhten Plattform liegenden sterblichen Überresten eine rote Decke und viele Perlen sowie Schmuckgegenstände bei. Die Mutter, die ihren Sohn verloren hatte, und die Verwandten verließen den einsamen Ort unter lautem Wehklagen. Die Bewegungen der Indianer deuteten auf eine erhebliche Verwirrung und große Besorgnis hin, und es dauerte nicht lange, bis ich den Gefechtslärm hören konnte. Das als Echo widerhallende Knallen der Gewehre in den fernen Bergen sagte mir, daß mein eigenes Volk nahte, und mein Herz geriet in einen heftigen Widerstreit von Gefühlen, während die Indianer voller Verzweiflung weitereilten und mir sogar verbaten, mich umzudrehen und in Richtung der Schlacht zu schauen. Einmal verstieß ich gegen diese Anordnung und wurde schwer dafür bestraft. Sie behielten mich im Auge und waren sehr unfreundlich und böse mit mir.

Nach Rettung lechzend und mich doch davor fürchtend, so verbrachte ich den Tag. Inzwischen stieg der Rauch der Waffen über die Berge. Die Indianer erkannten nun, in welcher Gefahr sie waren, und hasteten stark bestürzt voran.

General Sullys Soldaten erschienen in unmittelbarer Nähe. Ich konnte sehen, wie sie die Indianer angriffen, die sich entsprechend ihrer Art der Kriegsführung hinter Bäumen versteckten und ihre Kugeln und Pfeile in die Reihen des Gegners feuerten. Ich mußte vor der Kolonne der Frauen und Kinder reiten, die schreiend und nach Wasser schmachtend vorwärts hetzten und versuchten, sich aus der Schußlinie zu halten.

Es war später Abend, als wir anhielten, nachdem wir endlich das hoch aufragende Ufer eines stattlichen Flusses erreicht hatten. Aber es dauerte etwas, bis sie in dem felsigen Gestade eine Aussparung fanden, die es uns ermöglichte, ans Wasser zu gelangen und das köstliche Naß zu genießen, ein Luxus, den die schnaufenden Pferde freudig mit uns teilten.

Wir waren an diesem Tag weit und schnell, ohne Pause, durch Rauch- und Staubwolken gezogen und fühlten uns von der sengenden Sonne ausgetrocknet. Ich hatte Blasen im Gesicht von den brennenden Strahlen, da ich wie die Indianerfrauen ohne Kopfbedeckung reiten mußte. Den ganzen Tag hatte ich keinen Tropfen Wasser gesehen.

Da sie das lang ersehnte Wasser ungern verließen, legten sie sich alle unter die hohen Weiden am Fluß und schliefen wie Ermattete schlafen. Die Pferde blieben in der Nähe und zupften an den spärlich dünnen Grashalmen.

Erst am nächsten Morgen dachte ich darüber nach, wie sie den Fluß, von dem ich annehme, daß es der Missouri war, wohl überqueren würden. Er war nicht sehr breit, sondern von Steilufern eingeengt. Er schien aber tief zu sein und ziemlich schnell zu fließen. Zu meiner Freude nahmen sie nicht das Risiko auf sich, ihn da, wo wir uns aufhielten, zu durchschwimmen, sondern sie taten es weiter flußabwärts, wobei sie mein Pferd führten. Ich hatte große Angst und flehte zum Himmel um Erbarmen. An diesem Morgen gelangten wir in eine Schlucht, bei der es sich eindeutig um eine Anhäufung von riesigen Felsbrocken handelte, die von den Bergen darüber heruntergefallen waren. Sie führten mein Pferd und schlossen eng auf, wobei sie schnellstmöglich vorwärts strebten, so als ob wir immer noch von den Truppen verfolgt würden. Im Laufe des Tages brachte man uns zwei oder drei verwundete Krieger. Ich wurde aufgefordert, nach ihnen zu sehen und beim Verbinden der Wunden zu helfen. Da dies das erste Mal war, daß ich mit so etwas zu tun hatte, wußte ich nicht so recht, was ich machen sollte. Aber weil ich es für eine gute Gelegenheit hielt, in ihrer Achtung zu steigen, bemühte ich mich, sie mit einem Anschein von überlegenem Wissen in Sachen ärztlicher Versorgung und Krankenpflege beziehungsweise als Medizinfrau zu beeindrucken. Ich spürte nun an ihrem Gebaren und ihren bedeutsamen

Blicken, daß mein Leben nicht sicher war, da man uns in diesem schrecklich öden Land so dicht verfolgte.

Ich kann nicht beschreiben, was ich die ganze Zeit über empfand, wenn ich die »großen Gewehre« hörte, wie die Indianer die Kanonen nennen. Ich war überzeugt, daß die Soldaten meinetwegen gekommen waren und uns überholen würden. Mein Herz hüpfte vor Freude bei dem bloßen Gedanken an Erlösung, aber es sank auch entsprechend, wenn sie zu mir kamen und ihre Trophäen mitbrachten, stinkende Skalps und blutbefleckte Soldatenuniformen, die meinem wehen Herzen eine traurige Geschichte erzählten. Mal faßte ich Mut in der festen Hoffnung, bald gerettet zu werden, und dann wieder gab es soviele Bestätigungen für den Erfolg meiner Feinde, daß ich in tiefe Verzweiflung stürzte. Aus irgendeinem Grund schienen sie besonderen Spaß daran zu haben, mich zu täuschen. Ob sie es taten, weil sie einem unstillbaren inneren Durst nach Rache abhelfen wollten oder um mich gefügiger, williger und eher zum Ausharren bereit zu machen, konnte ich nicht herausfinden.

Die Gefühle, die meine Enttäuschung über ihren Erfolg hervorrief, kann man sich besser vorstellen als schildern, aber selbst in den kühnsten Phantasien entsteht nur ein armseliges Bild von all dem Schrecklichen, das ich bei dieser hastigen Flucht zu sehen bekam.

Ständig erlebte ich, daß meine Hoffnungen sich zerschlugen. Das macht das Herz krank. Es war eine große Qual und schmerzlich für mich, unseren Streitkräften und der Fahne der Freiheit so nahe und doch gefangen und hilflos zu sein.

Immer weiter mußten wir fliehen, bis in eine Gegend, die sie Bad Lands (oder Mauve Terre von mauvaise terre, der Bezeichnung französisch-kanadischer Trapper für eine topographisch erodierte Landschaft am kleinen Missouri) nennen und die so schrecklich trostlos und öde ist, daß man meinen könnte, sie sei durch Vulkantätigkeit entstanden.

Überall türmen sich große verwitterte Blöcke aus gesprengtem Gestein auf, in dessen Ritzen sich harter, trockener Sand gesammelt hat.

Alles sieht verwüstet aus, so als ob einmal eine Vegetation und Leben vorhanden gewesen wären, dann aber plötzlich durch ein heftiges Naturereignis ein Ende gefunden hätten. Eine fürchterliche Zerstörung läßt wie in Erfüllung eines alten Fluchs die Oberfläche dieser traurigen Landschaft finster aussehen, und in ihrer Trostlosigkeit sowie von ihrem zerfallenen Zustand her könnte sie gut der Eingang zu dem von klassischen Schriftstellern beschriebenen unterirdischen Schattenreich sein.

Ständig bläst ein Wind, der einem den Atem nimmt und die Luft mit trockenem, die Sicht behinderndem Staub erfüllt.

Das träge dahinfließende Wasser ist dunkel und scheint eine lebensvernichtende Wirkung zu haben, da alles, was an seiner feuchten Peripherie liegt, zu Stein geworden ist. Was jetzt wie Stein aussieht, war einmal von Leben erfüllt, als Tier oder Pflanze, und die Veränderung, die beide durchgemacht haben, wird wagemutigen Männern der Wissenschaft, die in diese düstere Gegend vordringen, um Kröten, Schlangen, Vögel und eine Vielzahl von Insekten sowie Pflanzen, Bäume und eine Menge anderer Sehenswürdigkeiten, die zu Stein geworden sind und wie Stein aussehen, zu entdecken, noch Anlaß zu interessanten Spekulationen geben. Ich war erstaunt über diese seltsamen und wunderbaren Dinge.

Der schreckliche Mangel an Wasser und Gras zwang uns vorwärts, und mit General Sullys Armee im Rücken kamen wir nicht zur Ruhe. Am nächsten Tag und an den zwei darauffolgenden Tagen wurden wir soweit nach Norden getrieben und so unmittelbar von den Streitkräften bedroht, daß sie all ihre irdischen Güter zurücklassen und um ihr Leben durch den Fluß Yellow Stone schwimmen mußten. Inzwischen schmachteten die Ponys nach Futter und Wasser. Außerdem waren sie so erschöpft, daß wir sie nur noch unter großen Schwierigkeiten und mit kräftigen Schlägen voranbringen konnten.

Wenn man den Indianern dicht auf den Fersen ist, werden sie in ihrer Verzweiflung so verwegen, daß sie einzig und allein sich selbst zu retten suchen und ihnen das, was sie besitzen oder an Vorräten haben, egal ist.

Sie werfen alles fort, was sie auf der Flucht behindern könnte, und scheinen vor lauter Angst jeden natürlichen Instinkt zu verlieren. Wir hatten in der Eile, zu der wir gezwungen waren, ungeheure Mengen von Sachen, ja sogar aufgestellte Zelte zurückgelassen, was sich zunächst als hilfreich erwies, letzten Endes aber ein schlimmer Verlust war.

General Sully hielt mit seiner gesamten Truppe an, um alles zu vernichten. So konnten wir entkommen und fielen ihm nicht, wie es sonst unweigerlich der Fall gewesen wäre, in die Hände.

Er brauchte einen Tag, um die Indianerzelte, Decken, Vorräte etc. zusammenzutragen und verbrennen zu lassen. Diesen Tag nutzten sie, um außerhalb seiner Reichweite zu gelangen. In Kriegszeiten sind sie ständig unterwegs, wobei sie durch riesige Gebiete ziehen und mit einer den Weißen fremden, ruhigen Entschlossenheit ihre Schlachten schlagen oder Scharmützel betreiben.

Ein paar Tage Verfolgung der Indianer reichen gewöhnlich, um den Eifer des weißen Mannes abnehmen und erschlaffen zu lassen, da es fast unmöglich ist, in ihrem Land mit Wagen und Versorgungsgütern für die Armee hinter ihnen zu bleiben und es amerikanischen Pferden sehr schwerfällt, die kahlen, zerklüfteten Bergpässe zu bewältigen, während die Indianer alle Vorteile auf ihrer Seite haben und auf ihre Weise Krieg führen. Die müden Soldaten kehren niedergeschlagen zurück, weil sie oft treue Kameraden verloren haben, die sie in einem einsamen Grab in der Prärie zurücklassen mußten, und sind unzufrieden, weil sie ihre roten Widersacher nur zerstreuen konnten.

Die erschöpften Wilden dagegen ruhen sich in diesen Pausen aus und schicken häufig die Indianer los, die man als freundlich bezeichnet und auch dafür hält. Diese werden dann in den Forts empfangen. Doch ihre Freundlichkeit schlägt in Feindseligkeit um, sobald sie in den Bergen sind und sich Munition sowie Lebensmittel beschaffen, womit sie sich stärken und weiter Krieg führen können.

Nachdem der Angriff von General Sully vorbei war, kam ein Indianer mit einem Brief zu mir, den ich lesen sollte. Er hatte ihn einem Soldaten abgenommen, der durch ihn zu Tode gekommen war. Der Brief war in seiner Tasche gewesen. Es hieß darin, daß der Ingenieur für Geländekunde umgebracht worden sei und daß General Sullys Männer die roten Teufel geschnappt, ihnen die Köpfe abgeschlagen und sie aufgespießt hätten. Der Soldat hatte einen netten, freundlichen Brief an seine Leute geschrieben, aber bevor er ihn auf den Postweg bringen konnte, zählte er zu den Toten.

X

Trauer um die Getöteten – Drohung mit dem Marterpfahl – Gerettet durch eine Rede von Ottawa – Die Indianer hungern

Sobald wir in Sicherheit waren und General Sully uns nicht mehr verfolgte, kehrten die Krieger zurück, und unter den Frauen brach eine schreckliche Trauer um die Toten aus. In solchen Fällen schreien sie sehr laut und jammervoll, und die nahen Verwandten der Verstorbenen ergehen sich in so furchtbaren Schmerzbekundungen, daß man sie nicht beschreiben kann. Manchmal wird die Sitte, sich ins Fleisch zu schneiden, soweit getrieben, daß sie in eine entsetzliche Barbarei ausartet. Sie bringen sich Wunden von einem Zoll Länge am Körper und an den Gliedmaßen bei. Einige schneiden sich das Haar ab und schwärzen sich das Gesicht. So ziehen sie dann in einer Prozession durch das Dorf und martern ihren Körper, um ihrem Klagen Nachdruck zu verleihen.

Auf den Schmerz folgte der Hunger. Sie hatten keine Lebensmittel mehr, und in diesem Teil des Landes gab es kein Wild.

Als wir auf der Flucht waren, hatten sie alles liegenlassen, und das Land, durch das wir in den darauffolgenden zwei Wochen zogen, gab nicht genug her, um dem Hunger ein Ende zu bereiten. Die Indianer waren schrecklich aufgebracht und drohten mir fast stündlich mit dem Tod in irgendeiner Form.

Ich hatte so auf Freiheit gehofft, als meine Freunde in der Nähe waren. Aber leider wurden all meine dummen Hoffnungen zunichte gemacht. Die Indianer sagten mir, die Armee zöge in eine andere Richtung.

Sie schienen größere Verluste erlitten zu haben als ich erfahren hatte, und das machte sie sehr rachsüchtig mir gegenüber.

Am nächsten Morgen merkte ich, daß etwas Ungewöhnliches bevorstand. Trotz der frühen Stunde — die Sonne erschien eben über dem Horizont — waren die wichtigsten Häuptlinge und Krieger zum Rat versammelt, wo nach den würdevollen und nachdenklichen Mienen zu urteilen, wohl eine ernste Frage erörtert werden sollte.

Wegen ihres unfreundlichen Verhaltens mir gegenüber hatte ich Grund zu Besorgnis und Angst vor der Strafe, die mich vielleicht bald treffen würde.

Nach kurzer Zeit schon schickten sie einen Indianer zu mir, der mich fragte, ob ich bereit sei zu sterben — am Marterpfahl. Ich antwortete ihm, daß Wakon-Tonka (der Große Geist) mich, wann immer er es für richtig hielte, rufen würde und daß ich dann bereit und willens sei, in den Tod zu gehen. Er sagte, der Rat habe ihn geschickt, um mich darauf vorzubereiten, daß ich sterben müsse, weil meine weißen Brüder unlängst so viele ihrer jungen Männer getötet hatten. Er betonte, daß sie nicht aus Freude an der Grausamkeit grausam wären, sondern weil die Notwendigkeit ihr oberstes Gebot sei und daß er und die weisen Häuptlinge getreu ihrem Haß gegenüber der weißen Rasse ihren Durst nach Rache schnellsten stillen wollten und außerdem die Interessen ihres Volkes es verlangten.

Sobald die Häuptlinge um das Ratsfeuer versammelt waren, trat der Pfeifenträger, die bereits angezündete

Pfeife in der Hand haltend, in den Kreis. Sich in Richtung der vier Windrichtungen verneigend, sprach er ein kurzes Gebet oder eine Beschwörungsformel und reichte dann dem alten Häuptling Ottawa die Pfeife, wobei er ihren Kopf festhielt. Als alle Häuptlinge und Männer nacheinander geraucht hatten, leerte der Pfeifenträger die Asche über dem Feuer aus und sagte dabei: »Häuptlinge des großen Volkes der Dakota, Wakon-Tonka möge euch Weisheit schenken, damit, was immer ihr beschließt, der Gerechtigkeit entspricht.« Dann verneigte er sich respektvoll und zog sich zurück.

Es folgte ein Augenblick des Schweigens, in dem jeder ernsthaft über die gerade gesprochenen Worte nachzudenken schien. Schließlich erhob sich einer der ältesten Häuptlinge, dessen Körper von den Narben unzähliger Wunden durchfurcht war und der bei seinem Volk in dem Ruf stand, sehr weise zu sein.

Er sagte: »Die Bleichgesichter, die uns ständig verfolgen und belästigen, zwingen uns, ihnen nach und nach unsere besten Jagdgründe zu überlassen, und wir müssen wie scheues Wild Zuflucht in den Tiefen dieser Bad Lands suchen. Viele von ihnen wagen es sogar, in Bereiche der Prärie einzudringen, die uns gehören, um Biber zu fangen und Wapitis oder Büffel zu jagen, die unser Eigentum sind. Diese ungläubigen Kreaturen, die von ihrem eigenen Volk ausgestoßen worden sind, berauben und töten uns, wenn sie können. Müssen wir dieses Unrecht klaglos hinnehmen? Sollen wir uns wie die ängstlichen Assinneboines abschlachten lassen, ohne den Versuch zu machen, uns zu rächen? Heißt es im Gesetz der Dakota nicht: ›Gerechtigkeit für unser Volk und Tod den Bleichgesichtern‹? Meine Brüder mögen sagen, ob **das** gerecht ist!« Dabei zeigte er auf den Marterpfahl, der für mich vorbereitet wurde.

»Rache ist erlaubt«, stellte Mahpeah (das heißt Der Himmel) kurz fest.

Dann erhob sich ein anderer alter Häuptling, Ottawa, und sagte: »Die Schwachen und Bedrängten haben zweifellos das Recht, sich zu rächen. Doch muß die Rache im richtigen Verhältnis zu dem erlittenen Unrecht stehen. Warum sollten wir diese junge, unschuldige Frau töten? War sie nicht immer nett zu uns, hat sie uns nicht angelächelt und für uns gesungen? Lieben unsere Kinder sie nicht alle wie eine zärtliche Schwester? Also warum sollten wir sie für die Verbrechen anderer, auch wenn sie zu ihrem Volk gehören, in einen grausamen Tod schicken? Warum sollten wir anstelle der Schuldigen eine Unschuldige bestrafen?«

Ich hoffte auf Erbarmen und Schutz vom Himmel und sandte jene inbrünstigen Gebete empor, die nie unerhört bleiben. Und oh! Wie dankbar war ich, als ich erfuhr, daß sie beschlossen hatten, mein Leben zu schonen. Wenn um mich herum alles auch noch so schrecklich war, das Leben wurde mir immer wieder lieb, wenn ich meinte, es zu verlieren.

Es folgte eine schlimme Zeit. Viele Hunde, ja sogar Pferde starben vor Hunger. Ihre Kadaver wurden sofort verzehrt. Und jeden Tag zogen wir langsam, aber stetig weiter in der Hoffnung auf Wild und bessere Möglichkeiten, an Fisch oder Obst zu kommen.

Viele Tage hintereinander hatte ich nichts zu essen außer dem, was ich mir auf dem Weg beschaffen konnte. Ein paar Rosenblätter und -blüten waren alles, was ich fand, abgesehen von dem Gras, das ich pflückte und kaute. Angst, Müdigkeit und das anhaltende Fasten belasteten meine ohnehin schon geschwächte Gesundheit sehr. Frauen und Kinder schrien nach Essen. Es tat weh, sie leiden sehen zu müssen, ohne ihnen helfen zu können. Und es gab keine Hoffnung auf Erleichterung, es sei denn, wir zogen weiter und konnten jagen. Wir hatten kein Dach über dem Kopf außer dem Himmel und keine andere Wahl, als unseren Weg fortzusetzen und uns abends auf dem kalten, feuchten Boden zur Ruhe zu legen.

Könnte ich meinen Lesern doch wahrheitsgetreu vor Augen führen, wie das damalige Zuhause der Indianer mit all dem Traurigen, was dazugehörte, aussah. Einem aufrichtigen Gedächtnis prägt sich so etwas für immer ein. Aber kein Federstrich kann auch nur annähernd wiedergeben, wie es wirklich war.

Was für Demonstrationen ihres Stolzes und ihrer Leidenschaft habe ich miterlebt. Was für einen Begriff von ihrer Intelligenz und Menschlichkeit habe ich mir machen müssen. Mit was für Bekundungen ihrer Macht und was für einer Art zu bestimmen haben sie mich konfrontiert. Die Behandlung, die ich erfahren habe, war nicht dazu angetan, die Bewunderung einer Frau für den edel genannten roten Mann zu steigern, sondern sie ließ einen darum beten, aus seiner Gewalt befreit zu werden.

Da ich viele Tage in Folge reisen und uneingeschränkt nagenden Hunger leiden mußte, brachte jeder Tag Mühsal und Angst mit sich. Doch während meinen körperlichen Belangen so wenig Rechnung getragen wurde, mangelte es mir nicht gänzlich an geistiger Nahrung. Es war ein segensreicher Trost, daß kein irdischer Widersacher meine Gemeinschaft mit dem Himmel stören konnte. Wenn ich um Mitternacht wach lag, hatte ich viele strahlende Erscheinungen.

Er gibt dir Geleit, der Engel dein,
und flüstert leis', harr' aus,
hab' Mut, sei ohne Zag',
der Herr wird richten dein Ungemach.

XI

Begegnung mit einer anderen weißen Gefangenen – Die traurige Geschichte von Mary Boyeau – Ein gebratenes Kind, dem auch noch der Kopf eingeschlagen wird – Die Ermordung von Mrs. Fletcher – Fünf Kinder werden getötet – Das Schicksal ihrer Mutter

Es war etwa zu dieser Zeit, daß ich das traurige Vergnügen hatte, einem Opfer indianischer Grausamkeit zu begegnen, dessen Schicksal noch beklagenswerter war als meines.

Es gehörte zu meinen Pflichten, Wasser aus dem Fluß zu holen, an dem wir lagerten, und eines Morgens erhob ich mich zu diesem Zweck und eilte noch vor Tagesanbruch hinaus, die Indianer in ihre Decken gehüllt zurücklassend. Das Dorf war sehr ruhig.

Aus dem weiter weg liegenden Wald hörte ich das Geheul eines sich zurückziehenden Wolfes sowie den schrillen Schrei eines Raubvogels, der auf einen armen ermordeten Reisenden hinunterstieß, den man nicht beerdigt hatte, und die ganze Trostlosigkeit meines Lebens und meiner Umgebung erfüllte mein Herz mit Angst und machte es schwer.

Ich war körperlich und geistig in so einem schlechten Zustand, daß mich nur noch die Furcht vor dem Skalpiermesser von einer Aufgabe zur anderen trieb. Und nun, da ich mit dem schweren Eimer zum Tipi zurückkehrte, sah ich zu meinem Erstaunen ein schönes junges Mädchen mit einem hellen Gesicht dort sitzen, das genauso niedergeschlagen und erschöpft war wie ich, aber trotz seines vernachlässigten Äußeren Zeichen von Lieblichkeit und Vornehmheit aufwies.

Fast an meinem Verstand zweifelnd, denn mein Selbstvertrauen war inzwischen erschüttert und ich konnte nicht einmal mehr klar denken, traute ich mich nicht, es anzusprechen. Statt dessen blieb ich wie gebannt stehen und starrte in sein erschlafftes, bleiches Gesicht mit den traurigen braunen Augen.

Neben dem Eingang zum Tipi stand der Häuptling. Er genoß die kühle Morgenluft und beobachtete amüsiert unser Zusammentreffen. Mir ein Buch von Willson's Readers, das zu den aus unseren Wagen gestohlenen Sachen gehörte, hinhaltend forderte er mich auf, es der Fremden zu zeigen.

Ich ging auf das Mädchen zu, das sogleich die Hand ausstreckte und fragte: »Was ist das für ein Buch?«

Daß meine Sprache von jemandem gesprochen wurde, der zu meinem Volk gehörte, war zu viel für mich. Ich sank bei der Fremden zu Boden und wurde, während ich noch versuchte, mit den Armen nach ihr zu greifen, ohnmächtig.

Unsere Hilflosigkeit und unser Kummer müssen eine in Sichtweite befindliche freundliche Squaw gerührt haben, denn als ich wieder zu mir kam, war sie dabei, mein Gesicht mit Wasser aus dem Eimer zu besprengen, wobei sie mich interessiert ansah.

Wir wußten natürlich, daß dieses zufällige Zusammentreffen kurz und vielleicht auch das letzte sein würde, das uns vergönnt war. Deshalb nannte ich meiner Leidensgenossin, während diese die Hände vor das Gesicht nahm und weinte, meinen Namen und berichtete ihr das Wesentliche über meine Gefangenschaft. Mir graute davor, das mögliche Geschick meiner Mary anzusprechen, weil ich dadurch vielleicht jene schrecklichen Gefühle wachrief, die ich zu unterdrücken versuchte, um nicht den Verstand zu verlieren.

Das junge Mädchen erwiderte das ihm geschenkte Vertrauen, indem es seine eigene Geschichte erzählte:

»Ich heiße Mary Boyeau. Diese Menschen nennen mich Madee. Ich bin bei ihnen seit dem Massaker von Minnesota und werde demnächst 16. Meine Eltern waren französischer Abstammung, aber wir wohnten im Staate New York, bis mein Vater, seiner ausgefallenen Sehnsucht nach dem Leben eines Naturkundlers und Wissenschaftlers folgend, unser Haus im Osten verkaufte und sich am Spirit Lake in Minnesota niederließ.

Die Indianer hatten sich bei uns umgetan und waren dem, was sie von den chemischen Geräten meines Vaters gesehen hatten, mit Staunen und Furcht begegnet. Vielleicht argwöhnten sie, daß er in seinem Laboratorium böse Zauber entwickelte, oder sie hegten eine abergläubische Abneigung gegen seine Magnete, Mikroskope und seltsam geformten Röhrchen.

Ich kann nicht sagen, was es war. Ich weiß nur, daß wir zu den ersten Opfern des Massakers gehörten und daß meine ganze Familie außer mir und, wie ich fürchte, einer jüngeren Schwester getötet wurde.«

»Du fürchtest und hoffst nicht, daß sie entkommen ist?« fragte ich.

Das arme Mädchen schüttelte den Kopf. »Bei einem Leben wie dem meinigen ist der Tod das bessere Los«, antwortete es bitter. »Ich habe zwar Angst davor, und es ist eine Sünde, ungerufen vor Gott zu eilen, aber ich halte nicht noch einen schrecklichen Winter aus.

Nein, ich muß und werde sterben, wenn keine Hilfe kommt. Ein Jahr lang haben diese Menschen mich als Kind betrachtet, und dann hat ein junger Stammesangehöriger ein Pferd für mich gegeben und mich als seine Frau in sein Tipi mitgenommen.«

»Liebst du deinen Mann?« fragte ich.

Die Augen der jungen Frau funkelten vor Bitterkeit und Rachsucht.

»Ich soll einen Wilden lieben, der mich gekauft hat, damit ich sein Packesel und seine Sklavin bin?« fuhr sie fort. »Nein, ich hasse ihn wie ich alles hasse, was mit dieser entsetzlichen Gefangenschaft zusammenhängt. Er hat noch eine andere Frau und ein Kind. Gott sei Dank«, fügte sie schaudernd hinzu, »daß ich keine Mutter bin.«

Die Not und das Wissen um seine Entwürdigung schienen dieses arme junge Geschöpf der Verzweiflung preisgegeben zu haben, und wenn ich mir seine abgearbeiteten Hände sowie die Narben an seinen Armen ansah, hatte ich den Beweis für die Mißhandlungen und Grausamkeiten, denen es ausgesetzt war. Marys Füße, an denen sie keine Schuhe trug, wiesen schlimme Prellungen auf und waren vom Reisen stark gezeichnet.

»Behandelt er dich schlecht?« fragte ich.

»Es ist seine Frau, die mich schlecht behandelt«, antwortete sie. »Ich muß alle Arten von knechtischen Arbeiten erledigen, und wenn mich die Kraft verläßt, werde ich mit Schlägen vorangetrieben. Oh! Ich fürchte mich so vor den kalten Wintern ohne vernünftiges Essen und angemessene Kleidung. Am liebsten würde ich mich hinlegen und sterben, wenn Gott in seiner Gnade mich nur aus dieser Gefangenschaft ohne Hoffnung entkommen ließe. Ich habe nichts mehr zu erwarten. Es gab eine Zeit, in der ich mich darauf freute, freigelassen zu werden. Doch die ist vorbei. Ich wollte mit den anderen gehen, die in Fort Pierre zurückgekauft wurden, und Mrs. Wright hat sich mit ganzem Herzen für mich eingesetzt. Aber der Mann, der mich gekauft hat, wollte mich nicht hergeben, und meine inständigen Bitten waren umsonst.

Mr. Dupuy, ein Franzose, der einen Wagen für die ausgelösten Frauen und Kinder brachte, hat nicht genug für mich geboten, und als ein anderer Mann meinem Besitzer ein Pferd anbot, wollte dieser es nicht annehmen.

Es gab viele Gefangene, die ich nicht zu sehen bekommen habe, im Dorf. Aber ich allein bin übriggeblieben. Die Yanktonais, die mich festhalten, tun so, als ob sie freundlich wären. Sie holen sich bei den Agenturen Proviant und und die jährlichen Zuteilungen ab. Aber in ihrem Innern sind sie zutiefst feindselig. Sie behaupten, daß der Vater in Washington sie vergißt, wenn sie nicht morden und stehlen. So nehmen sie einerseits gerne Geschenke und Lebensmittel in Empfang, mit denen sie im Zaum gehalten werden sollen, und bringen andererseits in den Aufständen die Offiziere um deren Anteil.«

Mary fürchtete sich vor Soldaten und hatte deshalb nie einen Fluchtversuch unternommen. Anscheinend hielt sie es auch für unmöglich, aus ihrem derzeitigen Leben auszubrechen. So groß war die Verzweiflung, in die ihr langanhaltendes Leiden sie gestürzt hatte.

Wie betrüblich meine Situation auch war, ich mußte die arme Mary wegen ihres schlimmeren Schicksals bedauern. Für sie, die gegen ihren Willen die Frau eines brutalen Wilden und den ganzen Gehässigkeiten einer kaum weniger brutalen Squaw ausgesetzt war, konnten die Zukunftsaussichten keinen Hoffnungsschimmer enthalten. Zugegeben, ich war wie sie gefangen. Man hatte mich meiner Familie sowie meinen Freunden entrissen und war grob zu mir gewesen. Aber eine so persönliche Schmach hatte ich nicht erdulden müssen.

Zu Beginn ihrer Gefangenschaft hatte Mary viele schreckliche Dinge miterlebt, über die sie mir berichtete und zu denen die folgenden Vorkommnisse gehörten:

Eines Tages betraten die Indianer ein Haus, in dem eine Frau dabei war, Brot zu backen. Ihr Kind, ein Säugling, lag in der Wiege und ahnte nicht, was ihm bevorstand. Sie rissen es aus seinem Bettchen und warfen es in den heißen Ofen. Seine Schreie ließen die unglückliche Mutter Folterqualen leiden, bis sie unmittelbar danach selbst erstochen und in viele Stücke geschnitten wurde.

Dann nahmen die Indianer das kleine Wesen, das so leiden mußte, wieder aus dem Ofen und schlugen ihm auch noch den Kopf ein, indem sie es gegen die Hauswand schleuderten.

Ein anderes Mal kamen sie auf ihrer Reise an einen schmalen, aber tiefen Wasserlauf. Einige der Gefangenen und fast alle Indianer durchquerten ihn zu Pferd, während ein paar auf von Bibern gefällten Baumstämmen hinüberschwammen. Eine Dame (ich glaube, sie hieß Mrs. Fletcher), die von zarter Gesundheit war, fiel mit ihrer schweren Last ins Wasser und war wegen ihrer Verfassung unfähig, ans andere Ufer zu gelangen. Die Indianer erschossen sie, und ihr lebloser Körper geriet bald außer Sichtweite. Mary erzählte mir auch von einem weißen Mann, der wenige Tage zuvor umgebracht worden war. Man hatte ihm eine große Summe Geld abgenommen, für das die Indianer sich, wenn sie das nächste Mal zum Red River oder zu den britischen Besitzungen kamen, Sachen kaufen wollten, die sie gebrauchen konnten. Zwei- oder dreimal im Jahr, sagte sie mir, begäben sie sich dorthin und nähmen amerikanische Pferde, Wertgegenstände etc. mit, die sie den Weißen gestohlen hatten, und tauschten sie gegen Munition, Pulver, Pfeilspitzen und Lebensmittel ein.

Bevor sie den Missouri erreichten, töteten sie fünf von Mrs. Dooleys Kindern und ließen eines da liegen, wo die aufgewühlte Mutter jeden Tag vorbeimußte, wenn sie Wasser vom Fluß holte. Und als sie das Lager aufgaben, blieb der Leichnam unbeerdigt zurück. So groß war das Leid dieser Mutter mit dem gebrochenen Herzen, daß sie, als sie wieder in Sicherheit bei den Weißen war, den Verstand verlor, und ich habe gehört, daß sie in ein Irrenhaus kam, wohin ihr verwirrter Mann ihr bald folgte.

Mary wünschte sich, daß wir zusammenbleiben könnten, wußte aber, daß es sinnlos wäre, darum zu bitten, weil man es nicht gestatten würde.

Ich gab ihr mein kleines Buch und die Hälfte von meinem Bleistift, worüber sie sich freute. Ich schrieb unser beider Namen in das Buch, sprach ihr, so gut ich konnte, Mut zu und wünschte ihr Hoffnung für die Zukunft. Sie konnte lesen und schreiben und verstand die Indianersprache perfekt.

Das Buch war von unserem Wagen gestohlen worden, und ich hatte versucht, die Indianer damit zu unterrichten, denn es enthielt mehrere Geschichten. Deshalb waren sie ziemlich wütend, als ich mich davon trennte.

Stundenlang hatte ich mit dem Buch in der Hand dagesessen, ihnen die Bilder gezeigt und ihre Bedeutung erklärt, was sie sehr interessierte und mir half, während meiner Gefangenschaft die Tage zu verbringen und ihnen etwas von ihrer Monotonie zu nehmen. Hinzu kam noch, daß sie, wenn ich mich auf diese Weise mit ihnen befaßte, ein gewisses Maß an Respekt und Verehrung mir gegenüber entwickelten, was nicht nur angenehm sondern auch eine große Wohltat war. Dadurch entdeckten sie ebenfalls, daß ich ihnen nützlich sein konnte, indem ich Briefe für sie schrieb und vorlas.

Ich stellte fest, daß sie gelehrige Schüler waren, die gerne, leicht und schnell lernten. Sie können ausgesprochen — ungewöhnlich — gut behalten.

XII

Ein erster Hinweis auf Klein-Marys Schicksal – Verzweiflung und Fieberwahn – Ein Heuschreckenschwarm – Ein Fest und ein Kampf – Eine erboste Squaw – Der Häuptling wird verwundet

Eines Tages, als ich mich auf einer – wie mir schien – endlosen Reise befand, schloß ein Indianer neben mir auf, an den ich mich von früher nicht erinnern konnte.

An seinem Sattel hing ein heller, mir wohlbekannter kleiner Schal und auf der anderen Seite der Skalp eines Kindes mit langem, blondem Haar.

Meine Augen blieben auf diesem schrecklichen Bild haften. Ich begann, im Sattel zu zittern und griff ins Leere nach einem Halt. Eine blutrote Wolke schien sich zwischen mir und meiner Umgebung herabzusenken, und ich stellte mir die Todesqualen dieses unschuldigen Opfers vor.

Das war zu viel. – Bewußtlosigkeit legte sich gnädig über mich, bevor ich wahnsinnig wurde.

Ich fiel aus dem Sattel als ob ich tot wäre und rollte dem Pferd vor die Füße.

Als ich wieder zu mir kam, hielt ich mich an einer Squaw fest, die erstaunt und beunruhigt dreinschauend vergeblich versuchte, sich aus meiner Umklammerung zu lösen.

Nachdem ich das Bewußtsein wiedererlangt hatte, hob ich die Augen zu dem entsetzlichen Anblick, der mich fast um den Verstand gebracht hatte. Doch es war nichts mehr zu sehen.

Der Indianer hatte den Grund für meinen emotionalen Aufruhr erraten und die Ursache versteckt.

Sie setzten mich in den Sattel zurück, und da ich meinen schrecklichen Kummer nicht unter Kontrolle bekam, protestierte ich heftig gegen ihre Berührung und flehte sie an, mich zu töten, den Tod, den ich vorher gefürchtet und gemieden hatte, nunmehr sehnlichst herbeiwünschend.

Als sie das Lager aufschlugen, war ich weder körperlich noch geistig dazu in der Lage, mein Zelt zu suchen, sondern fiel in der Sonne hin, wo der Häuptling mich fand. Er war mit einem Spähtrupp unterwegs gewesen und wußte nichts von meinem Leid.

Er sprach mich sofort an und wollte wissen, wer mich schlecht behandelt hatte. Ich antwortete: »Niemand. Ich möchte meine liebe Mutter sehen, meine arme Mutter, die mich liebt und sich um ihr unglückliches Kind grämt.«

Ich hatte herausgefunden, daß der einzige Schmerz, den dieses rote Volk nachempfinden konnte, die Trauer bei einer Trennung von der Mutter war, und sogar der Häuptling schien eine solche Gefühlsregung für zulässig zu halten.

Also tat ich so, als ob ich nur wegen meiner geliebten verwitweten Mutter betrübt sei, und wurde rücksichtsvoller behandelt, als ich zu hoffen gewagt hatte.

Nachdem er mich kurz verlassen hatte, kehrte er zurück und brachte mir ein paar reife Wildpflaumen, die meine vom Fieber ausgetrockneten Lippen als herrlich kühl empfanden.

Hunger und Durst, Kummer und Angst, verbunden mit ungewohnter Arbeit und Müdigkeit, hatten mich seelisch und körperlich so geschwächt, daß ich, als ich mir das furchtbare Bild, das mir fast die Sinne geraubt hatte, wieder vorstellen wollte, unsicher wurde und halb zu der Überzeugung gelangte, daß es sich um ein häßliches Trugbild wie viele andere, die mich in meinen einsamen Stunden gequält hatten, gehandelt haben mußte.

Ich versuchte, diesen scheußlichen Traum aus meinem Gedächtnis zu verbannen, um so mehr als ich in den darauffolgenden Tagen krank war und phantasierte und es eine Weile dauerte, bis ich mich an alles wieder klar erinnern konnte.

Etwa zu dieser Zeit fand erneut eine Schlacht statt, und da viele bereits der doppelten Belastung durch Hunger und Erschöpfung nicht mehr gewachsen waren, herrschte im Lager eine düstere, von äußerster Hoffnungslosigkeit geprägte Stimmung.

Die Indianer hatten entdeckt, daß ich geschickt im Verbinden von Wunden war. Deshalb rief man mich immer sofort, wenn Verwundete gebracht wurden.

Der Kampf hatte drei Tage gedauert, und aus dem sehr starken Wehklagen schloß ich, daß viele gefallen waren, konnte mir aber keine Vorstellung von dem Verlust machen.

Außer wenn wir lagerten, um uns auszuruhen, war der Stamm ständig auf der Wanderschaft. Einmal floh er vor dem Feind, ein andermal bemühte er sich, ihm auszuweichen.

Ich hielt, so gut ich konnte, die Zeit nach, in der ich bei den Wilden war, und außer ein paar Tagen, die mir zweimal durch Wahnvorstellungen und Fieber abhanden kamen, um deren Rekonstruktion ich mich jedoch bemühte, indem ich sorgfältig nachfragte, fehlte mir kein Sonnenauf- oder Untergang, und die Daten waren mir fast so geläufig, als hätte ich mich inmitten der Zivilisation befunden.

An einem sehr heißen Tag schien sich plötzlich eine dunkle Wolke vor die Sonne zu schieben und ein schweres Unwetter anzudrohen. Es kam Wind auf, und die Wolke wurde noch dunkler, bis das Tageslicht fast geschwunden war. Ein paar Tropfen besprenkelten die Erde, und dann ging wie ein gewaltiger, einem die Sicht nehmender und anscheinend unerschöpflicher Regen ein unübersehbarer Schwarm von Heuschrecken nieder, die alles bedeckten und im Herabfallen die Luft nahezu schwarz färbten.

Ich kann unmöglich sagen, um wieviele es sich handelte, doch kam es mir so vor, als wollten sie zahlenmäßig in Konkurrenz treten zu den Heuschreckenplagen im alten Ägypten, und sie hätten zweifellos den Nahrungsmitteln der Wilden geschadet, wären sie nicht selbst deren gewaltigem Appetit zum Opfer gefallen.

Um die Heuschrecken zu fangen, graben die Indianer große Löcher in die Erde, in denen sie Feuer machen. In diese Öffnungen treiben sie dann die Insekten und lassen sie, nachdem sie die Feuer entfernt haben, in dem heißen Boden garen.

Sie gelten als eine gute Speise und wurden von den hungrigen Sioux gierig verschlungen. Obwohl die Heuschrecken nur zwei Tage blieben und so plötzlich wieder verschwunden wie sie gekommen waren, wirkten die Indianer, nachdem sie sich an einer so kleinen Beute gelabt hatten, erfrischt und zogen weiter.

Als wir eines Tages bei gutem Wasser Rast machten, bemühte ich mich darum, mich im Tipi beziehungsweise in der Hütte des Häuptlings zu betätigen. Ich war so schwach geworden, daß mich jede Art von Bewegung ermüdete und ich kaum gehen konnte. Ich glaubte, bald vor Hunger und Sorge sterben zu müssen, und das Leben bedeutete mir nicht mehr so viel.

Mechanisch versuchte ich, meine Pflichten zu erfüllen, um mir weiterhin den Schutz der alten Squaw zu sichern, die, wenn sie nicht die Leidenschaft gepackt hatte, durchaus freundlich sein konnte.

Doch die Kraft verließ mich. Ich schaffte es nicht, meine Wünsche in die Tat umzusetzen, und fiel fast hin bei dem Versuch, mich zu bewegen.

Das paßte der alten Squaw nicht, und da sie besser genährt war als ich, konnte sie meinen Kräftemangel nicht nachfühlen. Sie wurde böse, verließ die Hütte und drohte mir mit Rache.

Sogleich kam eine Indianerfrau, die Mitleid mit mir hatte, hastig angelaufen, um mir zu sagen, daß ihr Mann etwas Wild beschafft und sie es für ein Festmahl vorbereitet habe, wozu sie mich einladen wolle. Noch während sie sprach, zog sie mich zu ihrem Zelt hin, und ich, hungrig und schwach wie ich war, folgte ihr bereitwillig.

Der Häuptling sah uns gehen, und da er ein gutes Abendessen nicht verschmähte, folgte auch er. Da stürzte die alte Squaw wie eine wildgewordene Furie, ihr Messer zückend, zu uns in die Hütte und schwor, sie würde mich töten.

Ich sprang auf und floh mit der Squaw hinter mir. Der Häuptling versuchte, sich einzuschalten, aber sie tobte zu sehr. Da schlug er sie, worauf sie ihn wie eine Tigerin, die man gereizt hatte, ansprang und an mehreren Stellen mit dem Messer auf ihn einstach.

Ihr Bruder, der den Streit aus kurzer Entfernung mitbekam und mich für den Grund hielt, feuerte sechs Schuß ab und wollte mich umbringen. Eine der Kugeln blieb im Arm des Häuptlings stecken und verursachte einen Bruch in Schulternähe. Ich lief davon, bis an den

Rand des Dorfes, wo ich von ein paar Indianern, die mich laufen sahen, aber nicht wußten, warum, eingefangen wurde.

Da sie meinten, daß ich zu fliehen versuchte, zerrten sie mich, ihre Tomahawks schwingend und mir Rache androhend, in ihr Zelt.

Nachdem eine halbe Stunde vergangen war, kamen einige Squaws und brachten mich zurück in die Hütte des Häuptlings, der auf mich wartete, damit ich ihm die Wunden verband. Er war sehr schwach von dem Blutverlust.

Die Frau des Häuptlings habe ich danach nie wieder gesehen.

Die medizinischen Praktiken der Indianer sind grob und rauh. Ein Stammesdoktor hatte auf der Suche nach der Kugel, von der der Häuptling getroffen worden war, mit einem langen Messer in dessen Arm herumgebohrt, und die dadurch vergrößerte Wunde mußte heilen.

Sobald ich auf den Beinen stehen konnte, verlangte man von mir, daß ich den verletzten Häuptling pflegte. Ich fand seine drei Schwestern bei ihm vor, und mit diesen lebte ich weiter zusammen.

Eine von ihnen war mit einem Weißen in Fort Laramie verheiratet gewesen, den sie verlassen hatte, als seine frühere Frau eintraf.

Sie sagte mir, daß sie als freundlich galten und oft Proviant vom Fort erhalten hatten, obwohl sie im Innern stets der Feind der Weißen blieben.

»Aber werden sie nicht Verdacht schöpfen?« fragte ich. »Sie könnten herausfinden, daß ihr sie betrügt, und euch eines Tages bestrafen.«

Sie lachte höhnisch. »Unsere Gefangenen entkommen uns nicht. Sie können also nichts erzählen«, antwortete sie. »Tote reden nicht. Wir machen Freundschaft geltend, und sie können uns nicht beweisen, daß wir sie nicht empfinden. Außerdem sind alle weißen Soldaten Feiglinge.«

Schaudernd wandte ich mich von dieser Feindin meiner Rasse ab und bereitete mich darauf vor, den Mann, dessen Gefangene ich war und der in seinem Aberglauben so viel von der Heilkraft der Berührung durch eine weiße Frau hielt, daß er ihre Dienste begehrte, zu pflegen.

Seine Wunden waren ernster Natur und eiterten stark. Ich mußte sie reinigen und verbinden. Außerdem hatte ich ihm das Essen zuzubereiten.

Da er nunmehr weder jagen noch Fisch beschaffen konnte, hatte er seine Frauen fortgeschickt, damit sie für sich selbst sorgten, und seine Schwestern sowie mich zurückbehalten, damit wir uns um ihn kümmerten.

Der Krieg mit unseren Soldaten schien ihn ziemlich geschwächt zu haben.

Als er krank dalag, überlegte er offenbar, wie er sich stärken könne, mit dem Ergebnis, daß er der Tochter eines anderen Kriegshäuptlings einen Heiratsantrag machen ließ.

Da er wegen General Sullys vernichtender Attacke nichts anzubieten hatte, machte er sich meine Schuhe zunutze, die besonders gut waren, und schickte sie der Frau, von der er hoffte, daß sie seine Braut werden würde, als Geschenk, während er mir Mokassins gab.

Sie muß sie huldvoll angenommen haben, denn sie kam ihn fast jeden Tag in seiner Hütte besuchen und saß zu seiner offensichtlichen Befriedigung plaudernd neben ihn.

Das Vergnügen, das der Häuptling an dieser neuen Errungenschaft im Hinblick auf sein Eheleben fand, war für mich äußerst unangenehm, wegen meiner begrenzten Garderobe, da er es, je länger die Verlobte in seiner Gunst stand, bekundete, indem er ihr Sachen von mir schenkte.

Eine Indianerfrau hatte mir eine rote Seidenschärpe, wie sie die Offiziere tragen, gegeben. Der Häuptling schnitt sie ohne viel Aufhebens durch und ließ mir die eine Hälfte, während die kokette Squaw den Rest erhielt.

Bei den Indianern üben die Ehemänner unumschränkte Macht aus, bis zum Tod. Keine Frau kann mehr als einen Mann haben, aber ein Indianer darf sich so viele Frauen nehmen wie er will.

Die Hochzeit des Häuptlings sollte in aller Form gefeiert werden, sobald sein Arm wieder gesund war.

Doch dieser Fall trat nie ein. Wie ich von Mr. Clemens, dem Dolmetscher, (in meinem letzten Gespräch mit ihm) erfahren habe, ist der Häuptling immer noch behindert und nicht in der Lage, seine mörderischen Absichten beziehungsweise niederträchtigen Pläne in die Tat umzusetzen.

Er lebt nun in den Forts längs des Missouri und läßt sich gerne von der Regierung unterstützen.

XIII

Porcupine – Ein Brief von Captain Marshall – Hoffnung auf Rettung – Der Verrat des Boten – Egosegalonicha – Seitenwechsel – Noch ein Hoffnungsschimmer – Der Indianer mit Namen Weißes Tipi – Die Enttäuschung – Ein Weißer wird angebunden und dem Hungertod überlassen – Eine Bestattung

Bevor die Indianer diesen Lagergrund verließen, traf ein Besucher namens Porcupine bei uns ein. Er war gut gekleidet, saß auf einem ausgezeichneten Pferd und brachte Geschenke sowie Wertsachen mit, die ihm einen herzlichen Empfang sicherten.

Nachdem er ein paar Tage im Dorf war, gab er mir einen Brief von Captain Marshall von der Elften Ohio Cavalry, in dem dieser über die erfolglosen Versuche zu meiner Rettung berichtete und schrieb, daß dieser freundliche Indianer sich verpflichtet habe, mich zurückzubringen, wofür er belohnt werden würde.

Ferner hieß es in dem Schreiben, daß er bereits ein Pferd sowie den Proviant für die Reise bekommen und seine drei Frauen zusammen mit 13 anderen als Geiseln im Fort zurückgelassen habe.

Es war unbeschreiblich, was ich beim Lesen dieses Briefes empfand. Mein Herz machte einen Sprung vor ungewohnter Hoffnung angesichts der Anstrengungen, die meine weißen Freunde meinetwegen unternahmen. Aber schon im nächsten Augenblick folgte Verzweiflung auf meine glückliche Erwartung, denn ich wußte, daß dieser treulose Bote sein Versprechen nicht halten würde, da er sich sofort nach seinem Eintreffen bei den Sioux diesen in einem Kampf gegen die Weißen angeschlossen hatte.

Meine Befürchtungen waren nicht unbegründet. Porcupine bereitete sich darauf vor, ohne mich zum Fort zurückzukehren, und setzte sich über meine dringenden und flehentlichen Bitten hinweg.

Der Häuptling fand mich nützlich und beschloß, mich zu behalten. Er glaubte, daß eine Frau, die soviel von ihrer Falschheit und Grausamkeit mitbekommen hatte, ihnen im Fort schaden und vielleicht verhindern könnte, daß sie ihre jährlichen Zuteilungen erhielten.

Porcupine sagte, er würde mich als tot oder unauffindbar melden, und ich konnte ihn zu nichts anderem bewegen.

Als ich ihn daran erinnerte, daß die Soldaten sich vielleicht an seinen Frauen rächen würden – sie hatten gedroht, sie umzubringen, wenn er mich nicht mitbrachte –, lachte er.

»Die weißen Soldaten sind Feiglinge«, meinte er. »Sie töten keine Frauen, und ich werde sie so betrügen, wie ich es immer getan habe.«

Indem er dies sagte, ritt er davon. Auch gelang es mir nicht, obwohl ich noch so sehr darum bat, den Häuptling dazu zu bringen, daß er mir erlaubte, meinen Freunden eine schriftliche Nachricht zukommen oder sie sonst irgendwie wissen zu lassen, daß ich lebte. Alle Hoffnung auf Rettung schwand, und ich kehrte traurig zu der mühsamen Plackerei meines Gefangenenlebens zurück.

Die junge Braut des alten Häuptlings war sehr gnädig zu mir. Einmal lud sie mich ein, sie auf einem Spaziergang zu begleiten. Der Tag war kühl, und die Luft duftete verführerisch.

»Da unten . . .«, sagte sie und deutete auf eine tiefe Senke. »Komm', laß' uns dahin gehen. Da ist es kühl und schattig.«

Ich blickte in die angegebene Richtung und dann auf das Indianermädchen, das sehr geheimnisvoll tat, als es flüsterte: »Da unten sind Weiße.«

»Wie weit entfernt?« fragte ich begierig.

»Ungefähr 50 Meilen«, antwortete sie. »Sie haben große Gewehre, und die Männer tragen Sachen mit vielen Knöpfen. Ihre Wagen werden von Pferden mit langen Ohren gezogen.«

Ein Fort, dachte ich, aber mich an die Hinterhältigkeit der Menschen, unter denen ich mich befand, erinnernd, unterdrückte ich jede Gefühlsbekundung und versuchte, gleichgültig dreinzuschauen.

»Möchtest du sie sehen?« fragte Egosegalonicha, wie man sie nannte.

»Es sind Fremde für mich«, antwortete ich ruhig. »Ich kenne sie nicht.«

»Bist du traurig, weil du bei uns leben mußt?«

»Ihr habt nicht so ein Brot, wie ich es gerne essen würde«, erwiderte ich vorsichtig.

»Bist du unzufrieden mit unserem Zuhause?«

»Ihr habt jetzt etwas Fleisch. Es ist besser als in dem anderen Lagergrund. Da gab es nichts zu essen. Das hat mir zu schaffen gemacht.«

»Aber deine Augen sind geschwollen und rot«, bemerkte sie. »Du weinst doch nicht wegen Brot.«

Diese Fragen kamen mir verdächtig vor, und ich versuchte, der jungen Squaw auszuweichen, doch vergeblich.

»Schau' doch nur, wie grün dieser Wald ist«, sagte ich und tat so als ob ich sie nicht hörte.

»Du willst doch nicht sagen, daß du zufrieden bist«, bohrte sie nach. »Hast du vor, für immer bei uns zu bleiben?«

»Komm' und hör' den Vögeln zu«, warf ich ein und zog meine Begleiterin zum Wald hin.

Ich mißtraute ihr und wagte es nicht, auch nur ein Wort zu verlieren, das sie beim Häuptling gegen mich verwenden könnte.

Und ich hatte recht, was Egosegalonichas Absichten betraf, denn als wir wieder in der Hütte waren, hörte ich, wie sie dem Häuptling berichtete, was für Spaß es ihr gemacht habe, die weiße Frau zu belügen, wobei sie wiederholte, was sie über das Fort gesagt hatte, und erfand, daß ich sie angefleht und gedrängt hätte, mir zu erlauben, die Indianer für immer zu verlassen und zu meinen weißen Freunden zu fliehen.

Ich beschloß, mir die Sache wie einen Scherz zunutze zu machen, und mit respektvoller Heiterkeit auf den Häuptling zugehend bat ich darum, die Geschichte umkehren zu dürfen.

Es sei die Squaw gewesen, die mich beschworen habe, mit ihr zum Fort des weißen Mannes zu gehen, um einen weißen Krieger als Mann für sie zu finden, sagte ich, aber ich hätte mich geweigert wegen meiner Treue gegenüber den Indianern.

Die listige Egosegalonicha, die feststellen mußte, daß ihre Waffen nun gegen sie gerichtet waren, schien verwirrt und verließ plötzlich das Zelt, was der alte Häuptling mit einem grimmigen Lächeln quittierte.

Der Hang zur Verleumdung zieht sich wie eine böse Schlange durch die Reihen dieser Indianerfrauen, und wie unsere hellhäutigen Schwestern in der zivilisierten Gesellschaft bedienen sie sich, wenn die Realität nichts hergibt, der Erfindung, um diesen Mangel auszugleichen. Sie erfreuen sich an Skandalen und beweisen es, indem sie Anspruch auf einige der verfeinerten Konventionen der Zivilisation erheben.

Porcupine hatte im Dorf verbreitet, daß für die weiße Frau eine hohe Belohnung ausgesetzt sei. Folglich suchte man nach mir, um sich die Belohnung zu verdienen.

Eines Tages machte ein Indianer, den ich an verschiedenen Orten gesehen hatte und dessen Frau ich kannte, mir Zeichen, mit denen er zum Ausdruck brachte, daß er meine Flucht wolle, und mir versicherte, daß er mir helfen werde, zu meinem Volk zurückzukehren.

Ich hörte mir seine Pläne an, obwohl ich wußte, daß ich bei deren Ausführung in großer Gefahr sein würde. Doch ich bekam ständig zu spüren, daß mein Leben so wenig wert war, daß jede — auch nur geringe — Gelegenheit wie ein Silberstreif am Horizont gesehen werden und ich die Flucht versuchen mußte, auch wenn sie mit einem Risiko verbunden war.

Wir sprachen mehrmals so gut wir konnten miteinander, und schließlich wurden Absprachen getroffen. Er würde mir nachts ein Zeichen geben, indem er leise an dem Tipi, in dem ich mich befand, kratzte. Die Nacht kam, aber ich sang für die Indianer und konnte nicht fort. Ein anderes Mal waren Besucher in der Hütte, und man hätte mich vermißt. In der darauffolgenden Nacht erhob ich mich von meinem Fell und begab mich in die Dunkelheit hinaus. Als ich in der Nähe meinen mutmaßlichen Retter entdeckte, ging ich auf ihn zu und folgte ihm. Wir liefen geschwind aus dem Dorf bis zu einem etwa eine Meile entfernten Punkt, wo die Squaw, die bei den Vorbereitungen geholfen hatte, zu uns stoßen sollte. Aber sie war nicht da. Weißes Tipi (so hieß der Indianer) schaute sich hastig um und stürzte, als er niemanden sah, plötzlich ohne ein Wort der Erklärung davon. Warum er sich so verhalten hat, habe ich nie erfahren.

Die Angst verlieh mir Flügel, und ich flog eher zurück zu meinem Tipi beziehungsweise meiner Hütte als daß ich lief. Dort angekommen sank ich erschöpft und entmutigt zu Boden und tat so, als ob ich schlief, denn meine Mitbewohner waren bereits wach und hatten meine Abwesenheit gerade entdeckt. Als sie mich scheinbar schlafend vorfanden, hoben sie mich auf und trugen mich ins Zelt, wo sie mich auf mein Fell legten.

Am nächsten Abend ließ mich Weißes Tipi zu einem Fest in seine Hütte bitten. Man nahm mich gastlich auf und bewirtete mich gut, ohne jedoch irgendwie auf das Abenteuer der vorangegangenen Nacht anzuspielen. Aber als die Pfeife herumging, verlangte Weißes Tipi, daß man sie mir an die Lippen legte. Dann opferte er sie dem Großen Geist und bekundete so seine Freundschaft für mich.

In jenem Monat nahmen die Indianer einen weißen Mann gefangen, der in der Prärie auf Jagd war, und verschleppten ihn in eine Gegend, die von den Aufenthaltsorten der Weißen weit weg lag. Dort fesselten sie ihn an Händen und Füßen und überließen ihn, nachdem sie ihn völlig entkleidet hatten, dem Hungertod. Man hat nie wieder etwas von ihm gehört.

In einer der Hütten gab es Zwillinge, von denen einer krank wurde und starb. Bei der Bestattung am Abend legte man das überlebende Kind neben die Leiche auf das Gerüst und ließ es die ganze Nacht dort liegen. Sein Schreien und Klagen brach mir fast das Herz. Ich fragte, warum sie so etwas taten. Die Antwort lautete, damit das andere Kind trauere. Die Mutter befand sich auf einem der umliegenden Hügel, wo sie jammerte und weinte, wie es bei ihnen Sitte war. Fast jede Nacht hielten sich Frauen in den Hügeln auf, um ihre Toten zu beklagen.

XIV

Wie ich im Indianerdorf verlorenging – Die weiße Frau von Schwarzem Bär – Eine kleine Teegesellschaft – Der gefangene weiße Junge Charles Sylvester – Der Sonnentanz – Ein versöhnlicher Brief von General Sibley – Ein Puzzle aus Menschenknochen – Die Indianer als Künstler – Ich vernichte ein Bild und werde mit Feuerscheiten geschlagen – Ein kranker Indianer

Um den 1. Oktober herum – die Indianer waren wie gewöhnlich unterwegs – wurde ich irgendwie von der Familie, bei der ich lebte, getrennt und ging verloren. Ich schaute mich nach ihr um, konnte aber die vertrauten Gesichter nicht entdecken. Fremde starrten mich an, und obwohl ich sie dringend bat, mir bei der Suche nach den Leuten von meinem Tipi zu helfen, nahmen sie sich nichts davon an und weigerten sich, etwas für mich zu tun.

Ich werde nie vergessen, wie traurig ich war, als der Abend nahte und wir nach einer beschwerlichen Tagesreise in einem einsamen Tal unser Nachtlager aufschlugen.

Auf der einen Seite lag ein Waldstreifen mit einem kleinen Gewässer daneben. Hungrig, müde und für meine Leute verloren, ohne etwas, auf das ich mein Haupt betten konnte, und nach einer fruchtlosen Suche nach der Familie fühlte ich mich verlassener denn je. Nicht einmal Keoku beziehungsweise Gelber Vogel, das Indianermädchen, das man mir geschenkt hatte, war an jenem Tag bei mir, wodurch ich mich noch mehr allein fühlte.

Ich setzte mich hin und hielt mein Pony fest. Es war Herbst, und der Wald stand in der letzten Pracht seiner wunderbaren Färbung. Es lagen schon Blätter auf den Wegen und ließen sie wie kostbare bunte Teppiche aussehen. Die Winde nahmen einen tieferen, traurigen Ton an wie die Klänge einer Windharfe, aber die Luft war weich und duftete, und der Sonnenschein lag warm und angenehm, wie im Hochsommer, auf dem schönen Tal, in dem nun unzählige Indianer ohne Zelt lagerten. Es sah so aus, als ob das milde Herbstwetter sich bis zum Schluß dagegen wehrte, die letzten Spuren von Schönheit den kalten Fängen des strengen Winters zu überlassen, und ich dachte an den Luxus und die Annehmlichkeiten meines Heims. Vor Kummer und Bedauern weinend, blickte ich zurück auf die Vergangenheit. Der Schmerz war zu groß für mein Herz, und ich betete darum, sterben zu dürfen. Die Zukunft erschien mir wie eine auf mich zukommende dunkle Wolke, denn die Aussicht auf die Trostlosigkeit des Winters versetzte mich in Schrecken.

Während ich noch über die Vergangenheit nachsann und Betrachtungen im Hinblick auf die Zukunft anstellte, tauchte plötzlich Keoku auf und freute sich, das, was sie suchte, gefunden zu haben.

Sie hätten nach mir Ausschau gehalten und nicht gewußt, wo ich geblieben war. Sie seien ziemlich besorgt um mich gewesen, sagte sie, und sie sei froh, mich gefunden zu haben. Mir ging es ebenso, und ich freute mich, daß ich wieder bei ihnen sein konnte.

Man macht sich keine Vorstellung davon, wie groß

ein Indianerdorf ist und wieviele Menschen darin wohnen.

Es könnte einem seltsam vorkommen, daß ich darin verlorenging. Aber es ist wie in einer großen Stadt: Man wird von seinen Begleitern getrennt, und in ein paar Augenblicken hat man sie verloren.

Die Indianer kannten alle die Weiße Frau. Doch ich kannte verhältnismäßig wenige Indianer und fühlte mich deshalb unter Fremden sehr allein.

Jene düsteren und traurigen Tage kommen mir heute, da ich wieder unter zivilisierten Menschen lebe und die Annehmlichkeiten genieße, die ich damals entbehren mußte, wie ein furchtbarer Traum vor.

Vor ungefähr 25 Jahren kam ein Auswanderertreck, der auf dem Weg nach Kalifornien war, in der Nähe der Überquerungsstelle des nördlichen Platte an. Dann brach die Cholera aus, und alle Reisenden, bis auf ein kleines Mädchen, starben.

Der Indianer Schwarzer Bär, der auf der Jagd war, stieß auf die Wagen, die zu einem Leichenschauhaus geworden waren. Er fand den Vater des Mädchens, der im Sterben lag, und nahm das Kind auf den Arm. Der Sterbende bat den Indianer, die Kleine nach Hause in den Osten zu bringen, und versicherte ihm, daß die Freunde des Kindes ihn zusätzlich zu dem Gold, das er ihm gab, reich belohnen würden. Diese Fakten reimte ich mir zusammen an Hand eines Briefes, den Schwarzer Bär von dem sterbenden Vater erhalten hatte und der von der Tochter sorgfältig aufbewahrt worden war.

Anstatt das zu tun, um das man ihn gebeten hatte, nahm der Indianer das Geld, das Kind und alles, was an dem Troß wertvoll war, mit zu sich nach Hause, in die Berge, wo er die Kleine entsprechend den Lebensgewohnheiten der Wilden großzog.

Sie vergaß ihre Sprache, ihren Namen und ihre gesamte Vergangenheit, aber sie wußte, daß sie weiß war. So verbrachte sie ihre Kindheit und Jungmädchenzeit in völliger Unkenntnis der Lebensart ihres eigenen Volkes und blieb zufrieden und glücklich bei den Indianern, was die alte Redeweise, daß Gewohnheit die zweite Natur ist, bestätigt. Als sie ins heiratsfähige Alter kam, nahm Schwarzer Bär sie zur Frau, und sie bekamen ein Kind, einen Jungen.

Ich lernte diese weiße Frau, kurz nachdem ich ins Dorf kam, kennen, und wir wurden echte Freundinnen, aber keine Vertrauten, denn ich wagte es nicht, mich auf sie zu verlassen. Es war ganz natürlich und auch angenehm, Umgang mit ihr zu haben, da sie weiß war, und obwohl sie die Vorlieben und die Gewohnheiten der Indianer angenommen hatte, war sie meine Schwester und gehörte zu meinem Volk. Es bestand so etwas wie Seelenverwandtschaft zwischen uns, und es war eine Erleichterung, mit ihr zusammenzusein.

Als ich sie zum ersten Mal besuchte, kam Schwarzer Bär darauf zu sprechen, daß weiße Frauen immer Tee miteinander trinken. Also brühte sie einen Topf Kräutertee auf, und wir tranken ihn gemeinsam.

Ich versuchte, sie zu unterrichten und ihr soviel Gutes wie möglich zu tun. Ich erzählte ihr von den Weißen, ihrer Freundlichkeit, dem Christentum und bemühte mich, sie mit der Überlegenheit der weißen Rasse zu beeindrucken. All das hörte sie sich mit großem Interesse an.

Ich war die einzige weiße Frau, die sie kennengelernt hatte, denn immer wenn sie sich einem Fort näherten, hielt man sie außer Sichtweite.

Sie schien wie die Squaws Gefallen daran zu finden, sich anzumalen und für die Tänze zurechtzumachen, und war glücklich und zufrieden mit ihrer Umgebung, denn sie kannte keine andere.

Ich weiß nicht, was aus ihr geworden ist. Ich habe nie mehr von ihr gehört. Auch kann ich mich nicht mehr an den Namen ihres Vaters erinnern, der auf dem Zettel stand, den er sterbend dem Indianer gegeben hatte.

Es war noch ein Junge von 14 Jahren aus Quincy, Illinois, dessen Name Charles Sylvester lautete und den man mit sieben Jahren gestohlen hatte, im Dorf. Ich sah ihn eines Tages mit den Indianerjungen spielen und stellte sofort fest, daß er weiß war. Ich stürzte zu ihm hin und versuchte, ihn in die Arme zu nehmen, wobei ich in meiner Freude ausrief: »Oh! Ich weiß, daß du weiß bist. Sprich mit mir, und sag' mir, wer du bist und woher du kommst.« Er hatte auch vergessen, wie er hieß und wer seine Eltern waren, aber er wußte, daß er weiß war.

Wenn ich mit ihm sprach, dann ärgerten und neckten ihn die anderen Jungen. Daher weigerte er sich, mit mir zu reden, und lief jedesmal, wenn ich in seine Nähe kam, weg.

Eine Tages, ein Jahr später, tötete dieser Junge auf der Jagd aus Versehen einen Kameraden und wagte nicht, ins Dorf zurückzukehren. So entkam er auf seinem Pony zu den Weißen. Auf seinem Weg in die Staaten sprach er in einem Haus vor, in dem man wußte, zu welchen Indianern er gehörte, und ihn fragte, ob er eine weiße Frau im Dorf gesehen habe. Er antwortete mit Ja, und nachdem man ihm eine Reihe von Bildern gezeigt hatte, suchte er das meinige heraus und sagte: »Das ist die weiße Frau, die ich gesehen habe.«

Wenig später kehrte er, da er mit seinem eigenen Volk unzufrieden war, zu seinen Adoptivfreunden am nördlichen Platte zurück und wurde Dolmetscher und Händler. Er ist noch immer dort und geht an mehreren Posten seinen Geschäften nach.

Der Sonnentanz

Als die Indianer loszogen, um ihre jährliche Zuteilung in Empfang zu nehmen, übergaben sie mich den Hunkpapas und ließen mich in deren Obhut zurück.

Zu diesem Stamm gehörten ein junges Paar und ein alter Indianer mit vier Frauen, der sehr tapfer gewesen war, wie man sagte, denn er hatte die Probe bestanden, die beweist, daß man ein erfolgreicher Krieger ist. Er gehörte zu denjenigen, die »die Sonne angesehen haben«, ohne den Mut oder die Kraft zu verlieren.

Dabei handelt es sich um folgenden Brauch: Der, der sich dieser Qual unterzieht, ist fast nackt und wird mittels eines Seils, das an ein paar Splinten befestigt ist, die ihm durch das Brustfleisch getrieben werden, an einem Pfahl aufgehängt. Der Körper hängt, während die Füße, die auf dem Boden bleiben, ihn ein klein wenig stützen.

In der linken Hand hält der Betreffende seinen Lieblingsbogen und in der rechten – mit festem Griff – seinen Medizinbeutel.

Gewöhnlich hat er viele Zuschauer, die mit ihm sympathisieren und ihn ermunterten. Aber er bleibt hängen und sieht weiter die Sonne an, ohne von irgend jemandem um ihn herum auch nur die geringste Notiz zu nehmen. Die Schamanen schlagen ihre Trommeln, schütteln ihre Rasseln und singen, so laut sie können, um ihn so zu stärken, daß er die Sonne ansehen kann, und zwar vom Aufgang bis zum Untergang. Wenn ihn bis dahin der Mut und die Kraft nicht verlassen haben, wird er »abgeschnitten« und großzügig beschenkt mit den Dingen, die man tagsüber vor ihm angehäuft hat, und er erhält Titel und Rang eines Doktors beziehungsweise Medizinmannes auf Lebenszeit, was ihm Respekt sichert. Diese Prozedur gilt als Mutprobe. Der Aberglaube scheint die Indianer voll im Griff zu haben – genauso wie es in heidnischen Ländern jenseits des Ozeans der Fall ist, wo z. B. in Burma Mütter ihre Kinder den Krokodilen vorwerfen, um den Großen Geist zu besänftigen.

Viele dieser Indianer stammten aus Minnesota und gehörten zu denen, die zwei Jahre zuvor der Justiz entgangen waren, nachdem sie wahllos Männer, Frauen und Kinder niedergemacht hatten. Eines Tages schickte einer von ihnen nach mir, und als ich in seiner Hütte saß, gab er mir einen Brief zu lesen, der von General Sibley geschrieben zu sein schien und wie folgt lautete:

»*Diesem Indianer, der an dem jüngsten Aufstand gegen die weißen Siedler und Missionare teilgenommen hat, nun aber krank ist und auf der Flucht nicht mit seinen Freunden mithalten kann, bieten wir Freundschaft, Nahrung und Kleidung an. Du bist in unserer Gewalt, aber wir tun dir nichts zuleide. Geh' zu deinem Volk und mach' seine Herzen froh.*

Legt eure Waffen nieder, und kämpft nicht mehr gegen die Weißen. Wir werden euch Gutes — und nichts Böses — tun. Nimm diesen Brief. In ihm haben wir gesprochen. Ziehe in Frieden, und sei ein Freund der Weißen. Es wird dich glücklicher machen.

H. H. Sibley
Brigadegeneral und Expeditionsleiter«

Instinktiv schaute ich auf und blickte ihm ins Gesicht. »Hast du die Absicht, dein Versprechen zu halten?« Er lachte höhnisch bei der Vorstellung, daß ein indianischer Krieger seinen Beruf aufgeben sollte, und erzählte mir von vielen schändlichen Grausamkeiten, die seine Bande bei ihren Raubüberfällen und Mordattacken auf Reisegruppen und Grenzsiedler verübt hatten. Außerdem zeigte er mir, um seine Tapferkeit unter Beweis zu stellen, ein Puzzle oder Spiel, das er aus den Fingerknochen von Menschen gemacht hatte, die seinem Tomahawk zum Opfer gefallen waren. Die Knochen hatte man durch Kochen vom Fleisch befreit, und nachdem sie von ihm auf einer Schnur aufgereiht worden waren, benutzte man sie für irgendein indianisches Spiel. Das ist nur ein Beispiel für die heidnischen Handlungen dieser Indianer.

Sie berichten gerne über ihre Heldentaten, und nach Art der Wilden verweilen sie mit großer Befriedigung bei der Anzahl der Skalps, die sie ihren weißen Widersachern abgenommen haben. Sie hätten viel Spaß an meinem Entsetzen und Grauen, wenn sie, um mich zu ärgern, die Todesqualen weißer Männer, Frauen und Kinder, die ihnen in die Hände gefallen waren, darstellen würden. Und vor allem wären sie mit der Wirkung ihrer Beschreibung von Klein-Marys Ermordung zufrieden. Ich glaube heute, daß ich von ihrem Tod überzeugt gewesen sein muß. Doch damals konnte ich nicht aufhören, zu hoffen, daß sie entkommen war.

Solche Taten und Vorfälle schildern die Indianer im allgemeinen, wenn sie im Lager sind und nichts zu tun haben. Die Bestien sitzen dann stundenlang faul herum und fertigen Karikaturen von weißen Soldaten an, in denen diese zwar unterschiedlich, aber immer als feige und tieferstehend, manchmal im Kampf, doch stets von ihrer Gnade abhängig, gezeigt werden. Es kam häufig vor, daß sie solche Bilder malten — anscheinend um mich zu quälen. Eines Tages verlor ich die Geduld und schnappte einem Indianer eine grobe Zeichnung, die er hochhielt, damit ich sie sehen konnte, aus der Hand, riß sie in zwei Stücke und drückte den Teil mit dem weißen Soldaten an mein Herz, während ich den anderen ins Feuer warf. Dann blickte ich auf und erklärte ihnen, daß die weißen Soldaten mir viel bedeuteten, daß sie meine Freunde seien und ich sie gern hätte. Ich sagte, sie seien Freunde der Indianer und wollten ihnen kein Leid zufügen. Dabei drückte ich mich in Wort- und Zeichensprache so stark wie möglich aus.

Nie habe ich einen wütenderen Haufen von Männern gesehen. Sie griffen mich mit glühenden Holzscheiten an und brachten mir ernsthafte Verbrennungen bei. Sie erhitzten Pfeilspitzen, mit denen sie mich bedrohten und schlimm verletzten.

Ich sagte ihnen, daß ich es nicht böse gemeint habe und daß es lächerlich sei, wenn sie sich so aufregten, nur weil ich einen Fetzen Papier verbrannt hatte. Ich versprach ihnen, neue Bilder zu malen, damit sie welche hätten, die von mir gefertigt waren. So gelang es mir schließlich, sie zu beschwichtigen. In dieser Hinsicht waren sie wie Kinder — leicht gekränkt und sehr schwer zufriedenzustellen.

Ich war ständig verärgert, besorgt und verschreckt ob ihres seltsamen Verhaltens, d. h. der Art und Weise wie bei ihnen Lachen und Scherzen in Unwillen, ja Wut umschlugen. Ich wußte nicht, wie ich mit ihnen zurechtkommen sollte. Jetzt schienen sie freundlich und nett, und im nächsten Augenblick, wenn ihnen etwas, das ich getan hatte, mißfiel, wechselte ihr Gesichtsausdruck sofort, und sie bekundeten ihren Haß oder Zorn durch Zügellosigkeit in ihren Äußerungen oder ihrem Verhalten. Von einer Stunde zur anderen wurden aus Kindern Unholde. Ich versuchte stets, sie zu erfreuen, und war so heiter, wie ich es unter den gegebenen Umständen nur sein konnte, um meinetwillen.

Eines Tages rief man mich, damit ich nach einem Mann sah, der schwer leidend in seinem Tipi lag. Sein ausgezehrtes Gesicht war dunkel vom Fieber, und seine glänzenden, rastlosen Augen rollten unruhig hin und her als ob sie nach einer Linderung der Schmerzen suchten. Er war nur noch ein Skelett und hatte wegen einer eiternden alten Wunde am Knie ein Martyrium hinter sich.

Er begrüßte mich höflich mit »How! How!«, und als ich ihn fragte, warum er so krank sei, antwortete er:

»Ich kämpfe gegen weißen Mann. Er nimmt Land weg und verscheucht Wild. Dann nimmt er Squaws weg. Hat meine beste Squaw genommen.«

Dann versagte ihm die Stimme.

Er tat mir leid. Deshalb bemühte ich mich, ihm zu helfen, und tat alles, was in meiner Macht stand, aber der Tod schwebte bereits über ihm.

Der Medizinmann kam und sprach seine Zauberformeln.

Wir waren soviel unterwegs, daß es mich unbeschreiblich ermüdete. Am Tag nach der Bestattung des Indianers zogen wir wieder los.

XV

Vorbereitungen für das Chi-Cha-Cha beziehungsweise Killikinnick – Angriff auf den Auswanderertreck von Captain Fisk – 14 Weiße werden getötet – Eine Riesenmenge Whisky als Beute – Eine Sauforgie – Ich schreibe nach Diktat an Captain Fisk – Vergiftete Indianer – Rettung des Trecks durch meine Intelligenz

Eine der Aufgaben, denen ich mich zu widmen hatte, wenn wir uns zwischen den Kriegen in den Dörfern ausruhten, bestand darin, die Rinde von roten Weiden, Killikinnick genannt, so zu bearbeiten, daß man sie anstelle von Tabak rauchen konnte.

Sie entdeckten, daß ich singen konnte, und ganze Gruppen von untätigen Kriegern pflegten sich vor dem Zelt um mich zu scharen und mich dahingehend zu bedrängen, daß ich bei der Arbeit sang. Wie öde das doch war! Um meinen wilden Gefährten einen Gefallen zu tun, mußte ich singen, während ich Weidenrinde rieb und zubereitete, obwohl mir fast vor Gram das Herz brach.

Am 5. September machten sie sich auf, um zu kämpfen, und überraschten einen Teil von Captain Fisks Männern, die einen Auswanderertreck eskortierten, wobei sie 14 töteten und zwei Wagenladungen, bestehend aus Whisky, Wein und Wertgegenständen, an sich brachten. Sie erbeuteten auch Silber und Schreibwaren.

Unter den Dingen, die sie sich aneigneten und mit ins Lager nahmen, befand sich auch eine Anzahl von Gläsern mit sauer Eingemachtem, was die Indianer kosteten. Das Ergebnis war ausgesprochen komisch, denn es gibt nichts, was sie mehr verabscheuen als starke Säure. Die Gesichter, die sie schnitten, kann man sich zwar vorstellen, aber nicht beschreiben. Da sie dachten, sie könnten das Ganze durch Garen verbessern, stellten sie die Gläser ins Feuer, wo sie natürlich — sehr zu ihrem Verdruß über die »Töpfe des weißen Mannes« — barsten.

Ich konnte den Feuerwechsel deutlich hören, und als sie abends in Triumph zurückkehrten und die geraubten Sachen bei sich hatten, paßten sie zu jeder Beschreibung einer ausgefallenen Situation. Während der anschließenden wilden Orgien spotteten sie über die Sterbenden. Sie stöhnten wie sie und führten eine scheußliche Posse der von ihnen verübten Schlächterei auf.

Sie beschlossen, wieder loszuziehen und sich einer Reihe von Pferden zu bemächtigen, die man in der Nähe eingepfercht hatte, sowie an dem Treck und den Soldaten eine groß angelegte Metzelei vorzunehmen. Aber sie hatten Angst vor der Kanone der Weißen und überlegten, wie sie sie überraschend aus dem Hinterhalt — das ist die einzige Art der Kriegsführung, die sie kennen — angreifen konnten.

Indianer sind nicht mutig im eigentlichen Sinne, obwohl sie sich etwas darauf einbilden, wenn man sie so nennt. Verschlagenheit, List, Taktik und Täuschung, das sind die Waffen, die sie einsetzen.

Sie ertragen Schmerzen, weil sie von Kind an lernen, daß es feige ist, sich zu drücken, aber sie werden sich nie dem Kampf stellen, wenn sie heimlich zuschlagen und entkommen können.

Die Kanone fürchtend, doch erpicht auf die Beute, die sie fast sehen konnten, warteten die Indianer drei Tage darauf, daß der Treck weiterzog und sie ihn angreifen konnten.

Zwei Tage lang flehte ich sie an und bat sie auf Knien, mich mitzunehmen. Aber es nutzte nichts. Schließlich gelang es mir, sie dazu zu bewegen, daß ich schreiben durfte. Sie wußten ja, daß ich korrespondieren konnte. Also brachten sie mir alles, was ich brauchte, und diktierten mir einen Brief an Captain Fisk, in dem sie ihm mitteilten, daß sie des Kämpfens müde seien und er unbesorgt weiterziehen könne.

Ihre Bosheit durchschauend, machte ich mich daran, sie auszumanövrieren. Und obwohl der schlaue Häuptling die Worte, die er diktierte und die ich zu Papier brachte, zählte, schaffte ich es, durch das Zusammenfügen mehrerer Wörter und indem ich meine Information komprimierte, den Offizier vor der Falschheit der Wilden zu warnen und ihn über meine aussichtslose und unglückliche Gefangenschaft in Kenntnis zu setzen.

Der Häuptling sah sich den Brief sehr genau an und zählte die scheinbaren Wörter noch einmal nach.

Schließlich ließ er ihn, nachdem er mit dem Inhalt wohl zufrieden war, auf einen Hügel in Sichtweite des Soldatenlagers bringen und an einen Pfahl heften.

Zu gegebener Zeit traf die Antwort ein, und ich mußte wieder findig sein, um die Antwort in die erkennbare Zahl von Wörtern zu fassen, damit ich mich nicht verriet.

Im eigentlichen Text des Captains hieß es, daß er sämtlichen Wilden mißtraue und allen Grund dazu habe.

Als ich Captain Fisks Zeilen, die die bereits in mir erwachten Hoffnungen zunichte zu machen schienen, las, wurde ich von meinen Gefühlen überwältigt.

Nachdem ich den Indianern gesagt hatte, daß der Captain an ihrer Freundlichkeit zweifle, und ihnen den Inhalt des Briefes nach meinem Gutdünken erläutert hatte, wollten sie am nächsten Tag, daß ich erneut schrieb und die Soldaten feierlich der von ihnen erklärten Redlichkeit und Freundschaft versicherte.

Wieder gelang es mir, mit ihnen zu kommunizieren, und diesmal bat ich sie, ihre Feldstecher zu benutzen. Ich würde einen Grund finden, ließ ich sie wissen, um am Nachmittag auf einem der Hügel zu stehen. Dann könnten sie selbst sehen, daß ich das war, wofür ich mich ausgab – eine weiße Frau in Gefangenschaft.

Es kam zu der ersehnten Gelegenheit, und zu meiner großen Freude konnte ich mich so hinstellen, daß ich für die Männer im Soldatenlager sichtbar war.

In jedem Brief hatte ich meinen Namen genannt. Und als die Soldaten nun sahen, daß es sich tatsächlich um eine Frau ihrer Rasse handelte und daß ich mich in der Gewalt ihrer Feinde befand, gerieten sie so in Erregung, daß sie mir sofort zu Hilfe eilen wollten.

Ein Herr, der zu dem Treck gehörte, bot großzügig 800 Dollar für meinen Freikauf an. Es war sein ganzes Geld. Die edelmütige, mannhafte Haltung, die man um meinetwillen einnahm, gereichte den Betreffenden zur Ehre.

Captain Fisk gebot allen übereilten Manifestationen Einhalt und ging sogar soweit, anzudrohen, daß der erste Mann, der sich auf das Indianerlager zu bewegte, sofort erschossen werde. Aus Erfahrung wußte er, daß ein Schritt in diese Richtung fatale Folgen für die Soldaten und die Gefangene haben würde.

Die Indianer fanden eine Schachtel mit Keksen, die

sich voll Wasser gesaugt hatten, und als sie davon aßen, wurden sie krank und starben.

Später erfuhr ich, daß ein paar Mitglieder des Trecks, die bei dem Massaker von Minnesota teure Angehörige und Freunde verloren hatten und nun ohne alles dastanden, die Kekse mit Strychnin versetzt und ohne Wissen des Captains auf einem der Lagerplätze zurückgelassen hatten.

Die Indianer erzählten mir später, daß es nach dem Genuß von schlechtem Brot mehr Tote gegeben habe als während des ganzen Sommerfeldzuges.

Captain Fisk gebührt große Anerkennung dafür, daß er mit seinen wenigen Leuten einer so großen Armee von Rothäuten gegenüber Mut und Tapferkeit bewies.

Nachdem er sich davon überzeugt hatte, daß ich bei den Indianern war, begann er im Stillen, mit den Wilden über ein Lösegeld zu verhandeln, und bot ihnen die Lieferung von drei Wagenladungen Waren in ihr Dorf an.

Damit erklärten sich die falschen Kreaturen sofort einverstanden, und die arme Gefangene, die ihre Sprache verstand, hörte, wie sie sich über die Leichtgläubigkeit der weißen Soldaten, die ihre Zusagen ernst nahmen, lustig machten.

Ich konnte ein Feldglas der Indianer benutzen, und dadurch sah ich meine weißen Freunde, was mich fast verrückt werden ließ vor hoffnungsvoller Erregung.

Da ich wußte, was die Indianer geplant hatten, und nicht wollte, daß die Boten umgebracht würden, was nach meiner Kenntnis geschehen sollte, wenn sie ins Dorf kamen, schrieb ich Captain Fisk, daß es sinnlos sei, mich auf diese Weise freizukaufen, und warnte ihn vor dem beabsichtigten Verrat gegenüber seinen Boten.[1])

Man kann nicht schildern oder mit der Feder festhalten, wie schrecklich diese Zeit war, in der ich mich, scheinbar ohne jede Hoffnung und von betrunkenen Indianern umgeben, ständig in Lebensgefahr befand.

Es gab Nächte mit wüsten Gelagen, in denen ich verloren und verzweifelt dalag und nur halb bewußt dem wilden Treiben und unbändigen Frohlocken zuhörte.

Die Indianer wollten auf keinen Vorschlag eingehen. Sie erklärten, ich sei um keinen Preis zu kaufen – sie wollten sich nicht von mir trennen. Captain Fisk und seine Leute waren bitter enttäuscht, weil sie meine Freilassung nicht erreichen konnten, und nach einem hoffnungslosen Versuch machte er die Tatsache, daß ich gefangengehalten wurde, bekannt und verbreitete die Nachricht nah und fern.

Seine Expeditionen in die Prärie waren immer erfolgreich gewesen, und die Indianer, die wußten, daß er sehr mutig war, nannten ihn den Großen Häuptling, der keine Furcht kennt. Diese Bezeichnung hat er sich reichlich verdient, denn seine Expeditionen waren immer mit großen Gefahren verbunden. Die Berichte darüber sind von der Regierung veröffentlicht worden und sehr interessant, da sie eine Beschreibung des Landes enthalten.

Im September regnete es ziemlich häufig, manchmal tagelang, ohne Unterlaß.

Das mag denen, die an eine Unterkunft und ein gutes Bett gewöhnt sind, nicht tragisch vorkommen, aber für

---

[1]) Meine Originalbriefe an Captain Fisk befinden sich nunmehr im Kriegsministerium in Washington. Öffentlich beglaubigte Auszüge aus der Korrespondenz sind an anderer Stelle in diesem Buch enthalten.

mich, die ich keinen Schutz hatte und mit meiner immer schlechter werdenden körperlichen Verfassung dem unbarmherzigen Sturm ausgesetzt war, wobei mir, wenn ich mich hinlegen wollte, nur der kalte Boden blieb, was mir rheumatische Beschwerden und Schmerzen einbrachte, war es ein schwer zu ertragendes Unglück, und ich betete oft inbrünstig zu Gott, er möge mich erlösen und in ein Land führen, in dem es keinen Sturm gab.

Bald würde der Winter hereinbrechen und noch größere Unbill in Form von Kälte, Hagel und stürmischem Wetter verursachen. Ob ich wohl das Glück hatte, ob der Himmel wohl so gnädig zu mir war, daß er mich in eine Lage versetzte, in der mir die winterlichen Winde mit ihrer Kälte nichts anhaben konnten? Mein Herz schien schwach zu werden bei dem Gedanken an das, was mir bevorstand, denn meine Hoffnung nahm ab, je näher der Winter kam.

XVI

Die Cannon-Ball-Prärie — Gedankengänge

Ich erinnere mich gut an das, was ich dachte und empfand, als ich zum ersten Mal die gewaltige, schöne Prärie im Bereich des Cannon-Ball-Flusses vor Augen hatte. Was für außergewöhnliche Gefühle bewegten mich dabei. Ich konnte sie nur mit einem riesigen Meer vergleichen, das sich mit seinen an- und abschwellenden Wogen plötzlich in Erde verwandelt hat. Tausende von Morgen lagen vor mir ausgebreitet wie ein mächtiger Ozean, der nur von dem tiefblauen Himmel begrenzt wird. Was für ein herrliches Bild — es ließ mein Herz weit werden von Gedankenflügen und seine zarte Hülle in Bedeutungslosigkeit versinken. Ich erinnere mich gut daran, wie traurig ich war und daß ich mich im Geiste der Vergangenheit zuwandte, als ich allein auf einer kleinen Anhöhe stand und meinen Blick Meile um Meile über die lieblichste, erhabenste Landschaft schweifen ließ, die ich je gesehen hatte. Woge um Woge, bedeckt mit schönem grünen Gras und wilden Prärieblumen, erstreckte sich rechts und links von mir. Gelegentlich tauchten kurz wilde Tiere auf, während Scharen von unterschiedlichen Vögeln mit hübschem Federkleid dahinglitten und, indem sie sich niederließen oder emporschwangen, zusätzlich Leben, Anmut und Vielfalt in dieses entzückende Bild brachten.

Es war ein schöner Tag gewesen, und die Sonne verbarg sich gerade in dem fernen blauen Ozean. Ihre goldenen Strahlen ergossen sich über das wogende Gras und schenkten ihm eine wunderbare Farbe. Gelegentlich fing eine Erhebung die Sonnenstrahlen ein und lenkte sie um zu der, auf der ich stand. Diese hielt dann einen Augenblick lang den bald verblassenden Schein fest und leuchtete wie ein goldener Feuerball. Nur langsam nahm die Sonne ihren täglichen Abschied, als sei sie nicht willens, eine so liebliche Szene zu verlassen, und entzog sich schließlich meinen Blicken, indem sie jenseits des westlichen Horizonts verschwand.

Ich stand da und nahm jede Veränderung mit jener angenehmen romantischen Trauer wahr, die ein schöner Sonnenuntergang fast immer bei einem Naturliebhaber hervorruft. Ich bemerkte jeden Wandel, und doch waren meine Gedanken weit, weit weg. Ich dachte an die Hunderte von Meilen, die mich von den Freunden, die ich liebte, trennten. Ich erinnerte mich, mit welcher Wonne ich als kleines Mädchen zugesehen hatte, wie der Tag sich von vielen malerischen Hügeln, Seen und Flüssen, saftigen Wiesen, Bergschluchten und Felsvorsprüngen sowie den stillen Weilern meines fernen, geliebten Heimatlandes verabschiedete. Ich stellte mir vor, meine Mutter zu sehen, wie sie langsamen Schrittes und schweren Herzens zur Tür ging und sehnsuchtsvoll nach dem gewaltigen, weiten Westen starrte, wobei sie seufzte und sich fragte, was aus ihrem verlorenen Kind geworden war.

Ich dachte darüber nach und wurde dabei immer trauriger, bis sich meine Augen mit Tränen füllten.

Mutter! Wieviel Liebe liegt in diesem Wort. Wie wenig befolgen wir in der flatterhaften Phase jugendlicher Freude und Torheit ihren klugen Rat. Für wie gering erachten wir es, wenn sie mit Eifer und Fürsorge unsere

Schritte lenkt, die sonst fehlgehen würden, und mit Gefühlen, die nur eine Mutter kennt, beobachtet, wie unsere Jugendzeit allmählich in ein reiferes Alter übergeht und wir mündig werden. Zum jeweiligen Zeitpunkt denken wir vielleicht nicht darüber nach, aber wir erinnern uns daran, nach Jahren, wenn das dunkle Grab oder eine furchtbare Trennung während des Lebens sie weit außerhalb unserer Reichweite gerückt hat und ihre süße Stimme, die, wenn uns Beschwernisse treffen, Anteil nimmt und uns tröstet, nicht mehr in unseren Ohren klingt. Wie sehr bedauern wir dann, tausendmal ihren sanften Ermahnungen zuwidergehandelt zu haben! Wie sehnen wir uns nach jenen Tagen zurück, damit wir unsere Fehler wieder gut- und ihr Herz glücklich machen können! Doch ach! Was vorbei ist, ist vorbei, und bei dieser bitteren Einsicht werden wir unsagbar traurig.

»O Mutter! Innig geliebte Mutter!« rief ich laut. »Würde ich sie je wiedersehen? Würde ich jemals in meine Heimat zurückkehren und sie unter den Lebenden finden? Was ist, wenn nicht! Gütiger Himmel! Was für ein trüber, schmerzlicher Gedanke!« Und schon schwammen meine Augen in Tränen, und ich zitterte vor nervöser Erregung. Aber ich wollte das Beste hoffen. Langsam beruhigte ich mich wieder. Dann dachte ich an meinen Mann und daran, wie es ihm wohl ergangen sein mochte. Kläglich, im günstigsten Falle, wie ich nur zu gut wußte. Und schließlich dachte ich, obwohl ich es zu vermeiden versuchte, an Mary, die niedliche, verlorene, vielgeliebte Mary. Ich konnte ihr zartes Gesichtchen sehen, ihr wehmütiges, leises und an ein Bächlein erinnerndes, silberhelles Stimmchen hören. Bei dem Gedanken, daß man sie ermordet haben könnte, stieß ich einen langen, tiefen Seufzer aus. Würde ich sie je wiedersehen? Nein, sie war tot, umgekommen durch den grausamen, unbarmherzigen Wilden. Stille lag über der Welt. Kein Laut unterbrach die feierliche Ruhe der Natur. Der Sommerwind hatte sich in den Weidenzweigen in den Schlaf gewiegt, und der breitgesichtige, vertraute Mond schien zum Leben erwacht und sich abzumühen, während er bedächtig den wolkenlosen Himmel erklomm, vorbei an Sternenwachposten, deren nächtlicher Anruf sich auf ihrer endlosen Runde durch das riesige Lager der Himmelskörpersysteme in großen blauen Strudeln verlor. Als ich die Augen auf die düsteren Gegebenheiten, unter denen ich wie in einer Tyrannei leben mußte, richtete, sah ich, wie das Mondlicht den Boden hier und da silbern färbte. Ich schaute zu und dachte nach. O, ihr heiligen Tage meiner glücklichen Mädchenzeit! Sie steigen nun vor mir auf wie anbetungswürdige leuchtende Sterne, die in einer Nacht, in der der Sturm heult, aufgehen und die Dunkelheit noch dunkler machen. Der kurze, heitere Frühling des Lebens voller edler Ambitionen und glühender Hoffnungen für die philanthropischen Werke meines Mannes bei künftigen karitativen Projekten.

Wir hatten soviel im Sinn gehabt in den kommenden Jahren, in denen wir, wenn es uns gut gegangen und wir glücklich gewesen wären, hätten imstande sein sollen, denen, die unsere Wege kreuzten, etwas Glück abzugeben, und, indem wir unseren täglichen Aufgaben nachgingen, Freude und Frieden finden müssen. Doch sie sind dahin, die menschlichen Hoffnungen und Erwartungen!

So ist es mit unserem Leben. Wir gleiten still voran und denken kaum an die Wellen, die so bald über uns zusammenschlagen und uns gegen die Felsen werfen oder für immer stranden lassen. Wir ziehen nicht in Betracht, daß wir je Schiffbruch erleiden könnten, bis die größere Welle über uns hereinbricht und wir uns unter ihrer Wucht beugen.

Wenn eine mächtige Hand die Zukunft vor uns aufrollen oder den Schleier, der sie verhüllt, beiseite schieben könnte, was bekämen wir mit unseren zitternden Herzen wohl zu sehen? Nein, lassen wir es wie der Allwissende es bestimmt hat. Sie soll in ihrer Gruft bleiben und sich nur dann zeigen, wenn die Ereignisse eintreten. Denn könnten wir sie mit der gebührenden Kraft ertragen, wenn sie uns vorher bekannt wären? Wir würden davor zurückschrecken und sagen: »Laß diesen Kelch an mir vorübergehen.«

XVII

Die Prärie brennt – Schreckensszenen

Im Oktober wurden wir von einem Präriebrand überrascht. Um diese Jahreszeit brennen die von der heißen Sonne ausgetrockneten Pflanzen und Grasflächen sofort lichterloh, wenn sie auch nur der geringste Funke trifft, was öfter geschieht, wenn der Wind die Lagerfeuer verweht.

Wir sahen, wie sich das Feuer mit beängstigender Geschwindigkeit nach allen Richtungen hin ausbreitete, aber wir hatten noch Zeit zu fliehen.

Die Indianer rannten wie wilde Tiere vor den Flammen davon und stießen dämonische Schreie aus. Hohe Feuerwände kamen zischend und knisternd von rechts und links auf uns zu. Sie drohten, sich zu vereinigen und uns in ihrer rasenden Wut zu verschlingen.

Wir befanden uns inmitten ausgebrannter Bäume, die krachend umfielen, wobei sie uns mit Rauchwolken die Sicht nahmen, und erlitten Verbrennungen durch den Funkenregen, der von überall auf uns niederging.

Die Feuersbrunst nahm ungeheure Ausmaße an. Der Wald schrumpfte unter dem fürchterlichen Zugriff der Flammen, und die Prärie glich einer brennenden Fläche, auf der die wilden Tiere, durch diese unerwartete Katastrophe aus ihren Höhlen und Verstecken getrieben, wahnsinnig vor Angst hin- und herliefen.

Der Himmel schimmerte blutrot vom Widerschein

des Feuers, und der heftige Wind fegte sowohl die Flammen als auch den Rauch davor.

Die Indianer waren völlig außer sich, als sie die umliegenden Berge wie Signalfeuer leuchten sahen, die die ganze Zerstörung deutlich machten. Der Boden wurde heiß, als immense Büffelherden ihn unter ihrem zornigen Tritt erzittern ließen. Ihr verzweifeltes Gebrüll konnte selbst die Herzen der mutigsten Männer in Angst und Schrecken versetzen.

Alle fürchteten sich und rannten im Lager umher, als ob sie den Verstand verloren hätten.

Das Feuer drang weiter majestätisch vor und verschlang alles, was ihm im Weg war. Vor ihm her liefen unzählige Tiere verschiedener Art und heulten vor Not mit der Geißel im Rücken, die sie jeden Moment einzuholen drohte.

Dicker, funkengeladener Rauch zog sich bereits über das Lager hin. Noch zehn Minuten, und alles würde über uns sein, dachte ich, als ich sah, wie die Squaws ihre Kinder an den Busen drückten.

Die Indianer hatten angesichts dieser unmittelbaren Gefahr – die Flammen bildeten einen riesigen Kreis mit unserem Lager in der Mitte – die ganze Selbstbeherrschung verloren.

Doch glücklicherweise legte sich der starke Wind, der bis dahin dem Brand Flügel verliehen hatte, plötzlich, und kein Lüftchen regte sich mehr.

Das Feuer kam nicht mehr so schnell voran. Die Vorsehung schien uns Zeit zu schenken.

Das Lager bot einen seltsamen Anblick. Ich lag auf den Knien, hatte die Hände gefaltet und betete inbrünstig. Die Flammen mit den wilden Tieren als Vorhut kamen weiter näher.

Die Indianer, jung und alt, männlich und weiblich, be-

Die Prärie brennt

gannen, überall im Lager das Gras auszureißen, und zwar mit den Wurzeln. Dann fingen sie die Pferde mit dem Lasso ein und banden ihnen in der Kreismitte die Vorderbeine zusammen. In wenigen Augenblicken war eine große Fläche frei von Pflanzen und Gras. Alles hatte mit der fieberhaften Geschwindigkeit stattgefunden, die jeder aus Furcht vor dem Tod an den Tag legt.

Einige Männer begaben sich in den Randbereich der freigelegten Fläche und schoben das Gras sowie Pflanzen mit den Füßen zusammen. Dann zündeten sie das Ganze mit einem Feuerstein an und ließen so »das Feuer gegen das Feuer kämpfen«, wie sie es nannten. Dies geschah an mehreren Stellen. Es dauerte nicht lange, da war ein Flammenvorhang um uns herum entstanden, und eine Zeitlang wurde das Lager fast verdeckt von einem Feuergewölbe.

Es herrschte große, schreckliche Angst. Doch nach und nach verloren die Flammen an Heftigkeit, die Luft wurde sauberer, der Rauch zerstreute sich, das Gebrüll ließ nach, und endlich konnten wir uns in diesem entsetzlichen Chaos wieder erkennen.

Alle stießen einen Seufzer der Erleichterung aus. Unser Lager war gerettet! Als sich die erste Freude gelegt hatte, wurde die Ordnung wiederhergestellt, und nach den so furchterregenden vorangegangenen Stunden hatte jeder das Bedürfnis, sich auszuruhen. Auch wollte man dem Boden Zeit zum Abkühlen geben, damit Menschen und Pferde wieder darüberziehen konnten.

Am nächsten Tag bereiteten wir uns zum Aufbruch vor. Die Zelte wurden zusammengelegt, die Ponys bepackt, und bald schon setzte unsere Karawane ihre Reise fort, unter der Leitung des Häuptlings, der vor unserer Gruppe herritt.

Die Prärie hatte ihr Aussehen seit dem Abend zuvor gewaltig verändert. An vielen Stellen lag die schwarze, verbrannte Erde als Aschehaufen da. Verkrüppelte und verkohlte Bäume, die noch standen, offenbarten ihr trauriges Gerippe. Das Feuer wütete weiter in der Ferne, und der Horizont war nach wie vor dunkel von Rauch.

Die Pferde bewegten sich vorsichtig über den unebenen Grund und stolperten ständig über die Knochen von Tieren, die den Flammen zum Opfer gefallen waren.

Die Route, die wir nahmen, verlief entlang einer schmalen Senke, dem ausgetrockneten Bett irgendeines Stroms, das tief zwischen zwei Bergen lag. Der Boden unter den Füßen der Pferde bestand aus runden Kieselsteinen, die wegrutschten, was mir den Marsch, der für mich ohnehin schon mühsam war, da die Sonnenstrahlen direkt auf meinen unbedeckten Kopf und mein ungeschütztes Gesicht fielen, noch mehr erschwerte.

So verging der Tag, und abgesehen von der Müdigkeit, die mir zu schaffen machte, gab es keine besonderen Vorkommnisse.

Am Abend schlugen wir wieder unser Lager in einer Ebene auf, die absolut kahl war. Aber weiter weg konnten wir etwas Grün entdecken, was ein großer Trost war, denn das hieß, daß wir uns einer Stelle näherten, die die Feuersbrunst verschont hatte.

Bei Sonnenaufgang am nächsten Morgen waren wir auf dem Weg zu dieser Oase in der Wüste.

XVIII

Die letzten Tage bei den Ogalallas – Das Massaker an einer aus Idaho zurückkehrenden Gruppe – Der Skalp einer Frau – Ein Skalptanz – Suspekte Umstände – Die Ankunft von Schwarzfußindianern – Verhandlungen über meinen Freikauf – Verrat

Meine letzten Tage bei den Ogalallasioux sollten mir in schrecklicher Erinnerung bleiben.

Am 1. Oktober, als sich die Wilden im Lager am Ufer des Yellowstone-Flusses aufhielten und offenbar einen Angriff befürchteten, ihn aber zugleich durch ihre Nähe zu den Soldaten fast herausforderten, konnte man ein großes Mackinaw, d. i. ein Flachboot, den Fluß herunterkommen sehen.

Aus ihren Verstecken in den Felsen und Büschen beobachteten sie mit der heimlichen Grausamkeit eines auf Beute wartenden Tigers, wie es sich näherte.

Bei Sonnenuntergang schoben die ahnungslosen Reisenden ihr Boot zum Ufer hin und legten an, um ein Feuer anzuzünden und das Nachtlager aufzuschlagen.

Die Gruppe bestand aus etwa 20 Personen, Männern, Frauen und Kindern. Da sie mit keiner Gefahr rechneten, ließen sie ihre Waffen im Boot.

Mit Geschrei stürzten sich die Wilden auf sie und teilten in schnellen Zügen Tod und Vernichtung aus.

Die wehrlosen Auswanderer machten den Versuch, zu den Booten und Waffen zu eilen. Doch sie wurden abgeschnitten und ihre blutenden Körper so schnell in den Fluß geworfen wie man sie abgeschlachtet hatte. Dann folgte die Quälerei der Frauen und Kinder.

Ein entsetzlicher Gedanke, von dem man sich nur mit von Abscheu erfüllter Seele abwenden kann, um schaudernd zum Himmel zu schreien: »Wie lange, o Herr, dürfen so unmenschliche Greueltaten ungestraft durchgehen?«

Niemand lebte mehr, als die Arbeit dieses schwarzen Tages getan war, und der Fluß spülte unfreiwillig eine warme Flut menschlichen Blutes und sinkende Körper davon.

Als die Krieger ins Lager zurückkehrten, brachten sie ihre schrecklichen Trophäen – blutgetränkte Kleider und gräßliche Skalps – mit.

Meine tief betrübten Augen gewahrten das fürchterliche Ergebnis des Gemetzels und erblickten unter anderem den Skalp einer Frau mit schwerem kastanienfarbenem, goldbraunem Haar von vier Fuß Länge, den man wegen seiner Schönheit abgenommen hatte. Der verführerische Schatz kostete dem armen Mädchen das Leben, das sonst vielleicht verschont geblieben wäre. Aber seine prächtigen Locken wurden gebraucht, damit sie am Gürtel des Häuptlings hängen konnten.

Fast alle Flachboote, die zu dieser Zeit von den Bergbaugebieten den Yellowstone hinunter zum Missouri fuhren, wurden angegriffen, wobei in einigen Fällen eine oder mehrere Personen umkamen. Die Ankunft dieses Bootes war bekannt, und die Indianer hatten reichlich Zeit, ihre Attacke so zu planen, daß niemand entkommen konnte.

In jener Nacht versammelten sich sämtliche Krieger, um den furchterregenden Skalptanz aufzuführen. Von meiner Zelttür aus wurde ich Zeugin des wüsten Spektakels. Ich war nämlich krank, und zu meiner großen Erleichterung zwang man mich nicht, an der grausigen Zeremonie teilzunehmen.

Eine Anzahl von Squaws befand sich in der Mitte des entstandenen Kreises, und die erbarmungslosen Weiber hielten die frischen Skalps hoch, die man an diesem Tag mit der Sense des Todes eingebracht hatte.

Um sie herum tobten sich, Fackeln und Waffen schwingend, unter wildem Gebelfer und barbarische Grimassen schneidend, die Krieger aus.

Manche rühmten sich ihrer Tapferkeit und Heldentaten. Andere gaben ihre Identität auf, indem sie ihre sterbenden Opfer in ihrem Todeskampf nachahmten.

Zuerst auf einem Fuß und dann auf dem anderen hüpfend, wobei jede Bewegung von lautem, erregtem Geschrei begleitet war, boten sie ein Bild, das man nie vergißt.

Der junge Krieger, der die schönen Locken als Trophäe davongetragen hatte, nahm an dem Tanz nicht teil. Er saß allein da und sah traurig aus.

Ich ging auf ihn zu und fragte ihn nach dem Grund. Er antwortete, daß sein totes Opfer ihm leid täte. Dann holte er ein blutbeflecktes Kleid aus seiner Hütte und sagte mir, das Mädchen mit dem herrlichen Haar habe es getragen. Dessen Augen verfolgten immer noch und deprimierten ihn jetzt.

Nachdem ich von diesem furchtbaren Massaker erfahren hatte, zog ich mich mehr denn je von meinen wilden Gefährten zurück. Ich ging hoffnungslos verzagt meinen Aufgaben nach und rechnete nicht mehr damit, jemals gerettet zu werden oder in ein zivilisiertes Leben zurückkehren zu können.

Eines Tages bemerkte ich zu meinem Erstaunen, wie

ein fremder Indianer, den ich noch nie gesehen hatte, mir geheimnisvolle Zeichen machte.

Er gab mir zu verstehen, er wolle, daß ich mit ihm davonliefe zu den Weißen. Ich war durch die vielen Male, die man mich getäuscht hatte, so mißtrauisch geworden, daß ich mich von ihm abwandte und in das Zelt des Häuptlings ging, wo ich mich trotz dessen Grausamkeit und Härte mir gegenüber verhältnismäßig sicher fühlte.

Später traf ich mit diesem Indianer oder Weißen beziehungsweise Halbblut, das er meines Erachtens war, obwohl er kein Wort Englisch sprechen konnte oder wollte, zusammen. Sein langes, dunkelbraunes Haar hing ihm lose um die Schultern. Er sah in keiner Weise wie ein Indianer aus sondern eher wie ein zügelloser, verwegener Grenzdesperado. Ich hatte ihn noch nie zuvor gesehen, obwohl er im Lager gut bekannt zu sein schien.

Etwas, das mich vielleicht besonders argwöhnisch machte und daran hinderte, jemandem zu vertrauen, war das Wissen, daß viele der Indianer, die in den jüngsten Schlachten mit General Sully Angehörige verloren hatten, nach meinem Blut dürsteten und froh gewesen wären, wenn sie mich weit genug hätten weglocken können, um Rache zu üben und vor dem Zorn des alten Häuptlings, meinem Aufseher, sicher zu sein.

Dieser Fremde kam eines Tages in ein Zelt, in dem ich mich aufhielt, und zeigte mir eine kleine Taschenbibel, die meinem Mann gehört hatte und ihm vor vielen Jahren von seiner inzwischen verstorbenen Mutter geschenkt worden war. Er wollte mir versichern, daß ich ihm trauen könne. Aber mich hatte instinktiv eine solche Abscheu vor dem Mann erfaßt, daß ich mich weigerte, ihm zu glauben. Er dagegen wurde schließlich wütend und drohte, mich zu töten, wenn ich nicht mit ihm ginge.

Ich flehte ihn an, mir die Bibel zu geben, aber er wollte nicht. Wie wertvoll wäre sie für mich gewesen, wegen dem, was ich damit verband, und wieviel Kraft und Trost hätte ich, die ich von meiner Welt mit allen religiösen Privilegien abgeschnitten und von heidnischen Wilden umgeben war, aus ihren kostbaren Verheißungen gewinnen können.

Kurz nach diesem Vorfall begaben sich der alte Häuptling und seine drei Schwestern auf eine Reise. Mich schickte man in Begleitung von Gelbem Vogel, meiner kleinen Gefährtin, zu Verwandten. Wir brauchten den ganzen Tag, um zu unserem Bestimmungsort, einem kleinen Indianerdorf, zu gelangen. Die Familie, bei der ich bis zur Rückkehr des Häuptlings und seiner Schwestern leben sollte, bestand aus einem sehr alten Indianer und seiner Squaw sowie einem jungen Mädchen.

Ich hielt mich nicht gerne unter Fremden auf, war aber dankbar für die Freundlichkeit, mit der ich von diesem alten Paar aufgenommen wurde. Ich verspürte eine große Müdigkeit und war so traurig und deprimiert, daß ich um nichts bat. Aber die alte Squaw, die meine Gefühle zu verstehen schien, stellte umsichtig Fleisch und Wasser vor mich hin und sorgte auf eine nette Art und so gut sie nur konnte für meine Bedürfnisse.

Nahezu drei Wochen blieb ich bei dieser Familie und wurde fast liebevoll behandelt, nicht nur von ihr sondern von allen Mitgliedern der kleinen Gemeinschaft. Die Kinder kamen mich besuchen und bekundeten auf unterschiedliche Weise ihr Interesse an mir. Sie sagten zum Beispiel: »Wasechawea (Weiße Frau) sieht traurig aus. Möchte ihr die Hand geben.«

Ich gewöhnte mich bald an meine neue Umgebung und war glücklicher und zufriedener als je zuvor in meiner Gefangenschaft. Meine Zeit war dadurch ausgefüllt, daß ich der mütterlichen alten Squaw beim Nähen und sonstigen Hausarbeiten half.

Nur einmal legte sich ein Schatten zwischen uns. Der alte Häuptling hatte Anweisung gegeben, mich nicht allein unter die anderen Dorfbewohner gehen zu lassen, wovon ich nichts wußte. Aus einem neuen Freiheitsgefühl heraus war ich manchmal ausgegangen und einmal, nachdem die Squaws mich in mehrere Tipis eingeladen hatten, solange geblieben, daß der alte Indianer nach mir schickte und bei meiner Rückkehr verärgert schien. Er sagte, es sei gut für mich, in seinem Zelt zu sein, aber schlecht, andere aufzusuchen. Ich besänftigte ihn letzten Endes, indem ich sagte, ich wüßte, daß er ein schönes Zuhause habe, daß ich mich darin sehr wohl fühlte und nicht geahnt habe, daß es nicht gut sei, in die anderen Zelte zu gehen.

Der alte Häuptling kehrte schließlich zurück, und die kurze Zeit, die mir so gefallen hatte, fand ihr Ende. Er schien Spaß daran zu haben, mich zu quälen, und kniff mich oft in die Arme bis sie schwarz und blau waren. Da er in mir die Ursache für seinen verletzten Arm sah, wollte er, daß ich mit ihm litt.

Während ich mich in diesem Dorf aufhielt, traf der ›Mann, der Angst vor seinen Pferden hat‹ ein, und anhand der anschließend veranstalteten Feiern und Tänze konnte ich mir eine Vorstellung davon machen, welch hohen Rang er als Häuptling und Krieger einnahm. Er war prächtig beritten und ausgestattet, genauso wie ein anderer Indianer, der ihn begleitete.

Inzwischen habe ich von meinem Mann erfahren, daß der hinterhältige Häuptling sich so über seinen Einfluß auf die feindlichen Indianer geäußert hatte, daß er beiden Männern in der Hoffnung auf meine Freilassung eine teure Ausrüstung kaufte. Ich begegnete ihm mehrmals und unterhielt mich mit ihm. Aber obwohl er mir sagte, er sei vom Platte, erwähnte er nichts von seinem eigentlichen Auftrag sondern kehrte zum Fort zurück und berichtete Mr. Kelly, die Gruppe sei weitergezogen und er habe mich nicht finden können.

Captain Fisk hatte General Sully von meinem Aufenthalt bei den Indianern und seinen Anstrengungen zu meiner Befreiung in Kenntnis gesetzt. Deshalb gab dieser, als die Schwarzfußindianer bei ihm um Frieden nachsuchten und, da sie Waffen, Munition und Bedarfsartikel für den nahenden Winter kaufen wollten, behaupteten, daß sie der Feindseligkeiten überdrüssig seien, folgende Erklärung ab:

»Ich will keinen Frieden mit euch. Ihr haltet eine weiße Frau gefangen. Liefert sie uns aus. Dann glauben wir euch. Tut ihr es jedoch nicht, dann werden wir eine Armee mit sovielen Soldaten wie es Bäume am Missouri gibt, aufstellen und die Indianer ausrotten.«

Die Schwarzfußindianer versicherten General Sully, daß sie keine weiße Frau in ihrem Besitz hätten sondern die Ogalallas.

»Da ihr zu diesen freundliche Beziehungen unterhaltet,« sagte der General, »seht zu, daß ihr sie bekommt. Dann werden wir euch dafür belohnen.«

Ein paar Tage später erschienen die Schwarzfußkrieger offiziell im Dorf und äußerten ihre Absichten, während sie im Rat auf die Entschlossenheit General Sullys hinwiesen.

Die Ogalallas hätten keine Angst, meinten sie, und weigerten sich, mich gehenzulassen. Zwei Tage hielten sie feierlich Rat, und am Ende faßten sie den Beschluß, daß die Schwarzfußindianer mich als Vorwand benutzen sollten, um ins Fort zu gelangen und die Soldaten mit einem großen Massaker zu erledigen.

Während sie noch überlegten, was das Beste sei – wobei eine Hälfte mich gehenlassen wollte und die andere nicht – kam Hunkiapa, ein Krieger, in die Hütte und schickte mich hinaus, wobei er mir unverzüglich folgte.

Er geleitete mich in ein Zelt, in dem sich 50 Krieger mit Kriegsbemalung mit gespannten Bögen und vollen Köchern aufhielten.

Von dort brach die ganze Gruppe, einschließlich dreier Squaws, die mich, meine große Angst bemerkend, begleiteten, zu einem Creek auf, wo fünf Pferde mit Kriegern darauf warteten, uns zum Dorf der Schwarzfußindianer zu begleiten.

Nachdem man mich auf ein Pferd gesetzt hatte, waren wir bald auf dem Weg, auf dem wir jedoch von Ogalallas eingeholt wurden, die mich nicht gehenlassen sondern zurückhaben wollten.

Man verhandelte eine Zeitlang, und schließlich, nachdem die, deren Gefangene ich nun war, feierlich versprochen hatten, daß ich unversehrt zurückgebracht, gut versorgt und freundlich behandelt würde, durften wir weiterziehen.

Während der Verhandlungen befahl mir einer der Krieger abzusitzen und richtete eine Pistole auf meine Brust. Viele von ihnen forderten mein Leben, aber zum Schluß einigte man sich, und wir konnten unsere Reise fortsetzen.

Nachdem ich so oft dem Tod entronnen war, kam mir dieses letzte Mal wie ein Wunder vor. Aber Gott hatte es wohl so bestimmt, und ihm will ich in Dankbarkeit huldigen.

Es war eine bittere Prüfung für mich, daß ich mit diesem neuen, relativ fremden Stamm ziehen mußte. Ich wollte das Leben, das ich bis dahin geführt hatte, nicht gegen ein unbekanntes eintauschen, zumal mein Verhältnis zu den Schwestern des Häuptlings mich vor Unbill und Schmach geschützt hatte. Die Hütte des Häuptlings war eine Art sicherer Hort gewesen, den ich nun in meiner Furcht vor der neuen Situation umso mehr zu würdigen wußte.

Es waren Wilde, und ich hatte mich danach gesehnt, von ihnen frei zu sein. Aber jetzt schied ich mit Bedauern und einem unguten Gefühl.

Obwohl meine neuen Herren – als solche betrachtete ich sie – mir die Freiheit und Rückkehr zu meinen Freunden versprachen, zweifelte ich daran, da ich die Falschheit der Indianer kannte. Die Ogalallas hatten mich zwar manchmal sehr hart und grausam behandelt, doch ich war bei ihnen nie auch nur der geringsten persönlichen Kränkung oder einem ungebührlichen Ansinnen ausgesetzt gewesen. Lassen Sie mich für diesen versöhnlichen Aspekt ihres Umgangs mit mir Zeugnis ablegen.

Als ich in Gefangenschaft geriet, wurde ich das ausschließliche Eigentum von Ottawa, dem obersten Häuptling, einem teilweise blinden Mann von über 75 Jahren, dessen Macht über seine Gruppe jedoch absolut war. Nachdem dieser bei einem Handgemenge, über das ich schon berichtet habe, eine schwere Verwundung davontrug, mußte ich seine Pflegerin oder Medizinfrau werden, und er schätzte meine Dienste so sehr, daß es, wenn er auch hart und grausam sein konnte, für andere gefährlich war, mir zu nahe zu treten oder etwas anzutun. Diesem Umstand verdanke ich es zweifellos, daß mir kein schlimmeres Schicksal als der Tod beschieden war.

Die Schwarzfußindianer sind ein Stamm der Sioux und folglich im Kampf Verbündete. Aus diesem Grunde wagte der Häuptling es nicht, sich zu widersetzen. Im übrigen war er wegen seiner schweren Verwundung außer Gefecht gesetzt.

Die Schwarzfußindianer hinterließen drei ihrer besten Pferde als Pfand für meine sichere Rückkehr.

Der Häuptling der Ogalallas hatte den Wunsch geäußert, daß man mich, wenn der Große Geist ihn abberiefe, töten solle, damit ich im Land der Geister seine Gefährtin werden könne.

Es war inzwischen Anfang November, und ihr Weg schien in die schneebedeckten Gegenden zu führen, wo sich die Kälte als unerträglich erweisen könnte. Als ich von der Zusage, die die Schwarzfußindianer gemacht hatten, hörte, legten sich meine Befürchtungen. Hoffnung flammte auf bei dem Gedanken, daß ich wieder in Reichweite meines eigenen Volkes sein würde, und ich war zuversichtlich, daß ich, wenn ich erst einmal ins Fort gelangte, ihre Pläne vereiteln konnte, indem ich die Offiziere vor ihren Absichten warnte.

Ich wußte, was der Mut und die Disziplin von Fortsoldaten vollbringen konnten, und hoffte daher, den Verrat der Wilden nicht nur unterbinden sondern auch die Initiatoren bestrafen zu können.

XIX

Indianische Gebräuche

Während meines erzwungenen Aufenthalts bei den Ogalallas hatte ich reichlich Gelegenheit, die Sitten und Gebräuche einer Menschenrasse zu beobachten, von der der Leser im allgemeinen, obwohl sie so nahe bei uns lebt, nur wenig weiß. Ein Kapitel zu diesem Thema dürfte wohl alle, die diese Geschichte lesen, interessieren.

Nichts kann einfacher angelegt sein als das Lager der Indianer, wenn sie unterwegs sind und vor allem wenn sie sich auf dem Kriegspfad befinden. Der Lagergrund liegt, falls möglich, an einem Gewässer und bei einem Waldstück. Hat man die gewählte Stelle erreicht, nehmen die Squaws den Ponys ihre Lasten ab und lassen sie frei zum Weiden. Dann werden die Zelte oder Tipis aufgestellt, und man holt Holz und Wasser zum Kochen. Diese ganze Plackerei fällt den Squaws zu, da der indianische Krieger sämtliche Arbeiten, die nichts mit der Jagd oder dem Krieg zu tun haben, als degradierend von sich weist.

Ein Tipi besteht aus mehreren Stücken gegerbten Leders, meist aus Büffelhäuten, die zusammengenäht und über eine Reihe von Pfählen gelegt werden. Bei den größeren Tipis werden bis zu 20 dieser Pfähle von 15 bis 20 Fuß Länge verwendet. Während der Reise nutzt man die von der Rinde befreiten Gelbkieferhölzer als Transportgerät. Zum Tipibau werden drei Pfähle oben, an den dünnen Enden, zusammengebunden und aufgerichtet, wobei man die unteren Enden soweit spreizt, wie die Befestigung oben es zuläßt. In die so über Kopf entstandene Gabel legt man im Kreis mit den drei ersten Pfählen weitere Stangen. Auf diese Weise entsteht das Gerüst, das, wenn es wie beschrieben vorbereitet ist, die Zeltwand trägt, die mit einem Seil aus ungegerbter Haut hochgehievt wird, während eine Squaw die unteren Ekken festhält. Das geht schnell. Die Verbindung der Ränder erfolgt durch Holzsplinte in der Form, daß eine Squaw sich auf alle Viere herabläßt und einen Sockel bildet, auf den die größte Squaw der Familie steigt und die Splinte, so weit wie sie reichen kann, anbringt. Eine quadratische Öffnung im Zelt dient als Tür, die in gebückter Haltung durchschritten wird. Über dieser Öffnung hängt lose ein Stück Haut, das von einem schweren, unten befestigten Holzklotz in Position gehalten wird.

Ein fertiges Indianertipi hat die gleiche Form wie ein Sibley-Zelt. In der Mitte befindet sich ein Feuer, auf dem alles gekocht wird. Ein Loch darüber dient dem Rauchabzug. Die Zubereitung eines Mahls ist denkbar einfach. Fleisch war fast ihr einziges Nahrungsmittel. Es wurde im allgemeinen gebraten oder über dem Feuer durchgegart, manchmal aber auch gekocht. Doch aßen sie es immer ohne Salz und Brot. Sie haben keine festgelegten Essenszeiten. Einmal fasten sie den ganzen Tag, und am nächsten essen sie dann vielleicht ein dutzendmal.

Der Randbereich des Zeltes beherbergt die Betten der Familie, die aus Büffelfellen und Decken bestehen. Diese werden tagsüber fest zusammengerollt und dienen als Sitze.

Wenn es Anlaß zu der Vermutung gibt, daß sich ein Feind in der Nähe aufhält, darf kein Feuer gemacht werden. In diesem Fall stillt ein jeder seinen Hunger so gut er kann, aber gewöhnlich mit »pa-pa«, das ist getrocknetes Büffelfleisch.

Ein Indianerlager bietet am Ende des Tages ein sehr belebtes Bild. Die Squaws laufen hin und her mit Holz, Wasser und Fleisch, oder sie lenken die von den Hunden gezogenen Schlitten, auf denen sich ihre ganze Habe befindet. Dunkle Krieger kauern in Gruppen um im Freien entzündete Feuer, rauchen Pfeife oder reparieren Waffen und zählen ihre Heldentaten auf. Halb- oder ganz nackte Kinder hüpfen in kindlicher Freude herum und vermitteln einen ungewöhnlich interessanten Eindruck von dem Nomadenleben dieser Indianer. Es sind nicht mehr als zehn Minuten erforderlich, um ein Indianerdorf zu errichten.

Wenn ein Dorf verlegt werden muß, was die Bewohner nie vorher wissen, geht ein Ausrufer durch das Lager und schreit: »Egalakapo! Egalakapo!« Dann lassen sämtliche Squaws alles fallen, womit sie gerade beschäftigt sind, und werden im Handumdrehen emsig wie die Bienen. Sie demontieren Tipis, holen die Ponys und Hunde und beladen sie. Es dauert keine 15 Minuten, bis die Kavalkade auf dem Marsch ist.

Die Squaws begleiten die Männer, wenn sie auf Büffeljagd gehen, und so wie letztere die Tiere erlegen, ziehen sie ihnen das Fell ab und schneiden das Fleisch in etwa drei Fuß lange, acht bis zehn Zentimeter breite sowie fünf Zentimeter dicke Streifen. Dabei sind sie derart geschickt, daß die Knochen intakt bleiben und so fleischfrei sind als hätte man sie gekocht. Das Fleisch wird dann ins Lager mitgenommen und zum Trocknen aufgehängt. Es ist ziemlich schmutzig, d. h. mit Gras und Büffelexkrementen bedeckt.

Die Medizinmänner behandeln alle Krankheiten fast gleich. Sie konzentrieren sich vornehmlich darauf, den jeweiligen Geist auszutreiben. Man erwartet von dem Medizinmann, daß er bald herausfindet, um welchen Geist es sich handelt, und wenn er die Freunde darüber informiert hat, fordert er sie gewöhnlich auf, sich bereitzuhalten, um ihn zu erschießen, sobald es ihm gelungen ist, ihn auszutreiben.

Es werden Zauberformeln gesprochen und Zeremonien abgehalten, um sich der Hilfe des Geistes beziehungsweise der Geister, denen die Indianer huldigen, zu versichern. Wenn der Medizinmann glaubt, Erfolg gehabt zu haben, gibt er das Kommando, und es werden zwei bis sechs oder mehr Gewehre auf die Zelttür abgefeuert, um den Geist zu vernichten, wenn er entweicht.

Viele dieser Medizinmänner verlassen sich ganz auf das Beschwören. Sie sitzen am Bett des Patienten, gestikulieren, machen furchterregende Geräusche, schütteln Rasseln und versuchen mit allen ihnen zu Gebote stehenden Mitteln, den bösen Geist zu erschrecken. Sie bedienen sich des Räucherns und setzen gerne aromatische Substanzen ein. So verbrennen sie zum Beispiel Zedernholz und viele unterschiedliche Pflanzen, um das Zelt, in dem die kranke Person liegt, zu reinigen.

Die heimischen Pflanzen, Wurzeln, Kräuter usw. werden häufig gebraucht und zeigen Wirkung.

Die Medizinmänner achten sehr darauf, ihr Wissen von den Pflanzen, die sie als Medizin verwenden, vor einander, ein paar Eingeweihte ausgenommen, sowie vor dem weißen Mann zu verbergen, wahrscheinlich weil sie glauben, daß die Wirkung bis zu einem gewissen Grad von der Geheimhaltung abhängt.

Es gibt eine große, sich verzweigende und in den offenen Wäldern und Prärien am Missouri häufig vorkommende Pflanze, die von den Indianern hauptsächlich als Abführmittel benutzt wird. Es handelt sich um die dem

Botaniker wohlbekannte *Euphorbia corrallata*, ein Wolfsmilchgewächs.

Die Medizin wird im allgemeinen in Beuteln aus irgendwelchen Tierhäuten aufbewahrt.

Zum Durststillen werden den Kranken stets die Schleimhäute zusammenziehende Getränke verabreicht. Manchmal schmecken sie bitter. Manchmal sind sie leicht schleimig.

Die am meisten verwendete Pflanze heißt *Ceanothus canadensis*, eine Säckelblumenart, die es in den Prärien des Westens in Fülle gibt. An größten scheint aber der Glaube an Zeremonien zu sein.

In diesem Zusammenhang ist ein für den Stamm, bei dem ich war, typischer Tanz erwähnenswert. Man nennt ihn den Pfeifentanz, und er gilt als gute Medizin. Für diese Zeremonie wird im Dorf ein kleines Feuer entzündet, um das sich die Tänzer, normalerweise junge Männer, versammeln und auf einem Fell sitzen.

Der Vorsitzende ist ein Häuptling oder Medizinmann, der mit einer langen Pfeife, die er zum Rauchen vorbereitet, an einem Feuer Platz nimmt. Zunächst weiht er die Pfeife dem Großen Geist. Dann zeigt er damit nach Norden, Süden, Osten und Westen, wobei er unverständlich vor sich hin murmelt. Parallel dazu schlägt eine gleich erhabene Person singend, springend und rauchend eine Trommel. Der ruhig dasitzende Zeremonienmeister schaut zu und pafft mit aller erdenklichen Kraft.

Der Tanz endet mit durchdringenden Schreien und Gebell wie von erschreckten Hunden. Er dauert eine Stunde oder länger.

Wenn eine Mutter ein Kind gebiert, kommt es nicht selten vor, daß sie allein ist. Sie lebt dann für sich in einer Hütte, bis das Kind 25 oder 30 Tage alt ist. Dann bringt sie es zu seinem Vater, der es zu diesem Zeitpunkt zum ersten Mal sieht.

Nach der Niederkunft und auch sonst baden die Frauen – sie nennen es schwimmen – in dem nächsten Fluß oder See.

Das wirkt sich natürlich ungemein stärkend auf die körperliche Verfassung aus, und es ist gewiß, daß Indianerfrauen weniger mit sogenannten Frauenleiden zu tun haben als weiße Frauen.

Es geschieht nicht oft, daß eine Indianerfrau bei der Entbindung stirbt.

Wenn das Kind alt genug ist, um allein laufen zu können, wird es nicht mehr gewickelt, sondern man läßt es, vorausgesetzt es ist nicht zu kalt, ohne jede Bekleidung, die es schützen oder die Bewegung der Gliedmaßen beeinträchtigen könnte, herumlaufen. Das bleibt so bis es mehrere Jahre alt ist und eine begrenzte Garderobe erhält.

Trotz dieses rauhen Lebens in Blöße gibt es verhältnismäßig wenige Krüppel oder deformierte Indianer. Es heißt, daß Säuglinge mit Mißbildungen als zu nichts nutze und als Fluch des Großen Geistes angesehen werden, so daß man sich ihrer bald nach der Geburt entledigt. Manchmal wird beim Tod der Mutter das Kind ebenfalls bestattet. Von einem solchen Fall hat man mir berichtet. Eine ganze Familie, außer einem Säugling, war von den Pocken dahingerafft worden. Diejenigen, die von der Krankheit verschont geblieben waren, hatten soviel zu tun wie sie gerade noch bewältigen konnten. Also war keiner bereit, sich um das kleine Waisenkind zu kümmern. Man legte es der in Decken und ein Büffelfell gehüllten toten Mutter in die Arme und mit ihr auf ein Gerüst am Bestattungsort. Eine Zeitlang hörte man seine Schreie noch, aber sie wurden schwächer und verstummten schließlich bei der kalten Umarmung durch den Tod. Der ächzende Wind spielte das Requiem, und die Wölfe heulten in der finsteren Umgebung, eine passende Begleitmusik für so ein trauriges Schicksal.

Die Indianer glauben, daß Gott beziehungsweise der Große Geist das Universum und alle Dinge, so wie sie sind, geschaffen hat.

Sie glauben, daß die Sonne ein großer, warmer Körper ist, der sich um die Erde dreht. Manche halten sie für einen Feuerball. Sie begreifen nicht, daß die Erde sich um die Sonne dreht, sondern gehen davon aus, daß die Sonne buchstäblich auf- und untergeht, daß unsere derzeitige Theorie eine Erfindung des weißen Mannes ist und er lügt, wenn er sagt, die Erde bewege sich um die Sonne.

Sie meinen, daß das Paradies oder die Ewigen Jagdgründe oben zu finden sind, aber wo, davon haben sie keine klare Vorstellung, obwohl sie alle denken, daß sie in der Zukunft glücklicher sein werden. Sie betrachten Geschicklichkeit bei der Jagd oder den Erfolg im Krieg als Wege zu ewigem Glück und Reichtum ohne Kälte und Nässe. Doch alle halten das Ganze für ein Geschenk von Wa-hon Tonka, dem Großen Geist.

Die Art der Totenbestattung ist eine der Besonderheiten der Prärieindianer, die den Zuschauer beim ersten Mal außerordentlich stark beeindruckt. Es werden vier gegabelte Pfähle aufgestellt und eine Plattform in einer Höhe daraufgelegt, daß Wölfe oder andere fleischfressende Tiere sie nicht erreichen können. Auf diese Plattform bettet man die Leiche, die in Büffelfelle oder Dekken – manchmal beides, je nach den Verhältnissen des oder der Verstorbenen – gehüllt ist, welche fest mit einem Streifen Büffelhaut verschnürt werden. Ist ein Wald in der Nähe, dann bringt man die Plattform mit der Lei-

Die Bestattungsweise der Indianer

che in der Astgabel eines hohen Baumes an. Das Umwickeln mit Büffelfell oder Decken dient als Schutz vor Raubvögeln, die sich, von dem Geruch eines zu erwartenden Festmahls angezogen, in der Nähe aufhalten.

Alles, was zu den Toten gehörte als sie noch lebten, z. B. Felle, Decken, Waffen, Kochgeschirr etc., wird dazugelegt. Manchmal erschießt man das Pferd des Verstorbenen. Sie glauben, daß der Geist davonwandert in ferne Jagdgründe, und da er dabei vielleicht ein Land durchqueren muß, in dem es kein Wild gibt, läßt man gewöhnlich eine gewisse Menge getrocknetes Büffelfleisch als Proviant bei dem Toten liegen. Unterwegs halten die Indianer diese Bestattungsorte heilig wie die Christen es tun, und wenn ein Stamm daran vorbeikommt, macht er eher einen Umweg als daß er den direkteren Weg an der Ruhestätte der Toten vorbei nimmt, während die Angehörigen sich von der Gruppe entfernen und allein zu der Stelle gehen, um ihre Trauer zu erneuern. Sie lassen auch Gaben liegen, wie kleine Schmucksachen, die dem Verstorbenen viel bedeutet haben, bevor er in seine neuen Jagdgründe zog.

Die Jungen werden früh in der Kriegskunst unterwiesen. Ein Bogen mit Pfeilen gehört zu den ersten Geschenken, die ein junger Indianer von seinen Eltern erhält, und man bringt ihm schnell bei, wie man ihn benutzt. Ja, die Veranlagung zum Jäger scheint ihnen von Natur aus mitgegeben zu sein, und obwohl manche genauer und aktiver als andere sind, schießen sie alle mit wunderbarer Präzision und überraschendem Geschick, wobei es so aussieht als hätten sie die Leidenschaft für die Jagd geerbt.

Die Indianerjungen erhalten keinen Namen, bis sich aus einem hervorstechenden Charakterzug oder einer besonderen Leistung einer ergibt, wobei sich dieser mit der Zeit noch ändern kann, wenn sich ein passenderer findet. Einige Namen sind ziemlich ausgefallen und manche auch recht vulgär.

Die Frau wird manchmal umworben und gewonnen, wenn der Indianer so etwas wie Gefühl hat. In der Mehrzahl der Fälle aber kauft er sie, ohne sie zu umwerben. Ist die Ausersehene besonders attraktiv und aus guter Familie, kann es erforderlich sein, daß man ihr den Hof macht und sie kauft. Wenn ein junger Krieger auf Freiersfüßen geht, putzt er sich auf das Beste heraus, instinktiv ahnend, daß das Äußere eine große Rolle spielt bei der Schönen des Waldes oder dem dunklen Mädchen, das ihn verschämt empfängt, denn die jungen Indianerinnen weisen eine gewisse Art von Sittsamkeit auf, was einen eigentlich wundert, wenn man an ihre Lebensweise denkt. Diskretion und Anstand werden sorgsam beachtet, und die Liebenden sitzen schweigend nebeneinander, wobei er ihr gelegentlich Geschenke macht. Diese stehen für eine Reihe von Gefühlen und beziehen sich auf bestimmte unterschiedliche Dinge. Manche bedeuten Liebe, andere Kraft und wieder andere Tapferkeit. Dann gibt es noch die, die auf das Leben in Knechtschaft anspielen, das man von ihr erwartet, wenn sie seine Frau wird. Werden die Gaben huldvoll angenommen und bleibt das Mädchen sitzen, dann gilt dies als Bestätigung, daß auch sie ihn liebt, und wird entsprechend gehandhabt. Obwohl das Leben keiner Frau durch Heirat knechtischer wird und man sie nie mit Respekt behandelt, ist kaum bekannt, daß Indianerinnen bis ins mittlere Alter hinein unverheiratet geblieben sind.

Wenn ein Häuptling die Zahl seiner Frauen vergrößern will, heiratet er oft mehrere Schwestern, falls sie zu haben sind, nicht weil es ihm außer der, von der er zuerst eingenommen war, noch eine angetan hätte, sondern weil er glaubt, daß es in seinem Haushalt harmonischer zugeht, wenn alle zu einer Familie gehören. Nicht einmal Squaws können glücklich zusammenleben, wenn jede ihr eigenes Interesse an demselben Mann und gemeinsamen Ehegatten hat. Polygamie verträgt sich nicht mit dem Charakter der Frau, weder in der Barbarei noch in der Zivilisation.

Die Häute des auf der Jagd erlegten Wildes werden, soweit sie auf den Ponys zu transportieren sind, von den Squaws gegerbt und dann zu einem Handelsposten, einer Militärstation oder Agentur gebracht, wo sie sie gegen von ihnen besonders begehrte Artikel wie Glasperlen, Farben Schießpulver, Blei und Zündkapsel eintauschen. Sie sind bereit, für Munition im Verhältnis viel mehr zu geben als für andere Sachen. Dabei werden sie von den Händlern, denen unsere Regierung die Lizenz für den Handel mit ihnen gibt, auf das Schändlichste beschwindelt. Ein Büffelfell, das der Händler für 10 bis 15 Dollar verkauft, kauft er von den Indianern für ein Halblitermaß voll Zucker und eine kleine Handvoll Gewehrkugeln, während andere Felle für Farben und Schmucksachen eingetauscht werden, und zwar im gleichen Mißverhältnis. Die Indianer wissen, daß sie bei jedem Tausch mit den weißen Händlern betrogen werden, aber sie haben keine andere Möglichkeit, weil es an Alternativen fehlt. Ein großer Teil ihrer Unzufriedenheit rührt auch daher.

Büffel- und Bärenfelle, Hirsch- und Antilopenhäute fallen in großer Menge an. Sie schießen und fangen Biber und Otter eigens wegen der Felle.

Die Indianer mögen nahezu alle gerne Whisky und haben einen starken Hang zum Glücksspiel. Beim Kartenspiel riskieren sie fast alles, was sie besitzen, und wenn sie Pech haben, scheinen sie sich mit dem Verlust abzufinden, getreu der Hoffnung der Spieler, daß ihnen das nächste Mal das Glück besser gesonnen sein wird.

Die Squaws spielen ein Spiel mit kleinen rechteckigen Knochen, das eine große Faszination auf sie auszuüben scheint, denn ich habe erlebt, daß sie ganze Tage und Nächte damit zugebracht und in vielen Fällen ihr gesamtes Eigentum verspielt haben. Es werden jeweils fünf dieser Teile eingesetzt, die einen bestimmten Wert haben. Dieser ergibt sich aus der auf einer Seite erscheinenden Punktzahl von eins bis fünf. Die andere Seite ist leer. Die Teile werden in eine Schale oder ein Körbchen gegeben, geschüttelt und dann durch Drehen des Gefäßes auf den Boden gekippt. Wer gewonnen hat, hängt, wohl so ähnlich wie beim Würfeln der Weißen, von der Summe der oben liegenden Punkte ab.

Sie haben eine seltsame Art, die Zeit zu definieren.

Wenn sie eine bestimmte Stunde des Tages meinen, zeigen sie dahin, wo die Sonne zu dieser Zeit steht. Die Tage zählen nach der Anzahl von Malen, die sie geschlafen haben. Die nächste Zeiteinteilung findet nach Monden statt, und nicht wie bei uns nach Monaten. Für die Jahreszeiten beziehen sie sich auf den Stand der Vegetation. Frühling ist zum Beispiel, wenn das Gras zu wachsen beginnt, und Herbst, wenn die Blätter von den Bäumen fallen. Die Jahre bemessen sich für sie nach den Schneezeiten.

Es gibt eine Zeichensprache, die allen Stämmen gemeinsam ist und mittels derer sie untereinander kommunizieren können, ohne die jeweilige Mundart zu beherrschen. Die einzelnen Stämme lassen sich durch ein Symbol identifizieren.

Die Indianer sind bekannt für ihr Durchhaltevermögen sowohl bei Müdigkeit als auch bei Schmerzen. Ich habe viel nachgedacht über die Furcht, die diese angeblich tapferen Barbaren an den Tag legen. Sie scheinen sich immer, zu Hause, wenn sie auf Raubzug oder auf der Jagd sind, von den schrecklichsten Ängsten um ihre persönliche Sicherheit unterkriegen zu lassen, und doch gilt Mut bei ihnen als eine Tugend, während Feigheit eine unverzeihliche Sünde ist. Wenn sie dem Tod ins Auge sehen müssen, setzen sie ihrem Schicksal scheinbar dumpfen, hartnäckigen Widerstand entgegen, wodurch sie aus einer gefürchteten Notwendigkeit das Beste machen, anstatt sich darauf vorzubereiten, ihn mit Ergebenheit hinzunehmen. Sie tun zwar oft so als seien sie ergeben, aber sie sind es nicht.

Die Rothäute lassen sich eher vom Instinkt als vom Verstand leiten. Sie lehnen Verbesserungen ab und verachten manuelle Arbeit. Seit langer Zeit sind ihre Herzen moralisch vergiftet.

Die Decke, die der Indianer sich umhängt, ist ein unüberwindbares Hindernis für die Ausübung eines Handwerks oder das Betreiben von Ackerbau. Wenn er darauf verzichten würde, dann wären seine Hände frei und er könnte Werkzeug benutzen oder den Pflug führen. Doch diese Decke ist in ihren Augen elegant und züchtig. Es ginge zu weit, die Kleidung des weißen Mannes zu übernehmen, und wäre zu demütigend, denn sie haben persönlichen sowie nationalen Stolz. Sie tragen keinen Hut als Kopfbedeckung sondern Federn und einfache Schmuckstücke. Eine gewaltige Menge oft sehr kostspieligen Wampums (Muschelperlenschnüre) ziert ihren Hals. Häufig sind die ganzen Ohrränder durchstochen und mit Silber oder einem ähnlich aussehenden Material geschmückt.

Alles, was der Indianer unternimmt, ist politisch motiviert. Die freundlicheren Gefühle der Humanität gehen ihm ab. Er kennt keine Dankbarkeit, da er heuchlerisch und falsch ist. Er hält sich an einen Vertrag oder eine Zusage nur solange es gefährlich für ihn ist, dagegen zu verstoßen, oder solange es anderweitig für ihn von Interesse ist, dazu zu stehen. Sie sind von Natur aus grausam. Das zeigt sich schon früh bei den Jungen, wenn sie Vögel, Schildkröten oder andere kleine Tiere quälen, die ihnen in die Hände fallen. Sie scheinen Spaß daran zu haben, während es den Erwachsenen unbestreitbar Vergnügen bereitet, ihre Gefangenen zu quälen. Es sind chronische Bettler, die selbst nichts geben, es sei denn, sie erwarten im Gegenzug etwas Wertvolleres.

Der weiße Mann, das hat der Indianer gelernt, ist sein Feind, und er ist der unerbittlichste Feind des weißen Mannes geworden. Die teuflischen, an Unschuldigen begangenen Morde sind für ihn die schönste Rache für ein Unrecht, das jemand anderes ihm zugefügt hat.

Die Jugend liebt den Krieg. Sie hat keine anderen Ambitionen, sondern lechzt nach Schlachtenruhm und sehnt sich nach den Klängen des Kriegsgesangs, damit sie loseilen und sich die Federn des Kriegers verdienen kann. Sie hört sich die Geschichten der alten Männer an, wenn diese die aufregenden Ereignisse ihrer Jugend wieder wachrufen oder ihre Kriegsgesänge anstimmen, wobei sie nur prahlerisch auf ihren Wagemut und ihre Tapferkeit hinweisen. Sie wünscht sich den Krieg herbei, denn der möglicherweise damit verbundene Ruhm stellt für sie die einzige Möglichkeit dar, sich auszuzeichnen. Da die Stämme keinem Handwerk oder Gewerbe nachgehen, schrumpfen sie stark als Folge von Kriegen, Unbilden der Witterung und Krankheiten.

Nur wenige Stämme bebauen den Boden, da die Indianer von ihrer Einstellung her sämtliche Arbeiten, die nichts mit der Jagd oder dem Krieg zu tun haben, für erniedrigend halten. Und trotz der Bemühungen der Missionare sowie der riesigen Summen, die die Regierung dafür ausgibt, die Indianer in Reservaten unterzubringen und sie den Ackerbau zu lehren, dürfen die Versuche, sie auf diese Weise zu zivilisieren, fast als ein vollkommener Fehlschlag angesehen werden. Die Ergebnisse stehen in keinem Verhältnis zu den Kosten.

Ihre Vorstellungen von der Größe und Macht der weißen Rasse sind sehr begrenzt, und nachdem ich die Sprache soweit gelernt hatte, daß ich mich mit ihnen unterhalten konnte, habe ich häufig versucht, ihnen die Vorteile der Lebensweise des weißen Mannes nahezubringen. Sie stellten mir eine Menge Fragen, zum Beispiel wieviele Weiße es auf dieser Seite des großen Wassers gebe und wie weit letzteres reiche. Als sie von zwei großen Ozeanen hörten, fragten sie, ob den Weißen das große Land auf der anderen Seite gehöre und ob dort

Indianer lebten. Viele meiner Äußerungen stießen auf Unglauben, und man nannte mich oft eine Lügnerin, vor allem wenn ich über die Größe und die schnelle Vermehrung der weißen Rasse sprach. Manchmal wurden die Älteren böse. Die Jüngeren waren vielfach begierige Zuhörer, und besonders in Mangel- und Hungerzeiten versammelten sie sich um mich, weil sie etwas über den weißen Mann erfahren wollten. Dann gab ich mir Mühe, ihnen zu vermitteln, daß ein festes Zuhause und das Bearbeiten des Bodens besser seien als ihr wildes Umherschweifen.

XX

Eine indianische Tradition – Ankunft im Dorf der Schwarzfußindianer – Ein Angebot, mich zu kaufen, wird entrüstet zurückgewiesen – Ein Yanktonais-Indianer versucht, mich an sich zu bringen

Das Dorf der Schwarzfußindianer war 150 Meilen von den Ogalallas entfernt, und der Weg dorthin führte oft über kahle, sandige Berge.

Auf deren Gipfel fand ich Muscheln wie man sie an der See sammelt. Die Indianer begründeten ihr Vorhandensein, indem sie sagten, daß sich einmal ein großes Meer über dieses Land ergossen habe und nur ein Mann mit seiner Familie in einem Boot entkam. Er segelte umher, bis sich das Wasser wieder zurückzog. Dann blieb er, wo er war, und wurde der Vater aller Indianer.

Diese Wilden erwiesen sich als sehr freundlich mir gegenüber. Obwohl ihr Volk bei den Weißen als sehr rachsüchtig und feindselig gilt, begegneten sie mir nur mit Höflichkeit und Respekt.

Am dritten Morgen erreichten wir ein kleines Dorf, in dem wir Halt machten. Die dort lebenden Indianer waren hocherfreut, mich zu sehen. Unter ihnen entdeckte ich viele vertraute Gesichter. Man zeigte sich argwöhnisch und äußerte die Befürchtung, daß man mich den Ogalallas gestohlen habe. Aber die Schwarzfußindianer versicherten, daß dem nicht so sei. Und nachdem man mich befragt hatte, war man zufrieden. Wir erhielten etwas zu essen, die Zusage, daß Krieger zu unserem Dorf geschickt würden, und ein anderes Pferd.

Die Reise zum Dorf der Schwarzfußindianer war ausgesprochen beschwerlich. Mich erschöpfte sie völlig, so lang wie sie war, und ich litt unter der extrem kalten Witterung.

Als sie auf das Dorf zukamen, ritten sie laut ihre Freude bekundend ein. Sie sangen und schrien nach Art ihrer Rasse. Der damit verbundene Lärm spottete jeder Beschreibung.

Man empfing mich mit großer Freude, und es wurde mir sogar eine gewisse Auszeichnung zuteil. Am Abend gab es ein Fest, und alles deutete darauf hin, daß es angebracht war, froh zu sein.

Mein Leben änderte sich. Ich brauchte niemanden mehr zu bedienen, sondern man bediente mich.

Meine Ankunft im Dorf der Schwarzfußindianer fand an einem für mich sehr traurigen Tag statt, da es sich um meinen ersten Hochzeitstag handelte. Die Gesänge und der Jubel der Indianer wirkten auf mich wie bitterer Hohn angesichts meines Kummers und meiner Hilflosigkeit.

Ich traf in dem Dorf viele Krieger wieder, die ich im Sommer gesehen hatte und von denen ich wußte, daß sie an den Schlachten mit General Sully beteiligt gewesen waren. Sie stellten fest, daß mich etwas traurig und nachdenklich gemacht hatte, und fragten, was es war. Ich antwortete, ich hätte Geburtstag.

Bald nach meiner Ankunft schickte man Egosegalonicha zu mir, die sich erkundigte, wie man mich behandelte, und vor allem wissen wollte, ob man mir mit Achtung begegnete. Sie sagte, daß sie beauftragt sei, Nachforschungen über meine Sicherheit und mein Wohlbefinden anzustellen, und daß jede Nachlässigkeit seitens der Schwarzfußindianer gerächt würde.

Sie teilte mir mit, daß ihr Volk das Fehlen der Gefangenen beklage und sich nach ihrer Gegenwart sehne. Von anderen hörte ich das Gleiche.

Am nächsten Morgen herrschte großer Aufruhr im Lager, der durch das Eintreffen einer Abordnung von Yanktonais-Indianer verursacht worden war, die ein stattliches Pferd mit einem prächtigen Sattel als Geschenk für mich mitbrachten.

Der Sattel war ein exquisites, mit Perlen besticktes und vielen Fransen ausgestattetes Stück.

Die Yanktonais wollten mich kaufen und boten fünf ihrer besten Pferde, was die Schwarzfußindianer ziemlich empörte. Sie antworteten, sie hätten selbst gute Pferde, und gaben das Pferd mit dem Sattel, das sie als Beleidigung auffaßten, zurück. Da sie befürchteten, ich könne enttäuscht sein, beschlossen sie abends im Rat, mir etwas von gleichem Wert zu schenken.

So standen am nächsten Morgen vier ihrer besten Tiere an der Zelttür, und ich erhielt acht wunderschöne Felle, die von den jungen Männern hereingebracht wurden.

Den Yanktonais sagte man, sie sollten zu ihrem Stamm zurückkehren, und wenn noch einmal eine solche Botschaft käme, würde das Kriegsbeil bemalt und ihnen übergeben.

Das war das Ende der Verhandlungen, aber nicht der Bemühungen, meiner habhaft zu werden.

Die hohe Belohnung, die man für meine Rückgabe ausgesetzt hatte, bereitete den Indianern ziemliche Probleme, da sich häufig größere Gruppen von anderen Stämmen einstellten, die mich kaufen wollten. Während ich bei den Ogalallas war, geschah dies mehrfach, und auch den Schwarzfußindianern blieb diese Art von Belästigung nicht erspart.

Eines Tages, als ich mich im Tipi von Großer Soldat aufhielt, sah man, wie sich eine große Truppe berittener Krieger dem Dorf näherte. Die Frauen scharten sich um mich und sagten mir, ich müsse im Zelt bleiben und mich verstecken. Alle waren aufgeregt, und die Frauen schienen Angst zu haben. Bald erfuhr ich, daß Vorbereitungen zu einem großen Fest getroffen wurden. Die fremden Krieger kamen ins Lager und hielten Rat. Dabei äußerte sich Großer Soldat in einer Rede, die ich aus der Entfernung nicht verstehen konnte. Dann wurde ihnen ein Festessen serviert, und sie zogen wieder ab. Die Schwarzfußindianer gaben mir zu verstehen, daß diese Indianer wie die Yanktonais meinetwegen dagewesen seien.

Kurze Zeit später bemerkte ich, daß täglich Gruppen von Kriegern das Lager verließen und mit Munition sowie verschiedenen anderen Sachen zurückkehrten. Ich hörte von den Squaws und Kindern, daß Händler vom Platte mit vier Wagen in der Nähe eingetroffen seien, um mit den Indianern Handel zu treiben, und daß sie mich kaufen wollten. Aber die Indianer waren nicht bereit, sich von mir zu trennen. Ich gab vor, daß ich nicht die Absicht hätte, sie zu verlassen, bat aber inständig darum, mit ihnen die weißen Männer aufsuchen zu dürfen, was man mir ebenso verweigerte wie das Schreiben eines Briefes an sie.

Bald darauf wurden die Händler ermordet. Nur einer entkam und war, als er Fort Laramie erreichte, fast tot vor Hunger und wegen des Wetters, da er die ganze Strecke vom Missouri zum Fort zu Fuß zurückgelegt hatte.

Inzwischen habe ich erfahren, daß die Männer von Mr. Beauve, einem Händler in der Gegend von Fort Laramie, geschickt worden waren und Anweisung hatten, meine Freilassung zu bewirken, auch wenn es sie alles kostete, was sie besaßen.

Seit ich all dies wußte, war ich mehr denn je davon überzeugt, daß die Indianer mich nicht hergeben wollten, weil sie hofften, mit meiner unfreiwilligen Hilfe Fort Sully erobern und sich eine größere Beute als jedes angebotene Lösegeld verschaffen zu können. Außerdem waren sie wohl auch darauf aus, sich für die Verluste, die ihrem Volk von den Soldaten unter General Sully zugefügt worden waren, zu rächen.

Die Schwarzfußindianer schienen dem Stamm, den ich verlassen hatte, in jeder Hinsicht überlegen. Der Häuptling, Großer Soldat, benahm sich, was seine Umgangsformen und sein Verhalten anbetraf, wie ein geborener Gentleman.

Sie hielten den Anschein von Freundlichkeit aufrecht und kommunizierten häufig mit den Weißen. Aber in Wirklichkeit waren sie bereit, sich an jeder feindlichen Expedition gegen sie zu beteiligen, und hatten gemeinsame Sache mit den Ogalallasioux gemacht, als unser Treck am Box Elder überfallen wurde.

Es sah so aus, als seien sie in ihrem Dorf seßhaft und verließen es nur in kleinen Gruppen, um zu rauben und wegen der Pferde. Während meines Aufenthalts fanden im Tipi des Häuptlings eine Reihe von Veranstaltungen statt, wobei das ständige Eintreffen von Kriegern und vieler Indianern von anderen Stämmen, die herzlich willkommen geheißen wurden, die Tage noch aufregender machte.

Ich hatte Mitleid mit der armen Häuptlingsfrau, die, von mir abgesehen, die einzige Frau im Zelt war und die ganze mit den Festen verbundene Arbeit zu bewältigen hatte.

Sie mußte das Fleisch zubereiten, die Feuer anzünden, Wasser holen, Fremde bedienen und auch noch die Hütte in Ordnung halten.

Bei dieser fortwährenden Mühsal war sie ganz auf sich gestellt – der Häuptling hatte angeordnet, daß ich ihr nicht helfen durfte.

Als ich bei den Ogalallas war, hatte ich mich nie deren Willen widersetzt oder mich gegen meine Aufgaben gesperrt, egal wie schwer sie waren. Ich hatte gelernt, daß Gehorsam und fröhlicher Arbeitseifer sehr geschätzt wurden. Und es war zweifellos meiner Versöhnlichkeit zu verdanken, daß ich die Indianer schließlich für mich gewinnen konnte und sie meinen Verlust so bitter beklagten.

Die Squaws sind ziemlich rebellisch und legen oft ein heftiges, unbeherrschtes Temperament an den Tag. Sie empfinden ihr Leben als Knechtschaft. Manchmal werden sie wie Tiere geschlagen und treffen auf keinerlei Mitgefühl. Das wirkt sich natürlich aus.

Der Gegensatz zwischen ihnen und meiner geduldigen Fügsamkeit hatte bei den Indianern Eindruck gemacht und dazu geführt, daß sie mich vermißten, als ich nicht mehr bei ihnen war.

Während meines Aufenthalts in diesem Dorf wurde ich zu jedem Fest und in die einzelnen Hütten eingeladen. Als ich eines Tages in einer derselben zu Besuch war, übergab man mir ein Päckchen Briefe, die ich lesen sollte. Sie stammten von Captain Fisks Treck und waren rührend schön. Bei einigen handelte es sich um die Korrespondenz eines Mr. Nichols mit einer jungen Dame, der er zärtlich verbunden zu sein schien. Man bat mich, diese Briefe vorzulesen und zu erklären.

Ich wurde mehrfach, wohl aus Gründen der Geheimhaltung, umquartiert, als ich hörte, daß die Yanktonais es immer noch nicht aufgegeben hatten, sich meiner zu bemächtigen. Trotzdem wachte ich eines Nachts auf und sah, wie sich ein Indianer über mich beugte und die Felle durchtrennte, in die ich gehüllt war, nachdem er sich mit einem großen Schnitt in er Zeltwand Einlaß verschafft hatte. Ich wagte es nicht, mich zu bewegen, faßte aber mit der Hand nach der Squaw, die neben mir schlief (Ihr Name war Chahompa Sca — Weißer Zukker.), und kniff sie, um sie zu wecken, und zwar mit Erfolg. Sie sprang sofort auf und schlug Alarm, worauf der Indianer floh. Dieser Zwischenfall verursachte große Aufregung im Lager, und es wurden viele Drohungen gegen die Yanktonais ausgestoßen.

Die kalten, unbändigen Stürme, die auf meine Ankunft bei den Schwarzfußindianern folgten, schlossen einen sofortigen Antritt der geplanten Reise nach Fort Sully aus.

Schneeverwehungen hatten die Bergpässe unüberwindbar gemacht, und der Häuptling teilte mir mit, daß sie warten müßten, bevor sie gefahrlos den Schutz und die Sicherheit ihres Dorfes aufgeben könnten.

XXI

Das Erscheinen von Springendem Bär – Ich kann ihn dazu bewegen, einen Brief zum Fort zu bringen – Eine Kriegsrede – Geplanter Verrat – Eine Zusammenfassung unserer Reise zum Fort – Ein ungewöhnliches Treffen mit einem Weißen – »Ist Richmond gefallen?« – Unsere Ankunft im Fort – Ich bin frei

Springender Bär, der mich vor dem Pfeil des rachsüchtigen Indianers, dessen Pferd der Häuptling erschossen hatte, bewahrte, meldete sich eines Tages bei mir und erinnerte mich daran, daß ich in seiner Schuld stand, weil er mir das Leben gerettet habe.

Zitternd vor Angst hörte ich mir sein Bekenntnis zu mehr als gewöhnlichen Gefühlen an, in dessen Verlauf er mir versicherte, daß ich ihn nicht zu fürchten brauche – daß er die weiße Frau immer gemocht habe und mir mehr als ein Freund sein würde.

Ich antworte, daß ich keine Angst vor ihm hätte, daß ich ihm dankbar sei für seine Freundlichkeit und seinen Schutz, daß mich aber nichts dazu veranlassen könne, ihn anzuhören, wenn er seine Freundschaft mir gegenüber nicht unter Beweis stellte.

»Willst du einen Brief zu meinen Leuten im Fort bringen und ihn dem großen Häuptling dort übergeben? Sie werden dich dafür belohnen, daß du so nett zu ihrer

Schwester bist. Du erhältst viele Geschenke und kehrst als reicher Mann zurück.«

»Ich traue mich nicht«, antwortete er. »Auch könnte ich nicht zurücksein, bevor die Krieger zu unserem Dorf kommen.«

»Meine Leute werden dir ein schnelles Pferd geben«, sagte ich. »Dann bist du bald wieder da. Geh' jetzt, und beweise deine Freundschaft, indem du diesen Brief ablieferst und mit deinen Belohnungen zurückkehrst.«

Ich versicherte ihm, daß der Brief nichts enthielt, was ihm oder seinen Leuten schaden könnte, sondern daß ich über ihn, seine Freundlichkeit und seinen guten Willen berichtet hätte. Nach vielen langen Gesprächen und nachdem die Frauen in der Hütte ihren Einfluß geltend gemacht hatten, konnte ich ihn letzten Ende dazu bewegen loszureiten, und während ich den strahlenden Mond als Zeugen für mein Ehrenwort und dafür, daß ich die Wahrheit sagte, anrief, machte er sich mit dem Brief, von dem ich glaubte, daß er mein Schicksal zu Wohl oder Wehe besiegeln würde, auf den Weg. Im Mondlicht beobachtete ich, wie er entschwand, und flehte zum Himmel, er möge mir die sichere Aushändigung des kleinen Boten, von dem soviel abhing, gewähren.

Was für ein verwegenes, abenteuerliches Unterfangen! Sollte Springender Bär sich als falsch erweisen und den Brief jemandem außerhalb des Forts zeigen, dann war mein Tod unausweichlich.

Es vergingen viele Tage voller Besorgnis, nachdem er abgereist war. Die Squaws, die befürchteten, ich hätte einen Fehler gemacht, als ich ihn losschickte, stellten ständig Fragen. Nur mit Mühe konnte ich sie beruhigen und daran hindern, daß sie das Geheimnis den anderen Frauen verrieten.

Der Brief warnte den Großen Häuptling und die Sol-

Springender Bär schwört mir beim Mond, meinen Brief zum weißen Häuptling in Fort Sully zu bringen.

daten davor, daß ein Angriff auf das Fort und ein Blutbad für die Garnison geplant sei, wobei ich als Vorwand für den Einlaß dienen sollte. Außerdem bat ich dringend darum, wenn möglich befreit zu werden.

Der Bote erreichte das Fort und wurde von dem diensttuenden Offizier, Lieutenant Hesselberger, empfangen und zum Kommandanten des Postens, Major House, sowie Adjutant Pell geführt, den man vor Ort gelassen hatte, weil er mit den Indianern über mich verhandeln sollte.[2])

General Sully hielt sich in Washington auf, aber es wurden sämtliche Vorkehrungen getroffen, um das Fort zu sichern.

Springender Bär erhielt einen Satz Kleidung sowie ein paar Geschenke, bevor man ihn mit einem Brief für mich zurückschickte. Den Brief habe ich nie gesehen, da ich Springendem Bär nicht mehr begegnet bin. Nach meiner Ankunft in Fort Sully habe ich davon erfahren.

In der Nacht vor unserem Aufbruch aus dem Dorf der Schwarzfußindianer zum Fort lag ich wach und hörte, wie der Häuptling mit seinen Männern ernsthaft über das Unrecht sprach, das die Weißen ihnen zugefügt hatten. Ich beherrschte die Indianersprache inzwischen gut. Daher verstand ich seine Rede, die, soweit ich mich erinnern kann, wie folgt lautete:

»Freunde und Söhne, hört mich an. Ihr seid große und mächtige Vertreter unseres Volkes. Die minderwertige Rasse, die unsere Rechte geschmälert und Übergriffe auf unsere Territorien vorgenommen hat, verdient es,

---

[2]) Eine schriftliche Bestätigung von Lieutenant Hesselberger, die besagt, daß ich diesen Warnbrief geschrieben und geschickt habe und daß die Garnison von Fort Sully dadurch eindeutig vor einem Massaker bewahrt blieb, liegt im Finanzministerium in Washington. Am Ende dieser Geschichte ist eine beglaubigte Kopie davon abgedruckt.

gehaßt und vernichtet zu werden. Diese Eindringlinge kamen zu uns, und wir nahmen sie bei der Hand. Wir glaubten, daß sie Freunde seien und die Wahrheit sagten. Aber sie haben uns gezeigt, wie falsch und grausam sie sein können.

Sie bauen Forts, um darin zu leben und mit ihren großen Gewehren daraus zu schießen. Unsere Leute fallen durch sie. Unser Wild wird aus den Bergen vertrieben. Unsere Frauen werden uns weggenommen oder dazu gebracht, unsere Hütten zu verlassen. Dann ist man ungerecht zu ihnen und hintergeht sie.

Es ist erst vier oder fünf Monde her, daß sie uns zur Verzweiflung getrieben, unsere Brüder getötet und unsere Tipis verbrannt haben. Die Indianer schreien nach Rache! Die Weißen kennen keine Wahrheit und keine Freundschaft. Ihre Worte sind falsch und böse.

Begegnet ihnen genauso. Zeigt kein Erbarmen. Sie sind nur wenige, wir sind viele. Wetzt eure Messer, spannt eure Bögen, schärft den Tomahawk, und ladet das Gewehr.

Sie sollen sterben, diese Kerle, die unser Land gestohlen haben, und wir werden wieder frei über den Boden unserer Väter ziehen können. Wir wollen stolz aus der Schlacht zurückkehren. Unsere Gesänge sollen in den Bergen erklingen und jedes Tipi mit den Skalplokken unserer Widersacher behängt sein.«

Diese feindselige Erklärung wurde mit beifälligem Grunzen aufgenommen, und die Vorbereitungen für den Krieg gingen im stillen weiter, damit ich nichts von den üblen Plänen, die sich hinter der Maske der Freundschaft verbargen, merkte.

In jener Nacht verprügelte der herablassende Häuptling seine arme müde Squaw mitleidslos, weil sie über ihre nie enden wollende Arbeit und die schweren

Aufgaben murrte. Es war so, als wolle er sich auf das, was er im Sinn hatte, einstellen.

Mir gegenüber war er so höflich, als sei er in der Zivilisation aufgewachsen. Ja, wenn in der Rede vor seinen Leuten nicht soviel Ignoranz hinsichtlich der Größe und Macht des amerikanischen Volkes deutlich geworden wäre, dann hätte ich ihn für einen gebildeten Indianer gehalten, der unter Weißen gewesen war. Doch in der brutalen Behandlung seiner Squaw setzte sich seine barbarische Natur durch und erinnerte mich daran, daß ich mich, obwohl man besser mit mir umging als zuvor, immer noch unter Wilden befand.

Als auf meine schlaflose Nacht der Morgen folgte, erhob ich mich, immer noch fürchtend, daß etwas Schreckliches geschehen könnte, das meine ersehnte Reise zu den Aufenthaltsorten der Weißen verhinderte.

Am Tag, bevor ich das Dorf der Schwarzfußindianer verließ, schenkte ich meine ganzen indianischen Schmucksachen einem kleinen Mädchen, das meine ständige Gefährtin gewesen war und durch sein sanftes, rührendes Interesse an der gefangenen weißen Frau in mir so etwas wie Liebe geweckt hatte. Es war halb weiß und die Enkelin eines Häuptlings namens Wichunkiapa, der mich auch freundlich behandelte.

Am Morgen nach der Ansprache des Häuptlings an seine Krieger waren die Wilden alle reisefertig. Sie stimmten, während sie eilends auf ihre Pferde stiegen, ihren Abschiedsgesang an und ritten in einer langen Kolonne aus dem Dorf.

Seit ich mich wieder in der Zivilisation aufhalte, bin ich oft gefragt worden, wie ich mich während meiner Zeit bei den Indianern angezogen und ob ich das Gleiche wie die Squaws getragen habe. Wenn ich Ihnen beschreibe, wie ich an jenem Morgen, als ich aus dem Indianerdorf ritt, aussah, kann ich Ihre Neugier in diesem Punkt wohl befriedigen.

Ich hatte ein schmales, aus nur zwei Stoffbahnen bestehendes weißes Baumwollkleid an, das bis unters Knie reichte und in der Taille von einem roten Tuch zusammengehalten wurde. Mit Perlen und Stachelschweinborsten bestickte Mokassins an den Füßen sowie ein über die Schultern geworfenes Fell vervollständigten meine Garderobe.

Bei den Ogalallas trug ich schwere Messingreifen an den Armen, die man mir mit Gewalt angelegt hatte und von denen einige so eng waren, daß sie ernsthaft einschnitten und Narben hinterließen, die ich für immer behalten werde als Erinnerung an meine Erfahrung mit Indianerschmuck. Ich war auch angemalt wie die Squaws, aber nie freiwillig.

Es war Winter, und es lag Schnee. Aber die Luft war so kalt, daß er die Pferdehufe auf seiner harten, glitzernden Oberfläche trug und nur gelegentlich tief einbrach.

Vom Dorf der Schwarzfußindianer nach Fort Sully waren es 200 Meilen, mitten im Winter, und es herrschte große Kälte, worunter ich, so schlecht bekleidet wie ich war, stark litt. Einen großen Teil des Weges mußte ich laufen, damit ich nicht erfror. In der Hoffnung auf Rettung, doch gleichzeitig fürchtend, daß der hinterhältige Plan der Indianer, das Fort zu erobern und die Garnison niederzumachen, vielleicht in Erfüllung ging und ich in die Gefangenschaft zurückkehren müßte, kämpfte ich mich voran, darauf bedacht, die seelischen und körperlichen Leiden, die mir zu schaffen machten, geduldig zu ertragen. Meine größte Not war, daß mein Brief nicht in die richtigen Hände gelangt sein könnte.

Auf unserer Reise kamen wir zu einigen Hütten. Dort im Wald schlugen wir unser Nachtlager auf. In einer der

Hütten trat mir zu meiner Überraschung so etwas wie ein Gentleman in moderner Kleidung entgegen. Ich war erstaunt, einen so gekleideten Mann mit guten Umgangsformen unter so merkwürdigen Umständen vorzufinden. Er kam näher und sprach mich höflich an.

»Das Wetter ist ziemlich kalt zum Reisen. Nicht wahr?« fragte er.

»Nicht wenn einen die Reise in die richtige Richtung führt«, antwortete ich.

Ich fragte ihn, ob er in der Gegend zu Hause sei, denn ich nahm natürlich an, daß, wenn sich ein Weißer in unserem Lager aufhielt, ein Fort oder Handelsposten beziehungsweise eine weiße Siedlung in der Nähe sein müsse.

Er lächelte und sagte: »Ich lebe in den Bergen und gebe zu, daß die Zivilisation keinen Reiz für mich hat. Ich finde in der Freiheit und in der Natur alles, was ich brauche, um glücklich zu sein.«

Da ich über die Entwicklung unserer Staatsangelegenheiten nichts mehr gehört hatte seit der Kampf, der unser Land bewegte, sich auf dem Höhepunkt befand, fragte ich: »Ist Richmond eingenommen worden?«

»Nein, und das wird auch nie geschehen«, lautete die Antwort.

Unsere weitere Unterhaltung über dieses Thema überzeugte mich davon, daß er ein gestandener Anhänger des Südens war.

Wir sprachen lange miteinander über unterschiedliche Dinge. Er erzählte mir, daß er seit 14 Jahren bei den Indianern lebe, in St. Louis geboren sei, eine Indianerin zur Frau habe und mehrere Kinder, auf die er sehr stolz sei. Er war mit seiner Lebensweise scheinbar rundum zufrieden.

Ich hatte meine Formulierungen ihm gegenüber sehr

vorsichtig gewählt, für den Fall, daß er sich als Verräter erweisen sollte. Aber in unserem Gespräch rutschten mir ein paar indianische Wörter heraus, die mitgehört wurden und per Gerücht Unheil stifteten. Was ich gesagt hatte, wurde von Hütte zu Hütte getragen und eher hoch- als heruntergespielt, bis es wieder in meiner Hütte ankam. Die Indianer vertrauten mir nicht mehr. Sie schickten die jungen Männer um Mitternacht in das Lager des weißen Mannes, um herauszufinden, was ich gemeint hatte und ihnen gegenüber empfand.

Er versicherte den Boten, daß ich absolut freundlich sei, nur Nettes über sie von mir gegeben und nichts zu klagen habe. Dies seien meine Äußerungen gewesen, und es gebe keinen Anlaß zu Sorge.

Dieser Mann handelte mit den Indianern und verkaufte seine Waren in St. Louis sowie in Städten des Ostens. Er war auf dem Weg zur Mündung des Yellowstone-Flusses, wo er wohnte.

Am frühen Vormittag des letzten Reisetages stellten meine begierigen Augen fest, daß wir uns dem Fort näherten. Die Indianer legten eine Pause ein und stiegen von den Pferden, um ihre Kleidung in Ordnung zu bringen und nach ihren Waffen zu sehen. Die Decken und Felle wurden zurechtgerückt, die Bogen gespannt und die Gewehre sorgfältig geprüft. Dann teilten sie sich in Gruppen zu 50 Mann auf, von denen sich mehrere in den Bergen versteckt hielten, um jeden abfangen zu können, der dem vorgesehenen Massaker im Fort entkam. Die anderen ritten auf das Fort zu und nahmen mich mit.

Ein mich schmerzlich bewegender Anblick (der letzte, dem ich ausgesetzt sein sollte) bot sich hier meinen Augen. Einer der Krieger streckte im Vorbeireiten die Hand aus, um mich zu grüßen. Sie saß in einem Hand-

Meine Ankunft in Fort Sully

schuh meines Mannes. Dieses Erinnerungsbild erfüllte mich mit unsagbarer Angst um sein Schicksal. Nichts, was auch nur irgendwie mit ihm in Verbindung stand und Aufschluß über seinen Verbleib oder darüber, ob er noch lebte oder tot war, hätte geben können, war durchgesickert, seit man uns so plötzlich und grausam getrennt hatte. Alles, was ihn betraf, war in Dunkelheit und Zweifel gehüllt.

Mr. Kelly war Soldat der Nordstaaten gewesen. Als ich in Gefangenschaft geriet, hatte ich zufällig seine Entlassungspapiere bei mir, die ich die ganze Zeit verstecken konnte und hütete, bloß weil sie einst ihm gehört hatten und seinen Namen enthielten.

Nun, da wir uns dem Ort näherten, an dem mir sein Schicksal geoffenbart werden und wir, wenn er noch lebte, uns wiedersehen würden, wirkte der Handschuh an der Hand des Wilden wie ein Akkord, der viele Saiten anschlug – einige wohlklingend und voller Hoffnung, andere unangenehm schrill und beängstigend.

Mein Äußeres hatte, da ich so lange ohne ein richtiges Zuhause war, gelitten. Ich hatte mich jeden Tag wie meine Gefährtinnen anmalen müssen und war nur knapp der Tätowierung entgangen, indem ich jedesmal, wenn man zu den Instrumenten für diese entstellende Maßnahme griff, so tat, als fiele ich in Ohnmacht.

Auf der Reise nahm ich mir, wann immer sich die Gelegenheit dazu bot, eine Handvoll Schnee, um meine Wangen von den wilden Verzierungen zu befreien. Und nun, da wir uns dem Fort näherten und ich sah, wie die Häuptlinge sich zurechtmachten, um Wirkung zu erzielen, begann mein Herz heftig zu klopfen, und ich war so von Erwartung erfüllt, daß es weh tat.

Acht Häuptlinge, von denen einer mein Pferd am Zügel führte, ritten voran und die Krieger hinterher. Die Kavalkade war beeindruckend. Als wir auf das Fort zuritten, stimmten sie ihren Kriegsgesang an, der in der stillen Winterluft laut und gefährlich klang. Doch wie eine Antwort darauf ging die glorreiche Flagge unseres Landes hoch und flatterte kühn im Wind an dem großen Fahnenmast innerhalb des Forts.

So wie meine Augen dieses schönen Bildes ansichtig wurden, tat mein Herz einen gewaltigen Freudensprung. Es war, als ob mir etwas in die Kehle stieg und mir den Atem nahm. Alles hatte sich geändert: die quälende Spannung, die ganze Angst und die unguten Gefühle, sie alle schienen sich aufzulösen wie Dunst im morgendlichen Sonnenschein, als ich dieses kostbare Symbol der Freiheit erblickte. Wie bedeutungslos und verachtenswert waren dagegen doch die protzigen Fahnen der Indianer, die man mir so lange gezeigt hatte. Und wie mein Herz bebte bei der Aussicht auf Sicherheit und Schutz, als ich die Dächer der Gebäude im Fort sah, auf denen die tapferen Männer, die diese kleine Garnison bildeten, standen.

Das kostbare Symbol der Freiheit, dessen geliebte Sterne und Streifen stolz dahinschwebten, schien mich, Erlösung und Sicherheit versprechend, herbeizuwinken. Und als die frische Brise seine Falten glättete und es sich im Morgenlicht leicht hin- und herbewegte, war mir, als würde ich mit einem liebevollen Lächeln und einer zärtlichen Stimme zugleich zu Hause und wieder im Glück willkommen geheißen.

Ein indianischer Schmarotzer des Forts war ein paar Minuten zuvor gleichgültig tuend und anscheinend aus Neugier auf uns zugeschlendert. In Wirklichkeit aber versorgte er die anderen Wilden mit Informationen über das Fort und seine Verteidigungssituation.

Dann wurde das Tor geöffnet, und Major House, begleitet von mehreren Offizieren sowie einem Dolmetscher, erschien und empfing mit großer Höflichkeit die voranreitenden Häuptlinge.

Parallel dazu ging Captain Logan (der diensttuende Offizier), ein Mann, dessen nettes und mitfühlendes Wesen seinem Alter und Rang zur Ehre gereichte, auf mich zu. Ich kann nicht beschreiben, was ich empfand, nun, da ich der Rettung doch so nahe war. Schließlich übermannten mich meine Gefühle. Ich hatte Kummer, Schrecken und Entbehrungen ertragen. Aber die Freude darüber, wieder bei meinem Volk zu sein, war so gewaltig, daß ich fast die Sprache verlor bzw. mich kaum rühren konnte, und als ich leise murmelte: »Bin ich frei, wirklich frei?«, entnahm ich die Bestätigung sowohl Captain Logans Tränen als auch seinem knappen »Ja«, denn er wußte, was Freiheit bedeutete für jemanden, der die Grausamkeit der Gefangenschaft und bittere Verzweiflung kennengelernt hatte.

Sobald sich die Häuptlinge, die mich begleitet hatten, innerhalb des Forts befanden, befahl der Kommandant mit donnernder Stimme, das Tor zu schließen.

Die Schwarzfußindianer waren ausgeschlossen und konnten mich nicht wieder einfangen. Nach über fünfmonatiger Gefangenschaft, in der ich alle nur erdenklichen Qualen gelitten hatte, war ich wieder frei und unter Angehörigen meiner Rasse, die mir alle helfen und mich in die Arme meines Mannes zurückführen wollten.

Drei Damen, die im Fort wohnten, nahmen sich meiner an und ließen mir frohen Herzens alles angedeihen, was zu meinem Wohlbefinden beitragen konnte und dazu, daß ich mich von den Strapazen der Vergangenheit erholte.

XXII

Rückblick — Ein Grenzhandelsposten — Die Gastfreundschaft einer Garnison — Ein Besuch des Kommandanten von Fort Rice — Die Ankunft meines Mannes — Eine ergreifende Szene

Am Anfang und gelegentlich noch einige Zeit danach zehrten die Auswirkungen meines Lebens unter den Wilden an meiner Seele und störten deren ruhige Harmonie. Ich fühlte mich unbehaglich unter meinen neuen Freunden, und sie sagten mir, daß ich einen seltsam scheuen Ausdruck in den Augen hätte wie jemand, der ständig vor irgend etwas auf der Hut ist.

Als ich wieder frei und unter zivilisierten Menschen in Sicherheit war, dachte ich zurück an die schreckliche Vergangenheit mit Gefühlen, die sich nicht beschreiben lassen.

Die Vorstellung, daß meine sterbliche Hülle in der Einöde zurückgeblieben wäre, wo die Wölfe sie hätten verschlingen können und die Knochen von der Sommersonne und den Winterfrösten gebleicht worden wären, hatte mir große Schmerzen bereitet. Nun wußte ich, daß, wenn der müde Geist seine irdische Wohnstatt verlassen sollte, der Leib von christlichen Freunden versorgt und liebevoll unter Gras und Blumen gebettet werden würde, was mein Herz erfreute.

Hunger und Durst, lange Tage der Entbehrung und des Leids hatte ich erlebt, und es hatte keine freundliche Stimme gegeben, die mich hätte aufheitern können. Alles war still und hoffnungslos gewesen. Doch das hatte sich nun geändert, und der Allwissende, dem kein Gedanke verborgen bleibt, wußte, wie froh und dankbar ich deswegen war.

In den letzten paar Wochen meiner Gefangenschaft hatten die Indianer wohl für mich getan, was sie konnten und wozu sie in der Lage waren. Auch die Frauen waren sehr nett zu mir gewesen. Aber ihr Volk war nicht mein Volk, und man hielt mich gefangen, weitab von daheim, meinen Freunden und der Zivilisation.

Analog zu Alexander Selkirk könnte ich sagen: »Es ist besser, ein einfaches, unruhiges Zuhause zu haben als an einem schrecklichen Ort zu herrschen.«

Da ich noch jung, recht unbeschwert und flexibel war, gelang es mir, Prüfungen, wie sie ein Mensch fast nicht ertragen kann, auszuhalten.

Bald nach meiner Ankunft im Fort besuchte mich Captain Pell und teilte mir mit, ich könne mir in dem Geschäft eines Händlers ein Kleid kaufen. Ich brauchte es dringend, da ich nichts Eigenes zum Anziehen hatte.

Eine freundliche Dame, Mrs. Davis, begleitete mich. Den Anblick, der sich meinen erstaunten Augen dann bot, werde ich nie vergessen.

Auf den Stufen, in den Vorbauten und überall hielten sich hungrige Indianer jeden Alters und beiderlei Geschlechts auf, die vorgaben, freundlich zu sein.

Einige von ihnen hatten alle möglichen unwichtigen Kleidungs- sowie Schmuckstücke angelegt und ließen ernsthaft an Sauberkeit zu wünschen übrig, was für die Indianer im Nordwesten typisch ist.

Da gab es jede Menge Halbblutkinder. Einige waren völlig nackt und andere leicht in ein Stück Kattun, Wollstoff oder Fell gehüllt.

Spekulanten, Fuhrleute und Dolmetscher mischten sich unter die Soldaten der Garnison. Squaws mit ihren leuchtenden Schals oder roten Tüchern nahmen in ihren zusammengeknüpften Decken die Grenzhandelsprodukte wie Zucker, Reis, Mehl und andere Dinge entgegen. Große Krieger beugten sich über dieselbe Theke und kauften Tabak, Messingnägel, Messer und Glasperlen, wobei alle ihre Gedanken aussprachen und ein Fremder sich hätte fragen können, wer sich wohl am besten auszudrücken wußte. Die Cheyennes ergänzen ihre Worte mit lebhaften Gesten, während die Sioux sich reichlich der Zunge sowie der Arme und Finger bedienen.

Für alle, ob es sich nun um ein Halbblut, einen Indianer oder einen Weißen handelte, fand der sich wie ein Gentleman verhaltende Händler nette und geduldige Aufmerksamkeit, wobei er und seine Angestellten willens und in der Lage schienen, je nach Bedarf Sioux, Französisch oder Englisch zu sprechen.

Es war der 12. Dezember, als ich das Fort erreichte, und nach dem, was ich bei den Wilden durchgemacht hatte, kam es mir wie der Himmel vor. Die Offiziere sowie die anderen Männer waren wie Brüder zu mir, und ihre mitfühlende Anteilnahme ließ mich zu ihnen eine ganz starke, den Tod überdauernde Freundschaft entwickeln.

Nur mir zu Ehren gaben sie eine Gesellschaft mit Abendessen, und am Neujahrsmorgen brachten sie mir mit der Kanone ein Ständchen. Es wurden mir alle nur erdenklichen Aufmerksamkeiten und Wohltaten zuteil, und Dr. John Ball, dem Arzt des Postens, verdanke ich so viel, daß ich es nicht in bloße Worte fassen kann. Er hat mich während meines Aufenthalts im Fort betreut, und da ich unter sehr ernsthafter körperlicher Auszehrung litt, bedurfte ich intensiver Pflege. Dank seiner kundigen Behandlung und Geduld wurde ich bald wieder gesund und kräftiger. Gegen Ende meiner Reise mit den Indianern zum Fort hatte ich mir schwere Erfrierungen zugezogen.

Colonel Diamond von Fort Rice kam mich besuchen, bevor ich Fort Sully verließ. Dabei wurde er von einer 180 Mann starken Eskorte begleitet.

Er berichtete mir von seinen Bemühungen um meine Freilassung und daß er mit seinen Leuten das Indianerdorf nach mir durchsucht, aber keine Krieger vorgefunden habe, da diese mich bereits zum Fort gebracht hatten. Von den Indianerfrauen war ihm durch Zeichen zu verstehen gegeben worden, daß die weiße Frau mit den Häuptlingen davongeritten sei.

Er erzählte, daß die Indianer so wütend über meine Herausgabe gewesen seien, daß sie auf Befehl des Häuptlings Ottawa, der, da er verkrüppelt war, selbst keine Hand mehr anlegen konnte, drei seiner Männer umgebracht und skalpiert hätten. Ottawa hieß die Betreffenden, ihm die Skalps der Weißen zu übergeben.

Ein Indianer, der einen der drei getötet hatte, fiel am selben Tag in seiner Hütte tot um, was seine Leute nicht im geringsten erschreckte, denn in ihrem Aberglauben hielten sie diesen Vorfall für eine Heimsuchung durch den Großen Geist infolge eines begangenen Unrechts.

Colonel Diamond hat mich nicht vergessen und sich immer wieder für mich eingesetzt.

Die ganze Zeit über wußte ich nichts von meinem Mann. Aber eines Tages geriet das Fort in heftige Bewegung durch die Nachricht, daß die Postkutsche auf dem Weg war und in wenigen Augenblicken eintreffen würde. Kurz darauf trat ein Soldat an mich heran und sagte: »Mrs. Kelly, ich habe Neuigkeiten für Sie. Ihr Mann ist in dem Wagen.«

Niemand kann sich auch nur im entferntesten vorstellen, was für überwältigende Gefühle mich bei dieser so wichtigen und überraschenden Mitteilung wie eine Lawine überkamen, wobei ich mir jedoch nach außen hin nichts anmerken ließ. In meinem Innern wurden die tiefsten Saiten angeschlagen, ohne daß sie einen Ton von sich gaben. Durch die starken Empfindungen zum Zittern und Beben gebracht gaben sie dennoch nichts preis von dem tiefen Schmerz und der großen Freude, die in ihnen zusammentrafen.

Mechanisch ging ich umher, auf die Ankunft des Geliebten wartend, der mich bald schon an seine Brust gedrückt hielt, und zwar so fest als befürchtete er, ich könne ihm noch einmal entrissen werden.

Es gab kein Auge, das nicht in Tränen schwamm. Die Soldaten und anderen Männer, die Damen, die wie Freundinnen zu mir gewesen waren, sie alle weinten und beteten. Mit Worten läßt sich unsere Begegnung nicht beschreiben. Sieben lange Monate waren wir getrennt gewesen und hatten uns das letzte Mal an dem schrecklichen Ort gesehen, wo Mord und Tod über uns hereingebrochen waren.

Oh! Wie sehr hatte er sich doch äußerlich verändert! Sein Gesicht war schrecklich blaß und sein braunes Haar grau durchsetzt. Nur seine Stimme klang noch so wie früher. Er nannte mich bei meinem Namen, und noch nie hatte es sich so schön angehört. Er schien in tiefster Seele von Trauer über unsere Trennung und die entsetzlichen Umstände, die dazu geführt hatten, erfüllt zu sein.

Meine erste Frage betraf meine kleine Mary, denn ihr Schicksal lag im Dunkeln. Er schilderte mir ihre Beerdigung. — Es war eine schlimme, herzzerreißende Geschichte, die selbst das unbeschwerteste Gemüt erstarren lassen dürfte. Ich habe sie zum Thema des folgenden Kapitels gemacht.

XXIII

Das traurige Schicksal von Klein-Mary

Der Leser möge sich bitte mit mir an jene erste beängstigende Nacht meiner Gefangenschaft erinnern und an den Augenblick, in dem ich meinen Plan für die Flucht der lieben kleinen Mary, die — darum betete ich — damit enden könnte, daß sie wieder zu unseren Freunden gelangte, in die Tat umsetzte.

Es muß etwas mehr als eine unbestimmte Ahnung, die Freiheit zu verlieren oder zu gewinnen, gewesen sein, was die schwachen Füßchen des Kindes auf den Weg zurücklenkte bis zu einem die Straße überragenden Felsen, wo es, von der Anstrengung sowie dem Schrekken einer allein in der Prärie verbrachten Nacht ermattet, gespannt aber voller Hoffnung saß und darauf wartete, daß Freunde vorbeikämen.

Die Rettung schien ziemlich nahe zu sein, nun da Mary die große Straße erreicht hatte, denn über kurz oder lang — das wußte sie — würde ein Auswanderertreck passieren.

Das war die Situation, in der sie von ein paar vorbeireitenden Soldaten gesehen wurde. Sie streckte ihnen in freudiger Erwartung die zitternden Händchen entgegen und flehte sie an, sie zu retten.

Es handelte sich um nur drei oder vier Soldaten, die von Fort Laramie zurückkehrten, wo sie den Zahlmeister aufgesucht hatten. Am Tag zuvor waren sie von Indianern verfolgt worden. Sie hatten auch die Stelle passiert, an der unser Treck vernichtet worden war, und glaubten, die Gegend wimmele von Indianern. Deshalb waren sie auf der Hut, und da sie fürchteten, die kleine Gestalt auf der fernen Anhöhe könnte ein Köder sein, mit dem sie in eine Falle gelockt werden sollten, zögerten sie mit dem Heranreiten. Es lag nämlich eine große Senke zwischen ihnen, die sich die Soldaten verständlicherweise in ihrer Phantasie als von lauernden Wilden bevölkert vorstellten. Doch wollten sie zur Erleichterung des kleinen Mädchens die Schlucht gerade durchqueren, als eine Gruppe von Indianern auftauchte. Nunmehr davon überzeugt, daß es sich um einen Köder handelte, drehten sie ab und flohen.

Nachdem sie wieder im Fort Deer Creek angekommen waren, berichteten sie über den Vorfall. Mr. Kelly, der bald darauf eintraf, hörte davon, und bei der Beschreibung des Kindes sank ihm das Herz, denn er glaubte, darin unsere kleine Mary erkannt zu haben.

Er wandte sich an den kommandierenden Offizier und bat um eine Abordnung von Soldaten, die ihn auf der Suche nach ihr begleiten sollten. Aber all sein Bitten und Argumentieren führten zu nichts.

Was für Qualen das arme Kind gelitten haben muß, als die Soldaten abdrehten und das Kriegsgeheul der Wilden in seiner verängstigten Seele dröhnte, weiß nur Gott. An Stelle von Rettung und Freunden, die es mit seinem vertrauensvollen Herzen und in seinem unschuldigen Glauben zu finden gehofft hatte, standen grimmige Indianer vor ihm, die ihre Bögen spannten, um ihm das Leben zu nehmen und so wiederum eine Trophäe zu erringen, die das Kennzeichen des indianischen Mörders ist.

Die zischenden Pfeile flogen in Richtung des hilflosen

Kindes, und so wie die Bogensehnen schnarrten, lag der zarte Körper des heldenmütigen Wesens auch schon ausgestreckt am Boden, und die strahlende Engelsseele schwebte heim, um sich im Schoß des Vaters auszuruhen.

Am Morgen des 14., zwei Tage nachdem Mary gesehen worden war, erreichte Mr. Kelly, daß ihm von der Station ein Trupp Soldaten zur Verfügung gestellt wurde, und machte sich auf die Suche nach dem Kind. Nach einem kurzen Marsch von acht Meilen entdeckten sie die verstümmelten Überreste des ermordeten Mädchens.

Mr. Kellys Leid und Schmerz kannten keine Grenzen.

Der Körper war von drei Pfeilen durchbohrt, und der Tomahawk sowie das Skalpiermesser hatten ganze Arbeit geleistet. Als man Mary fand, lag sie mit ausgestreckten Händchen da, so als sei sie im Laufen von den tödlichen Pfeilen getroffen worden.

Gewiß hat Er, der die Spatzen zählt und die Raben füttert, sie in jener schrecklichen Stunde nicht vergessen, sondern dafür gesorgt, daß ihr das Himmelreich, zu dem ihre zitternde Seele bald aufsteigen sollte, durch ein kurzes Sichtbarwerden seiner seligmachenden Herrlichkeit die Bitterkeit des Todes versüßt hat, wie es bei dem Märtyrer Stephanus der Fall war, der, als er die Wonnen des Himmels sah, die Qualen, die er auf Erden zu leiden hatte, nicht mehr spürte.

Nachdem Mr. Kelly dem Kind die Pfeile aus den Wunden gezogen, seine Kleidung an die Soldaten verteilt und es dann liebevoll in ein Leichentuch gehüllt hatte, fiel ihm die traurige Aufgabe zu, die Erde über dem leblosen Herzen, das nun nicht mehr litt, zu glätten, und als er diese Pflicht erfüllt hatte, ließen sie das Mädchen in seinem kleinen Grab allein, fern von dem glücklichen

Zuhause seiner Kindheit und seinen Brüdern, mit denen es in seiner unschuldigen Freude gespielt hatte.

Niemand, der sein sanftes, liebliches Gesicht, das uns alle beglückte und erquickte, kannte, hätte ihm bei allen bestehenden ausgefallenen und furchtbaren Möglichkeiten ein so barbarisches Schicksal vorausgesagt. Aber es war nur der Übergang vom Tod zum Leben, von der Dunkelheit ins Tageslicht, von Zweifeln und Ängsten zu endloser Liebe und Freude. Die Kleinen, deren Seelen unter Tränen und Gebeten verzweifelter Freunde von den Daunenkissen emporsteigen, dürfen das leuchtende Himmelstor durchschreiten, das dem blutbefleckten, steinigen Lager von Klein-Mary in der trostlosen Einöde so nahe ist wie dem Palast eines Königs. Und als sie dieser großen, unbeschreiblichen himmlischen Wonnen teilhaftig geworden war, müßte die Erinnerung an die Schmerzen, unter denen sie sich dieselben verdient hatte, geschwunden und kein Preis als für ein solches Entzücken zu hoch erschienen sein.

Fern im Indianerland,
wo der Westwind »schwarze Berge« fand,
unter lieblichen Blumen und goldener Pracht
betteten sie unseren Liebling zur Ruhe sacht.

Wo bunte Vögel mit silbernen Schwingen
süße Lieder an seinem Grabe singen
und des Mondscheins sanftes, perlfarb'nes Licht
mit dem Präriegras sich bricht.

Kein Stein weist den Ort,
wo Mary schläft traumlos fort.
Doch der ächzende Wind mit traurigem Ach
wacht über ihn bei Einbruch der Nacht.

Sorglos tritt des Wilden Fuß
und der müde Wandrer, der vorbei dort muß.
Sie gewahr'n sie nicht, die kam von so weit,
um jung und rein zu beenden ihre Zeit.

Doch ihre Seele, was für ein Glück,
entschwebte zu anderem Geschick.
Sie fand süße Ruh' und ewige Wonne
im Lichte der himmlischen Sonne.

XXIV

Was nach meiner Gefangennahme in Fort Laramie geschah – Bemühungen zu meiner Rettung – Der Tod von Lieutenant Brown – Es wird eine Belohnung ausgesetzt – Wie eine andere weiße Frau und ein Kind dadurch freikommen – Ihre Retter müssen wegen früherer Morde hängen – Ein Brief mit der Nachricht, daß ich wohlbehalten in Fort Sully eingetroffen bin

Sobald Mr. Kelly nach unserer Gefangennahme die Station Deer Creek erreicht hatte, setzte er Fort Laramie telegraphisch von dem Überfall der Indianer und der Gefangennahme seiner Frau in Kenntnis.

Daraufhin ordnete Colonel Collins von der Elften Ohio Cavalry als Kommandant des Militärbezirks zwei Kompanien unter Captain Shuman und Captain Marshall, zwei tapferen, wagemutigen Männern, ab, die mich verfolgen und befreien sowie die Wilden bestrafen sollten, falls sie Widerstand leisteten.

Doch zwischen den beiden Forts lagen 100 Meilen. Daher kamen sie zu spät. Sie setzten ihren Marsch zunächst fort, kehrten aber dann, nachdem sie drei Tage unterwegs gewesen waren, erfolglos um.

Leider ist zu berichten, daß ein junger, kühner Offizier, Lieutenant Brown von den Elften Ohio Volunteers wegen mir der Grausamkeit der Wilden zum Opfer fiel, denn er entfernte sich mit Mr. Kelly und einer kleinen

Gruppe Männer vom Haupttrupp, um die Umgebung nach Indianern abzusuchen.

Als er dabei plötzlich auf ein Kriegerlager stieß, befahl der wackere Lieutenant unbedachterweise einen Angriff. Doch seine Leute, die erkannten, daß es sinnlos war, gegen eine solche zahlenmäßige Übermacht anzutreten, flohen und ließen Mr. Kelly mit dem Offizier zurück.

Angesichts dieser gefährlichen Situation tat Letzterer so als sei er ein Freund und begrüßte die Indianer mit dem üblichen »How koda?«, was bedeutet »Wie geht es euch, Freunde?«

Aber die Indianer ließen sich nicht täuschen, sondern schossen einen Pfeil ab, der ihn vom Pferd holte und ein paar Stunden später zu seinem Tod führte.

Der wurde sofort gemeldet, und die Männer machten sich daran, die Mörder so schnell wie möglich zu verfolgen. Doch die Wilden mit ihren frischeren Pferden waren bald außer Reichweite, und die Soldaten mußten enttäuscht kehrtmachen.

Der tapfere junge Mann! Ein wirklicher Freund von Mr. Kelly, der Gatte einer zärtlichen Frau und Vater eines ihn liebenden Kindes. Im frühen Mannesalter niedergestreckt. Wir würden gerne in Demut einen Kranz von Immortellen auf sein einsames Grab legen.

Nach mehreren ähnlichen Expeditionen, die nichts brachten, setzte Mr. Kelly eine Belohnung von 19 Pferden aus, deren Geldwert er beim Kommandanten von Fort Laramie hinterlegte, und es sprach sich in allen Indianerdörfern herum, daß die Belohnung ausgezahlt würde, wenn man mich wohlbehalten ablieferte.

Mein Mann und seine Brüder taten alles, um mich zu retten oder freizukaufen. Sie sparten weder Geld noch Mühe, und die langen Tage quälender Ungewißheit waren für sie schlimmer als der Tod.

Durch die für meine Freigabe ausgesetzte Belohnung wurden auch eine andere weiße Frau, eine Mrs. Ewbanks, und ihr Kind gerettet.

Der Indianer Zwei Gesichter und sein Sohn, die ihren Besitz vergrößern wollten, zahlten den anderen Indianern, die Mrs. Ewbanks und ihr Kind gefangenhielten, einen kleinen Betrag und nahmen sie mit nach Fort Laramie. Als sie sich dem Fort bis auf wenige Meilen genähert hatten, mußten die Gefangenen bei dem Sohn und einigen anderen Indianern zurückbleiben, während Zwei Gesichter vorausritt, um die Verkaufsbedingungen auszuhandeln.

Der Kommandant akzeptierte den Preis, und am nächsten Tag brachten die Indianer Mrs. Ewbanks und ihr Kind. Sie dachten, es sei egal, um welche weiße Frau es ging. Das war mehrere Monate nach meiner Gefangennahme.

Doch anstatt den Preis zu bezahlen nahm der Kommandant die Indianer fest und sperrte sie ins Wachhaus, bis ihnen wegen der Ermordung von Ranchern sowie der Entführung von Frauen und Kindern der Prozeß gemacht wurde. Die Zeugenaussage von Mrs. Ewbanks reichte als Beweis aus. Sie gaben ihre Verbrechen zu und wurden im darauffolgenden Mai hingerichtet.

Bei der Überquerung des nördlichen Platte, fünf Meilen unterhalb des Forts, hatte Mrs. Ewbanks sehr gelitten. Mit dem Kind auf dem Rücken konnte sie sich nur an einem Baumstamm festhalten, wobei man ihr ein Seil umgelegt hatte, das mit dem anderen Ende am Sattel des Indianerpferdes befestigt war.

Der Häuptling passierte den Fluß mit Leichtigkeit, aber Mutter und Kind waren, da sie sich festklammern mußten und mit Unmengen von Eisschollen zu kämpfen hatten, bei ihrer leichten Bekleidung fast erfroren.

Mr. Kelly sandte Abordnungen von Indianern mit Pferden in die Indianerdörfer. Sie hatten Briefe für mich dabei, die mir nie ausgehändigt wurden. Sie entsprachen nicht dem in sie gesetzten Vertrauen, sondern suchten mich auf ohne mir die Nachrichten zu übergeben. Dann kehrten sie zurück und erklärten, man könne mich nicht finden.

Einem Indianer kaufte Mr. Kelly eine komplette Ausrüstung, die ihn etwa 400 Dollar kostete, und schickte ihn auf die Suche nach mir. Aber dem Indianer ging es nur um das Geld. Er kehrte nie wieder zurück.

Da Mr. Kelly die Hoffnung aufgegeben hatte, in Fort Laramie noch etwas zu meiner Rettung erreichen zu können, begab er sich nach Leavenworth. Mit Hilfe der dortigen Bürger wollte er beim Divisionskommandeur eine Genehmigung zur Aufstellung einer unabhängigen Kompanie zu meiner Befreiung einholen.

In Leavenworth traf er seinen Bruder, General Kelly, der soeben aus dem Süden zurück war und einen Brief von mir erhalten hatte, in dem ich ihn von meiner Freilassung in Kenntnis setzte.

Mr. Kelly wollte es erst nicht glauben, aber nachdem man ihm den Brief gezeigt hatte, sagte er: »Ja, das ist Fannys Schrift, aber es kann nicht sein.« – Bei Tagesanbruch war er dennoch bereits auf dem Weg nach Dakota.

Wer weiß, was für mannigfaltige Gefühle ihn während dieser langen, anstrengenden Reise bewegt haben mögen, als endlich die Hoffnung ihm den Freudenbecher darbot, damit er ihn nach monatelangem Leid leeren konnte. Dazu etwas zu sagen überlasse ich denjenigen, die von dem liebsten, das sie auf Erden besaßen, getrennt waren. Über dem Schicksal des Betreffenden lag eine geheimnisvolle Stille, und das ist schmerzlicher zu ertragen als ein bleiches Gesicht unter einem Sargdeckel.

XXV

Ein Abendessen aus Anlaß unseres Wiedersehens – Die Abreise von Fort Sully – Ereignisse auf dem Weg – Unsere Ankunft in Geneva – Mutter und Kind – Eine glückliche Begegnung

In Fort Sully lagen drei Kompanien der Sechsten Iowa Cavalry, und ich würde gegen jedes Gerechtigkeitsgefühl handeln, wenn ich nicht allen, den Offizieren und einfachen Soldaten, meinen besonderen Dank ausspräche für die feinfühlige, mehr als brüderliche Freundlichkeit, die sie mir während der zwei Monate, in denen ich mich bei ihnen aufhielt, erwiesen haben.

Sie hatten in jenem Sommer bravourös gekämpft und die Indianer, die mich gefangenhielten, schwer bestraft. Und obwohl das, was ich zu ertragen hatte, dadurch zehnfach verschlimmert wurde, glaube ich, daß die Mangelsituation der Indianer viel dazu beitrug, daß ich schließlich freikam. Hätten sie reichlich Nahrung in ihren Dörfern gehabt, wäre keiner in Fort Sully erschienen, um einen Vertrag abzuschließen.

An jedem der beiden Abende, die wir nach der Ankunft meines Mannes noch im Fort blieben, wurden wir mit einem Fest geehrt, das in krassem Gegensatz zu den Festen stand, an denen ich bei den Wilden teilgenommen hatte. Gedünstete Austern schmeckten besser als gedünstetes Hundefleisch, und die Fülle anderer guter Dinge sowie die glücklich dreinschauenden, netten, verständnisvollen Gesichter meiner eigenen Leute an der Tafel erfüllten mich mit fast überirdischem Glück.

Bei dem ersten Fest hatte Mr. Harry Chatterton den Vorsitz. Auf einfühlsame Weise brachte er zum Ausdruck, welche Freude und Genugtuung seine Kameraden und er in dieser Stunde unserer Wiedervereinigung empfanden:

»Schön ist dieser Traum – himmlisch licht –
Doch ist's kein Traum, kein Trugbild nicht.
Wenn Kummer still auch Schatten warf,
Zu töten euer Lieb' es mehr bedarf.
Lang' getrennt und jetzt vereint
könnt ihr euch sagen, wie ihr geweint,
erneuern das Gelöbnis andrer Tage
und glücklich weiterleben ohne Frage.

Möge unser guter, gnädiger Vater Sie stets behüten und segnen! Möge er die Sonne des Glücks über Ihnen strahlen lassen und nie mehr gestatten, daß ein grausames Geschick sie verdunkelt! Das wünschen Ihnen aufrichtig und von ganzem Herzen alle, die heute hier versammelt sind.«

Diese Worte wurden mit großer Bewegung gesprochen, und wir waren überzeugt, daß sie aus dem tiefsten Innern kamen.

Wieviele gütige, hochherzige Menschen gibt es doch unter uns, die wir nicht zu schätzen wissen, bis eine schwere Wolke sich auf uns herabsenkt und sie uns mit aufmunternden Worten sowie freundlichen Taten helfen, uns zu erheben, oder in Zeiten der Freude unsere Hand ergreifen, um uns im Glück willkommen zu heißen.

Da wir baldmöglichst wieder bei unseren Freunden

und meiner lieben Mutter sein wollten, nahmen wir Abschied von denen, die uns so viel Wohlwollen und Aufmerksamkeit entgegengebracht hatten. Wir traten unsere Reise im Morgengrauen an, um zu verhindern, daß die Indianer, von denen sich viele noch in der Nähe des Forts aufhielten, uns bemerkten. Ständig fürchtete ich, sie könnten mich wieder entführen.

Fort Sully befindet sich am Missouri, auf dem Landwege 300 Meilen von Sioux City entfernt. Diese Distanz legten wir in einer Kutsche zurück. An sämtlichen Militärposten, Stationen und in den Städten, die wir dabei passierten, schienen die Militärs und Bürger einander an Entgegenkommen und Freundlichkeit übertreffen zu wollen. Die Bewohner der Grenzstädte kennen die Indianer und konnten zutiefst mitfühlen mit jemandem, der bei ihnen gefangen gewesen war.

In Yankton wurde mir besondere Aufmerksamkeit zuteil durch Mrs. Ash vom Hotel Ash, von der ich auch Informationen über das an anderer Stelle geschilderte Schicksal von Mrs. Dooley und Mrs. Wright erhielt. Ferner begegnete ich dort einer Reihe von Angehörigen der Sechsten Iowa Cavalry, dem tapferen Regiment, dem ich so verpflichtet war. Dr. Bardwell, einer ihrer Regimentsärzte, war auch in Yankton stationiert und bezeugte mir auf vielfache Weise seine Herzensgüte. Er hatte sich in Fort Sully aufgehalten, als die Schwarzfußindianer um einen Vertrag ersuchten und nach mir ausgeschickt wurden. Wie ich erst kurz zuvor erfahren hatte, war er aktiv an Maßnahmen zu meiner Befreiung beteiligt gewesen.

In Sioux City, Council Bluffs und St. Joe strömten Besucher herbei, um die weiße Frau, die von den Indianern gefangengehalten worden war, zu sehen, und ich mußte viele Fragen beantworten. Von St. Joe aus machten wir uns in aller Eile auf nach Leavenworth, Kansas, wo ich von Freunden und Verwandten empfangen wurde als sei ich von den Toten auferstanden.

Schließlich gelangten wir in unsere alte Heimat, Geneva, die wir erst vor ein paar Monaten, von den strahlendsten Hoffnungen auf künftigen Wohlstand in ein neues Land gelockt, verlassen hatten. Ach, was für Enttäuschungen hatten wir doch erlebt! Aber es dauerte nicht lange, da lag ich in den Armen meiner lieben Mutter, und all mein Leid verging in der Freude über dieses Wiedersehen.

Am Morgen unserer Abreise in Richtung Prärie hatte diese (mit Tränen des Kummers in den Augen) gemeint, es käme ihr vor, als ob wir uns zum letzten Mal Lebewohl sagten. Sie verspürte große Angst um mich und schien eine Vorahnung von etwas Bösem, einer über meinem Kopf schwebenden dunklen, unheilvollen Wolke zu haben, die über mir hereinbrechen und Schmerz und Schrecken verbreiten würde, was sich in den darauffolgenden Tagen als nur zu wahr herausstellen sollte.

Ich hatte mich bemüht, sie aufzuheitern und hoffnungsvoll zu stimmen, indem ich ihr lächelnd versicherte, daß ich, sobald die Eisenbahnlinie zum Pazifik fertig sei, nach Hause kommen und sie besuchen würde, daß wir trotz der vielen zwischen uns liegenden Meilen im Herzen vereint blieben und daß die Reisemöglichkeiten so schnell und bequem würden, daß wir nie über einen größeren Zeitraum getrennt wären. Aber ihr trauriges Herz wollte sich nicht trösten lassen. Da sie mich liebte mit der stets gleichbleibenden Liebe einer Mutter, die stärker ist als der Tod, immer treu und beharrlich festhält an dem Kind, dem sie gilt, trennte sie sich von mir mit dem Gefühl, einen schmerzlichen Verlust davonzutragen, dessen Wirkung zehnfach verstärkt wurde, als sie von meiner Gefangennahme hörte.

Unter dieser schweren Heimsuchung ließen ihre Kräfte allmählich nach. Sie wurde krank, und drei ganze Monate lag sie hilflos da, den Verlust ihrer Kinder beweinend und beklagend. Denn sie hatte sich kaum von dem furchtbaren, durch die Nachricht vom Gifttod meines in der Armee der Nordstaaten dienenden Bruders verursachten Schock und Kummer erholt, als diese neue, gewaltige Sorge die Verzagende wie ein Hammerschlag traf.

Aber Gott ist gut. In seiner großen Barmherzigkeit verschonte er uns beide, damit wir uns wiedersehen konnten. Ein Brief von mir, aus dem hervorging, daß ich in Sicherheit war, erreichte sie rechtzeitig, und so konnten wir einander noch einmal zärtlich in die Arme schließen.

Oh, was für ein glücklicher Augenblick! Mich dünkt, die Engel im Himmel haben gelächelt, als sie die Freude dieser lieben Mutter sahen.

Der Leser nimmt natürlich an, daß meine Geschichte hier endet und daß ich, nachdem ich wieder bei meinem Mann, meiner Mutter und meinen Freunden war, keine Probleme mehr hatte. Doch dem war nicht so. Andere Prüfungen warteten auf mich, und wenn ich auch aus der Drangsal der Vergangenheit gestärkt hervorgegangen war, so brach ich unter ihnen doch fast vor Verzweiflung zusammen. Nicht einmal mit den Indianern war ich endgültig fertig.

Da wir unbedingt wieder ein Zuhause haben wollten, verließen wir Geneva und gingen nach Shawneetown, wo wir Erfolg hatten. Aber weiter westlich boten sich bessere Chancen, und so begaben wir uns nach Ellsworth, einer neuen, unlängst an der Westgrenze von Kansas abgesteckten Stadt. Ich war die erste Frau dort. Wir lebten eine Zeitlang in unserem Wagen. Dann bauten wir ein Hotel. Doch gerade als unser Unternehmen zu gedeihen begann, wurden wir wieder von der Angst vor den Indianern eingeholt.

Die Truppen von Fort Harker, vier Meilen östlich von Ellsworth, waren unter General Hancock zu ihrer Verfolgung ausgerückt, um sie für Morde und Raubzüge entlang der Eisenbahnlinie zum Pazifik zu bestrafen. Sie hatten, als sie auf eines ihrer Lager stießen, dieses vernichtet und damit eine äußerst harte Strafe verhängt. Darüber würden die Indianer, wie wir wußten, sehr erbost sein, so daß es in den ungeschützten Siedlungen sehr gefährlich wurde. Und nach der Erfahrung, die ich gemacht hatte, wurde meine Sorge um unsere Sicherheit noch durch die entsetzliche Angst, ihnen wieder in die Hände zu fallen, verstärkt.

Die Späher Jack Harvey und Wild Bill waren ständig auf Posten, während wir eifrig in Richtung der Hügel blickten und nach Leuten Ausschau hielten, die uns etwas Neues berichten konnten. Dann versammelten wir uns um sie, und wenn sie von der Front kamen, hörten wir ihnen mit gespannten Gesichtern und offenen Ohren zu.

Inzwischen war die Einwohnerzahl von Ellsworth stark angestiegen, und es wurden Militärkompanien zum Schutz der Stadt aufgestellt. So lebten wir in einem ständigen Alarmzustand, bis eines Nachts schließlich die Meldung kam, daß die Indianer im Anzug seien. Darauf eilten alle Männer zu ihren Einsatzorten, während die Frauen und Kinder zu den Zufluchtsstätten hasteten, die man für sie vorbereitet hatte: ein gepanzertes Haus und ein »Schützengraben« beziehungsweise Unterstand in der Erde. Ich flüchtete zu letzterem Ort, wo sich insgesamt circa 50 Leute versammelt hatten, darunter auch drei junge Männer, die die einzigen Überlebenden einer großen Familie waren. Den Vater, die Mutter und zwei Schwestern hatte man bei den Massakern von Minnesota ermordet und gräßlich verstümmelt.

Die Indianer wurden zurückgeschlagen. Aber sie hörten nicht auf, uns zu belästigen und die Stadt zu bedrohen, so daß wir um militärischen Schutz nachsuchen mußten. Daraufhin schickte man uns Truppen, die uns ein Gefühl der Sicherheit gaben.

Aber Ellsworth sollte eine möglicherweise noch schlimmere Geißel als die, zu der die Indianer fast geworden wären, bestimmt sein. Die Truppen waren erst kürzlich im Süden rekrutiert worden. Bald nach ihrer Ankunft bei uns brach unter ihnen die Cholera aus und griff über auf die Bürger, was zu einer schrecklichen Panik führte. Die Seuche hatte eine verheerende Wirkung. Sie raffte alt und jung aus allen Klassen dahin.

Mein Mann fiel ihr zum Opfer.

Am 28. Juli 1867 starb er an einem heftigen Anfall dieser furchtbaren Krankheit, und ich blieb in Gefahr und Sorge als trauernde, einsame Witwe zurück.

Wegen meiner zarten Gesundheit mußte ich in den Osten fliehen. Ich unterbrach meine Reise in St. George, wo eine Woche später mein Kleines auf diese kummervolle Welt kam.

Die Leute hatten panische Angst vor der Cholera, und als ich ankam, wollten sie mich nicht in ihre Häuser lassen. So richtete ich mir eine kleine Hütte im Außenbezirk der Stadt her, in der mein Adoptivsohn und ich mehrere Tage allein verbrachten.

Eine junge Dame, Miss Baker, suchte mich auf und zeigte großes Mitgefühl. Sie sagte, sie fürchte sich nicht vor der Cholera und würde bis nach der Niederkunft bei mir bleiben.

Ich war ihr sehr dankbar für ihre Freundlichkeit, und nachdem sich die Angst der anderen gelegt hatte, wurde mir jede im Rahmen der Humanität erdenkliche Aufmerksamkeit zuteil. Aber ach! Mit meinem Herzen war ich zu Hause, und mein Heimweh nahm solche Formen an, daß der Arzt erklärte, ich könne mich nicht erholen, wenn ich nicht heimkehrte.

Was von Ellsworth zu mir durchgesickert war, erschien mir wie ein furchtbarer Traum.

Der Arzt, der mich betreute, reiste hin, um herauszufinden, ob es vernünftig war, wenn ich mich dorthin begab. Er schickte mir sofort einen Brief, in dem er mich aufforderte zu kommen, da die Cholera vorbei war.

Doch oh! Wie hatte sich dieses Zuhause verändert! Die Stimme, die immer wie leise schöne Musik in meinen Ohren geklungen hatte, war für immer verstummt, das Auge, das dem meinen stets mit einem lächelnden und verliebten Blick begegnet war, blieb dem Licht und mir gegenüber geschlossen, und die Hand, nach der ich so oft zärtlich gegriffen hatte, war im Tod erstarrt! Mr. Kelly, der edle, aufrichtige und ergebene Ehemann, mein geliebter Gefährte, der Vater meines unschuldigen Kindes, war nicht mehr da. Oh! Wie traurig sich das anhörte! Mein Herz wurde von Schmerz überwältigt, und der tat sein Werk: Er warf mich aufs Krankenbett, dem Tode nahe.

Dr. McKennon kümmerte sich sehr gewissenhaft um mich in dieser Zeit, und als es mir wieder besser ging, wurde er selbst todkrank.

Bevor er starb, wollte er mich noch einmal sehen und bat darum, ihm zu diesem Zweck die Treppe hinunterzuhelfen.

Diejenigen, die sich um ihn kümmerten, willigten ein, aber er verlor das Bewußtsein. Man legte ihn auf den Boden, bis er wieder zu sich kam. Dann hob man ihn auf und bettete ihn auf das Sofa.

Anschließend führte man mich in das Zimmer, und als ich mich zu ihm setzte, ergriff er meine Hand und rief: »Meine Freundin, verlassen Sie mich nicht! Ich habe einen Bruder in New York« — Aber kurz darauf versteiften sich seine Lippen im Tod, und er konnte nichts mehr sagen.

Es war ein schwerer Schock für meine Nerven, die ohnehin schon von Sorgen und Krankheit angegriffen waren, und seine aufmerksame Fürsorge fehlte mir sehr.

Kein Verwandter oder Freund war in der Nähe, der sein müdes Haupt auf das Kissen hätte legen können. Doch wir betteten ihn traurigen Herzens und tief bewegt zur Ruhe auf dem Friedhof von Ellsworth.

Im Frühjahr begab ich mich mit einer Ausflugsgesellschaft bis zum Ende der Straße weiter westlich, zu einem Ort namens Sheridan. Bei unserer Rückkehr machten wir Halt in Fort Hays, wo ich auf zwei Indianer stieß, die mich wiedererkannten und mir auch nicht fremd waren. Wir sprachen miteinander. Ich brachte in Erfahrung, daß sie in der Nachbarschaft ein Lager hatten und herumschlichen, um die Gegend auszukundschaften. Sie wurden gut behandelt, und man ging sehr freundlich mit ihnen um. Sie wollten wissen, wo ich wohnte. Ich antwortete ihnen: »Weit weg von hier, da wo die Sonne aufgeht.«

Als am nächsten Morgen der Zug die Stadt verließ, überquerte die Gruppe zu Pferd den Graben und sah durch die Waggonfenster in der Hoffnung, mich zu entdecken.

Den Leuten sagten sie, ich gehöre ihnen und sie würden mein Kind und mich in ihr Land bringen. Wir seien ihr Eigentum und müßten mit ihnen ziehen.

Es wurde angenommen, daß die Indianer, wenn ich in einem der Waggons gewesen wäre, versucht hätten, den Zug in ihre Gewalt zu bringen.

XXVI

Elizabeth Blackwell – Eine Mormonenfamilie – Ein brutaler Vater – Mutter und Töchter fliehen in die Berge – Tod durch Erfrieren – Elizabeths Rettung durch einen Indianer – Eine weiße Frau wird gequält – Gerettete Kinder – Die Familie Boxx – Die Gefangennahme von Mrs. Blynn

Ein paar Wochen nach den soeben geschilderten Ereignissen erhielt ich eine Nachricht von einer Fremden, die mich bat, sie in der Hütte eines Jägers, in der sie sich aufhielt, zu besuchen. Sie hieß Elizabeth Blackwell und war mit ihren Eltern, die Anhänger des amtierenden Propheten von Salt Lake City wurden, von England ausgewandert. Die Familie blieb in Salt Lake City, bis Elizabeths Vater sich eine zweite Frau nahm. Das führte zu Schwierigkeiten. Es kam zu Wortgefechten, auf die Schläge folgten, und Elizabeth wurde bei dem Versuch, ihre Mutter zu beschützen, von ihrem brutalen Vater mit einem Messer verletzt. Sie verlor ein Auge.

Entmutigt und mit wehem Herzen beschlossen die unglückliche Mutter und ihre Töchter (Elizabeth hatte zwei Schwestern) zu fliehen. Sie gingen in die Berge, und da sie kein Dach über dem Kopf hatten, kamen sie alle durch die Kälte um – bis auf Elizabeth, die halberfroren von den Indianern gefunden wurde. Sie hoben sie auf und trugen sie in ihr Lager, wo sie alles taten, damit sie wieder gesund wurde.

Sie blieb bei ihnen, bis sie in der Lage war, in den Osten zu reisen, wo sie sich einer schweren Operation unterzog, bei der ihr beide Beine oberhalb des Knies amputiert wurden.

Wegen der Behandlung, die sie von den Indianern erfahren hatte, war sie diesen so zugetan, daß sie ein Leben im Wald vorzog, und als sie mir ihre Geschichte erzählte, befand sie sich auf dem Weg von den Staaten zu ihrem Zuhause bei den Indianern.

Ihr Vater war seiner Mormonenfrau bald überdrüssig und flüchtete in die Rocky Mountains, wo er ein bekannter Straßenräuber wurde. Als er hörte, daß Elizabeth bei den Indianern lebte, besuchte er sie und schenkte ihr einen hohen Geldbetrag. Das Schicksal seiner Familie hatte große Wirkung auf ihn, und seine Gewissensbisse trieben ihn zur Verzweiflung.

Der Mann von Elizabeth brachte seine zweite Frau und Elizabeths Kind von Salt Lake nach Cincinnati, wo sie jetzt wohnen.

Als ich Elizabeth kennenlernte und mich mit ihr unterhielt, war die intelligente Dame, die einmal außerordentlich schön gewesen sein muß, 26 Jahre alt.

Sie hatte gerade erfahren, daß ihr Vater tot war. Man hatte ihn bei Fort Dodge, Kansas, umgebracht.

Elizabeth erzählte mir von vielen Grausamkeiten, die sie bei den Wilden miterlebt hatte, wie zum Beispiel in folgendem Fall:

Eine gefangene Frau von einem Treck wurde zu Pferd ins Lager gebracht. Als ein Indianer sie herunterheben wollte, erschoß sie ihn. Darüber waren die Wilden so wütend, daß sie ihr Schnittwunden beibrachten, die sie mit Schießpulver füllten, das sie dann in Brand setzten.

Der Anblick der leidenden Frau war zuviel für Elizabeth. Sie bat die Wilden, der Sache ein Ende zu bereiten, was sie auch taten.

Aber obwohl sie viele herzlose Taten und schreckliche Szenen zu sehen bekam, hegte sie den Indianern gegenüber immer noch freundliche Gefühle, denn sie hatten sie davor bewahrt, daß sie durch Verhungern und Erfrieren eines schrecklichen Todes starb, und waren sehr nett zu ihr gewesen. Sie empfand eine gewisse Verbitterung gegenüber den Weißen, weil sie soviel hatte mitmachen müssen und schlecht behandelt worden war.

Kurze Zeit später lud mich General Sully nach Fort Harker ein, damit ich zwei weiße Kinder, ein Mädchen von 14 und einen Jungen von sechs Jahren, kennenlernte, die zwei Jahre zuvor gefangengenommen worden waren. Was mir das Mädchen darüber erzählte, wie man mit ihnen umgegangen war, klang alles andere als positiv. Der Junge war unbändig wie ein wildes Tier.

Eine Siouxfrau in Fort Harker hatte diese Kinder in ihre Familie aufgenommen und sorgte wie eine Mutter für sie. Sie war die Tochter eines Weißen, in Fort Laramie geboren und mit einem Dolmetscher namens Bradley verheiratet, der die recht intelligente Frau unterrichtet hatte.

Im Januar 1868 wurden im Staate Texas zwei weitere Kinder von Kiowaindianern entführt. Es handelte sich um Mädchen, fünf und drei Jahre alt. Ihre Eltern und alle bekannten Angehörigen waren ermordet worden, und die Kinder hatte man gerade erst befreit. Sie befanden sich in der Obhut von J. H. Leavenworth, eines für die Vereinigten Staaten tätigen Indianeragenten. Da sie nichts von ihren Eltern wußten, nannte man sie Helen und Heloise Lincoln.

In Texas geriet noch eine andere interessante Familie in die Hände der Indianer, die ihr schönes Heim vernichteten und alle töteten, bis auf die Mutter und drei Töchter.

Die Familie hieß Boxx. Die 18, 14 und zehn Jahre alten Kinder durften eine Zeitlang zusammenbleiben. Aber dann wurden sie getrennt.

Sie mußten furchtbare Grausamkeiten ertragen. Das jüngste ließ man auf glühenden Kohlen stehen, um die Mutter und die Schwestern zu quälen.

Lieutenant Hesselberger, der vortreffliche, mutige Offizier, dessen Name den Gefangenen, die er gerettet hat, für immer unvergessen bleiben wird, hörte von dieser Familie und begab sich mit einem Trupp seiner tapferen Männer unverzüglich zu dem Indianerdorf. Er bot eine Belohnung an, die zunächst zurückgewiesen wurde. Aber letzten Endes gelang es ihm, die Mutter und ein Mädchen zu kaufen. Später bewirkte er auch die Freilassung der anderen.

Dabei setzte er sein Leben aufs Spiel, und der einzige Lohn, der ihm für solche Taten zuteil wird, besteht in der ewigen Dankbarkeit derjenigen, die seinem aufopfernden menschlichen Engagement und seiner Kühnheit ihr Leben verdanken.

Im Herbst 1868 begannen die Indianer an der Grenze von Kansas auf Raubzug zu gehen, und nach einer Reihe von schweren Überfällen, bei denen Häuser zerstört und Siedler ermordet wurden, rief der Gouverneur Freiwillige auf, damit sie General Sheridan beim Schutz der Siedler und bei der Bestrafung der Indianer unterstützten. Unter denen, die sich meldeten, waren mein jüngster Bruder sowie viele meiner alten Klassenkameraden und Freunde aus Geneva, von denen ich Folgendes erfuhr, was von General Sheridan und anderen rückhaltlos bestätigt wird:

Mrs. Morgan, eine vollendet schöne Braut, und Miss White, eine gebildete junge Dame, wurden beide von den

Indianern aus ihren Häusern entführt. Sie wohnten am Republican River.

In der Gefangenschaft litten sie sehr unter den Unbilden der Witterung, und es war bereits März, als sie von General Sheridan befreit wurden.

Die Truppen, die jungen Leute von Kansas, hielten sich den ganzen Winter in den Bergen auf und versuchten, die Grenze zu sichern.

Sie mußten große Entbehrungen auf sich nehmen. Manchmal hatten sie nur Maultierfleisch, oft aber auch gar nichts zu essen. Diesen selbstlosen Männern, die der Kälte und dem Hunger in den Bergen trotzten, um die Siedler an der Grenze zu schützen, gebührt alle Ehre.

Eine Mrs. Blynn aus Franklin County, Kansas, die mit Mädchennamen Harrington hieß und – nachdem sie im Alter von 19 Jahren geheiratet hatte – mit ihrem jungen Ehemann auf dem Weg zur Pazifikküste war, wurde von den Indianern gefangengenommen und schrecklich brutal behandelt.

Damals waren die Wilden in der Prärie zu einer Plage geworden. Sie griffen jeden Wagentreck an, töteten die Männer und nahmen die Frauen gefangen. Aber der Treck, zu dem Mr. Blynn und seine Frau gehörten, galt als sehr stark und war scheinbar in der Lage, jeden Angriff abzuwehren.

Mrs. Blynn hatte im Traum eine böse Vorahnung gehabt, was das Schicksal ihrer unglückseligen Gemeinschaft sowie ihr eigenes finsteres Los betraf, und dieser Traum sollte wahr werden.

Als sie ihrem Mann davon erzählte, versuchte dieser lachend ihre abergläubischen Ängste zu zerstreuen und zu verhindern, daß sie sich bei ihr festsetzten.

Doch schon wenige Tage später sah man in der Ferne eine große Zahl von Kriegern des Siouxstammes, worauf sich die Treckmitglieder in Erwartung eines Überfalls formierten.

Angesichts dieser Vorbereitungen und da sie eine starke Gegenwehr befürchteten, gaben die Indianer ein paar Schüsse ab und ritten, vor Wut und Enttäuschung schreiend, davon.

An den darauffolgenden Tagen sahen die Reisenden zwar auch noch Indianer, aber sie kamen nicht nahe genug, um Schwierigkeiten zu machen.

Zuversichtlich, daß ihrer Reise nichts mehr im Wege stand, zogen die Auswanderer erfreut und den Rothäuten gegenüber (verhältnismäßig) furchtlos weiter und brüsteten sich ihrer Stärke.

Aber schließlich nahm das Unheil seinen Lauf. Als die Kolonne den Sand Creek erreicht hatte und dabei war, diesen zu durchqueren, gellte den Auswanderern plötzlich das wilde Geschrei von Indianern in den Ohren, und im Nu stürzte sich eine Bande von Cheyennes auf sie.

Es befanden sich bereits zwei Wagen im Fluß, und anstatt eilends alle hinüberzubringen, so daß der Creek zwischen ihnen und ihren Verfolgern lag, fuhren die Weißen die beiden zurück aufs Land, wo sie sich mit den anderen verhedderten und alles durcheinanderbrachten. Ein solches Durcheinander ist genau das, was die Indianer lieben. Heulend und schreiend begannen sie, wild in der Gegend herumzuschießen, um das Vieh in Panik zu versetzen.

In fünf Minuten war alles geschafft. Sämtliche Tiere außer denen, die gut an den Wagen festgebunden waren, stürmten über die Prärie. Dann bildeten die Indianer einen Kreis und schossen eine Salve Kugeln und Pfeile ab. Mr. Blynn wurde bei dem zweiten Beschuß getötet, als er vor dem Wagen stand, in dem seine Frau und sein Kind waren.

»Gott helfe ihnen!« war alles, was er sagen konnte, während er, ein letztes Mal auf die Indianer schießend, tot zusammenbrach.

Die Männer erwiderten das Feuer eine Zeitlang. Dann flohen sie, die Verwundeten, die ganzen Wagen sowie die Frauen und Kinder bei den unbarmherzigen Siegern zurücklassend.

Santana, der Anführer der Bande, galoppierte als erster heran, gefolgt von seinen Kriegern, denen er befahl, die feigen Bleichgesichter laufen zu lassen.

Die Toten und Verwundeten wurden skalpiert und die Frauen mit den Kindern entführt. Mit allen ging man brutal um, und nachdem die Wilden soviel Beute gemacht hatten, wie sie konnten, zündeten sie sämtliche Wagen an und brachen mit den Pferden aus dem Treck zu ihren Dörfern auf.

Mrs. Blynns Sohn Willie, der zwei Jahre alt war, schrie sehr viel, was Santana so ärgerte, daß er ihn an den Fersen packte und ihm den Kopf einschlagen wollte. Doch die arme Mutter in ihrer Qual stürzte vor, ergriff das Kind und kämpfte so tapfer mit dem wütenden Mörder, daß er lachte und sagte, sie könne es behalten, denn er befürchtete, daß es Probleme geben würde, wenn er es tötete.

Auf einem Pony sitzend, das Kind im Arm, bemühte sie sich, dem Wilden zu Gefallen zu sein, indem sie sich den Anschein von Zufriedenheit gab, wobei sie hoffte, daß etwas eintreten würde, das sie retten und zu ihren Freunden zurückführen könnte. Um ihres geliebten Kindes willen ließ sie den Mut nicht sinken und beschloß zu leben.

Als sie in Santanas Dorf ankamen, war von den insgesamt sieben Gefangenen nur noch Mrs. Blynn übriggeblieben. Gruppe um Gruppe hatte sich von dem Haupttruppe abgespalten und ihre gefangenen Frauen mitgenommen.

Es dauerte nicht lange, bis Mrs. Blynns Ungemach begann. Ein oder zwei Tage bekam sie ausreichend zu essen, aber danach nur das, was die Squaws in derselben Hütte ihr gaben. Und da diese neidisch auf sie waren, weigerten sie sich oft, ihr überhaupt etwas zu geben, ganz gleich ob es für sie selbst oder für Willie war.

Eine junge Indianerin, die aus Rache für ein ihr von Santana zugefügtes Unrecht – er hatte ihre beste Freundin ermordet – eine Spionin von General Sheridan geworden war, bemühte sich mit allen ihr zu Gebote stehenden Mitteln, Mrs. Blynn aus der Gewalt der Wilden zu befreien. Aber sie hatte keinen Erfolg. Sie war der zu bedauernden Dame eine treue Freundin. Sie gab ihr zu essen und versuchte, sie mit der Aussicht auf Rettung und sichere Rückkehr aufzuheitern.

In Abwesenheit von Santana wurde Mrs. Blynn von den Squaws schändlich mißhandelt. Mit spitzen Stöckchen und harzigen Holzspänen brachten sie ihr Brandwunden bei und setzten sie den qualvollsten Torturen aus. Ihr Gesicht, ihre Brüste und Arme waren mit Verletzungen übersät. Ihr teures Kleines packte man bei den Haaren und bestrafte es vor ihren hilflosen Augen mit einem Stock.

Die gefangene Mrs. Blynn hatte vor diesem Martyrium einen Brief an den ihr unbekannten, für den Bezirk zuständigen General geschrieben und ihn durch die junge Indianerin überbringen lassen.

Dieser Brief, der jedem, der ihn liest, Tränen in die Augen treten lassen dürfte, ist nachstehend abgedruckt:

»Kiowahdorf am Washita River
Samstag, den 7. November 1868

Lieber Freund,

wer immer Sie auch sein mögen. Wenn Sie uns doch nur mit Ponys oder sonst irgend etwas von den Indianern kaufen würden und mich zu sich kommen sowie bei Ihnen bleiben ließen, bis ich meine Freunde benachrichtigen kann. Sie werden Sie gut bezahlen. Ich werde auch für Sie arbeiten und alles tun, was ich kann.

Wenn es zu dem Dorf hier nicht zu weit ist und Sie keine Angst haben zu kommen, dann bitte ich Sie, es zu versuchen.

Von den Indianern habe ich, soweit ich sie verstehen kann, gehört, daß sie Händler erwarten, denen sie uns verkaufen wollen. Können Sie durch die Überbringerin des Briefes Näheres herausfinden und mich wissen lassen, ob es sich um Weiße handelt? Wenn es Mexikaner sind, dann, fürchte ich, werden sie uns nach Mexiko in die Sklaverei verkaufen.

Wenn Sie nichts für mich tun können, schreiben Sie um Himmels willen an W. T. Harrington, Ottawa, Franklin County, Kansas. Das ist mein Vater. Teilen Sie ihm mit, daß wir bei den Kiowahs oder Cheyennes sind. Sie sagen, daß wir nach Hause können, wenn die Weißen Frieden schließen.

Fordern Sie ihn auf, an den Gouverneur von Kansas zu schreiben, damit es zum Frieden kommt. Schicken Sie ihm diese Nachricht, bitte.

Wir wurden am 9. Oktober am Arkansas, unterhalb von Fort Lyon, gefangengenommen. Ich heiße Mrs. Clara Blynn. Mein kleiner Junge, Willie Blynn, ist zwei Jahre alt.

Tun Sie für mich, was Sie können. Schreiben Sie den

Friedensbeauftragten, sie sollen noch diesen Herbst Frieden schließen. Tun Sie, was Sie können, unseretwegen, und Gott wird Sie dafür segnen!

Wenn Sie mir eine Nachricht zukommen lassen können, dann wüßte ich gerne, was Sie davon halten. Schreiben Sie meinem Vater. Schicken Sie ihm diesen Brief. Leben Sie wohl!

Mrs. R. F. Blynn

P.S.: Es geht mir so gut, wie man es erwarten kann, aber mein Kind, mein geliebter kleiner Willie, ist sehr schwach. O Gott! Helfen Sie ihm! Retten Sie ihn, mein Freund, auch wenn Sie mich nicht retten können. Noch einmal, leben Sie wohl.«

Mrs. Blynn verbrachte die Zeit damit, in dem sie sich abrackerte, wobei sie nie aufhörte, zu hoffen, bis zum Morgen der Schlacht, als General Sheridans mutige Soldaten unter dem Kommando von General Custer mit lautem Hurra in das Dorf einfielen.

Das Lager von Schwarzer Kessel wurde zuerst angegriffen, obwohl natürlich das ganze Dorf auf den Beinen war.

Das Herz von Mrs. Blynn muß vor Hoffnung und Angst heftig geklopft haben, als sie den Lärm sowie das Gewehrfeuer hörte und sah, wie die Soldaten der Vereinigten Staaten über ihre Entführer herfielen.

Vorwärts stürzend rief sie: »Willie, Willie, endlich sind wir gerettet!« Aber diese Worte waren kaum über ihre Lippen gekommen, als der Tomahawk des rachsüchtigen Santana in ihren Schädel drang. Im nächsten Augenblick hatte das Monstrum Klein-Willie gepackt und mit dem Kopf gegen einen Baum geschlagen. Dann warf er den leblosen Körper der sterbenden Mutter auf die Brust, die instinktiv die Arme um den toten kleinen Jungen schloß, als wollte sie ihn bis zu ihrem letzten Atemzug beschützen.

General Sheridan und seine Leute fanden die beiden auf der Suche nach den Leichen von Major Elliott und seinen Kameraden unter den weißen Soldaten. Sie wurden behutsam nach Fort Cobb gebracht, wo Mutter und Kind in einem Grab außerhalb der Palisaden in Frieden ruhen, nachdem ihre gemarterten Seelen in das Land, das keine Gefangenschaft kennt, eingegangen und bei dem geliebten Ehemann und Vater sind.

Wenn man sich den Himmel auf Erden verdienen kann, dann dürfte dieser kleinen Familie einer der schönsten Plätze darin zuteil geworden sein.

XXVII

Umzug nach Wyoming – Falsche Freunde – Das Manuskript meiner Geschichte wird gestohlen und gedruckt – Ich gehe nach Washington

Mr. Kellys plötzlicher Tod, meine eigene Krankheit und die Cholera, alles traf mich gleichzeitig und wirkte sich verheerend auf meine pekuniäre Situation aus. Ich wurde in jeder Hinsicht betrogen, und meinem Mann hat man sogar an dem Tag, an dem er starb, noch 500 Dollar gestohlen. Schließlich veräußerte ich das, was mir geblieben war, und ging nach Wyoming, wo die einzigen Menschen, die außer mir den Überfall auf unseren Treck überlebt hatten, ansässig waren. Es ging ihnen gut, und aus einer – wie ich damals dachte – freundlichen Gesinnung heraus boten sie mir an und redeten mir zu, ihr Haus mit ihnen zu teilen.

Wie sich herausstellte, tat ich damit einen höchst verhängnisvollen Schritt. Nach meiner Befreiung aus der Gefangenschaft hatte ich meine Mußestunden damit zugebracht, meine Erlebnisse und Abenteuer bei den Indianern im Hinblick auf eine Veröffentlichung in Buchform aufzuschreiben. Das inzwischen fertiggestellte Manuskript wurde mir heimlich entwendet und zu einem verzerrten, unvollkommenen Bericht über meine Gefangenschaft gemacht, der als die Geschichte meiner falschen Freundin ausgegeben wurde, die nach nur einem Tag und einer Nacht mit Hilfe eines Indianers fliehen konnte.

Ein Jahr blieb ich in Wyoming, dann ging ich nach Washington, entschlossen, der Regierung gegenüber Ansprüche für Verluste, die ich durch die Indianer erlitten hatte, geltend zu machen. Ich wußte, mit was für Schwierigkeiten ich dabei zu rechnen haben würde, aber meine Verantwortung gegenüber meinem Kind trieb mich voran, und ich hielt mich nicht für völlig chancenlos.

Nachdem Präsident Lincoln durch Captain Fisk über meine Gefangennahme informiert worden war, hatte er die einzelnen Militärkommandeure angewiesen, mich von den Indianern freizukaufen, koste es was wolle. So kannten die damals in Washington tätigen Behörden meine traurige Geschichte schon, als ich dort eintraf.

Präsident Grant, der durch einen Freund aus Colorado von meiner Anwesenheit erfahren hatte, ließ mich zu sich kommen und versicherte mich seiner aufrichtigen Anteilnahme. Er wußte, was sich bereits über mich herumgesprochen hatte, und sagte mir, die Unterlagen befänden sich im Kriegsministerium. General Sherman sei dafür zuständig.

Bei der Geltendmachung meiner Ansprüche mußten viele Hindernisse überwunden werden. Aber Kongreßmitglieder, die einsahen, daß mir eine gewisse Entschädigung zustand, und erkannten, daß sich die Sache bei einem direkten Antrag an das Amt für Indianerfragen verzögern würde, brachten eine Gesetzesvorlage ein, wonach ich 5000 Dollar erhalten sollte für die wertvollen Dienste, die ich der Regierung geleistet hatte, indem ich Captain Fisks Treck vor der Vernichtung bewahrte und dadurch daß ich mit meiner rechtzeitigen Warnung Fort Sully vor der Plünderung und seine Garnison vor einem Blutbad rettete. Dies geschah ohne mein Wissen. Ich erfuhr erst davon, nachdem der Entwurf beide Häuser des Kongresses passiert hatte und Gesetz geworden war.

Während meines Aufenthalts in Washington trafen Rote Wolke sowie eine Abordnung von Häuptlingen und oberster Krieger der verschiedenen Dakota- beziehungsweise Siouxstämme ein. Sie alle erkannten in mir die Frau wieder, die einmal bei ihrem Volk gewesen war, und schienen über unsere Begegnung erfreut zu sein.

Einige der guten Christen der Stadt luden die Indianer an einem Sonntag in die Kirche ein. Ich gab die Einladung weiter an Rote Wolke und erzählte ihm von der großen Orgel, der schönen Musik, die sie zu hören bekämen, und dem Wunsch der lieben Leute, etwas für ihre Seele zu tun.

Rote Wolke antwortete würdevoll, er habe es nicht nötig, in das hohe Haus zu gehen, um mit dem Großen Geist zu sprechen; er könne in seinem Tipi oder einem Zimmer sitzen, und der Große Geist würde ihm zuhören. Dieser sei nicht da, wo es die laute Musik gebe. Nein, er würde nicht hingehen.

Keiner der Indianer nahm die Einladung an, aber einige Squaws gingen hin, von eleganten Kutschen begleitet. Doch sie verschwanden bald wieder, völlig unzufrieden. Das verwirrende Aufgebot von feinen Kleidern, die schöne Kirche und die »laute Musik« interessierten sie nicht, sofern nicht ein Festschmaus damit verbunden war.

Ich gehörte mehrmals zu den Teilnehmern, wenn mit den Indianern Rat gehalten wurde. Bei einem bezog sich Rote Wolke in einer langen, an Minister Cox und den Friedensbeauftragten Parker gerichteten Rede über die von ihm beklagten Mißstände auch auf mich. Indem er die beiden auf mich hinwies, sagte er:

»Sehen Sie sich diese Frau an. Sie wurde von der Gruppe um Silbernes Horn gefangengenommen. Ich möchte, daß Sie ihr bezahlen, was diese ihr schuldet. Ich bin ein Mann, der zu seinem Wort steht, und bitte Sie, meine Zusage zu erfüllen. Ich spreche für mein ganzes Volk. Die Indianer haben diese Dame dort beraubt, und ich möchte, daß sie durch Sie von dem ersten Geld, das uns zusteht, entschädigt wird.« Und indem er zuerst dem Minister und dann dem Friedensbeauftragten seinen Finger auf die Brust legte wie um dem, was er noch sagen wollte, Nachdruck zu verleihen, fügte er hinzu: »Bezahlen Sie sie von unserem Geld. Aber geben Sie es nur ihr. Dann bekommt es die Richtige.«

Bei einem meiner Gespräche mit den Häuptlingen forderten Rote Wolke, Gefleckter Schwanz und andere mich auf, meinen Anspruch gegen ihr Volk zu Papier zu bringen, damit sie es unterschreiben konnten. Daraufhin stellte ich eine Liste auf und übergab sie ihnen mit einer eidesstattlichen Erklärung sowie einer Schilderung der Umstände, die dazu geführt hatten, daß ich beraubt und gefangengenommen wurde. Der Inhalt dieses Schriftstücks wurde ihnen von ihrem Dolmetscher genauestens erklärt.

Die die einzelnen Gruppierungen vertretenden Häuptlinge unterschrieben es bereitwillig. Es ist an anderer Stelle zusammen mit weiteren Dokumenten, die belegen, daß meine Geschichte den Tatsachen entspricht, abgedruckt und enthält ebenfalls die Unterschriften einer Abordnung von Häuptlingen, mit denen ich in New York zusammentraf.

Mit dieser letzten Begegnung endet, wie ich hoffe für immer, meine Erfahrung mit Indianern. Die Erstellung des Manuskripts für diesen unverfälschten, einfachen Bericht über meine Erlebnisse ist für mich nicht schmerzlos verlaufen. Es war so, während ich schrieb, als ob ich bei jedem Vorfall, den ich erzählte, das furchtbare Leben, das ich als Gefangene führte, noch einmal durchmachen mußte, und oft habe ich die Feder beiseite gelegt, um der

Gefühle Herr zu werden, die sich meiner bemächtigt hatten. Aber das Buch ist fertig, und am Ende dieses Kapitels hoffe ich, alle trüben Erinnerungen an meine Gefangenschaft als für immer abgeschlossen betrachten und, indem ich mich nur auf den Silberstreif am Horizont, der stets auf eine Wolke folgt, konzentriere, das Glück genießen zu können, das jeder in kindlichem Vertrauen auf Ihn, der die Dinge richtig lenkt, zu finden vermag.

XXVIII

Die Expedition von General Sully

Im Sommer 1864, während ich bei den Indianern in Gefangenschaft war, brachen Freiwillige aus Iowa und Minnesota mit ein paar unabhängigen Kompanien aus Nebraska und Dakota sowie einer Kompanie freundlicher Indianer von verschiedenen Stämmen von Fort Sully, Dakota, zu einer Expedition auf, die gemäß Weisung vom Kriegsministerium den doppelten Auftrag hatte, einen großen Auswanderertreck, der nach Idaho wollte, sicher durch das Indianergebiet zu geleiten und, wenn möglich, feindliche Banden, die ihnen begegneten, so zu bestrafen, daß sie um Frieden bitten würden.

Die Expedition stand unter dem Kommando von General Alfred Sully von der Armee der Vereinigten Staaten, einem mutigen, tüchtigen, im Kampf gegen die Indianer erprobten Offizier, der den besten Teil seiner fünfundzwanzigjährigen Dienstzeit an der Grenze verbracht hatte. Er war Captain der Infanterie unter General Harney bei dessen denkwürdigem Feldzug von 1857 gewesen und hatte an der Schlacht von Ash Hollow teilgenommen, wo Harney eine große Gruppe Indianer mit ihren Familien überraschte, die er unterschiedslos niedermachen ließ, so daß der Name des Generals den Indianern ein Greuel wurde und er sich gleichzeitig den Fluch dünnhäutiger Philanthropen zuzog, die meinten, Wilden — den »edlen Rothäuten« ihrer Phantasie — sollte man nur mit süßen Worten und sanften politischen Maßnahmen beizukommen versuchen.

Viele interessante Einzelheiten dieser Expedition und Erkenntnisse über ihre Auswirkungen auf meine Gefangenschaft sowie – letztendlich – meine Befreiung verdanke ich dem Schriftwechsel, den ein Expeditionsteilnehmer seinerzeit mit seiner Familie geführt hat.

Der erste Tagesmarsch brachte das Kommando zum Cheyenne River, wo der Ingenieur für Geländekunde, den ich schon erwähnt habe, getötet wurde. Er hatte wirklich ein trauriges Schicksal. Als Berufsoffizier diente er während des Bürgerkrieges mit Auszeichnung im Süden. Er nahm an über 50 Schlachten teil und überstand alle unversehrt. Nachdem er bei den Südstaatlern in Gefangenschaft geraten und gegen Ehrenwort freigelassen worden war, wurde er zu General Sullys Expedition abkommandiert, damit er das Land topographisch aufnahm.

Da er der Gefahr auf vielen stark umkämpften Schlachtfeldern ins Auge gesehen hatte, kannte er für die Indianer nur Verachtung und durchstreifte völlig unbekümmert das Land entlang der Marschlinie.

Kurz bevor das Kommando die Stelle erreichte, wo es sein Lager aufzuschlagen gedachte, ritt Captain Fielner, von nur einem Mann, einem Halbblut, begleitet, voran. Als sie zum Fluß kamen, stiegen sie vom Pferd und wollten die Tiere gerade in der Nähe eines Wildpflaumenbaumhains zum Weiden anbinden, als zwei Indianer daraus hervortraten, von denen einer Captain Fielner erschoß, dem die Kugel durch beide Arme und die Brust drang. Als bald darauf die Vorhut eintraf, machte sie Meldung nach hinten, zu General Sully, der der Dakota Cavalry befahl, Gefechtsformation anzunehmen und soviel des Landes zu besetzen, daß die Indianer nicht entkommen konnten. Das geschah, und als man sich zu einer Mitte hin aufeinanderzubewegte, fand man die Wilden in einer Büffelsuhle, d. h. einer von Büffeln geschaffenen Bodensenke, die ein sehr gutes Schützenloch war. Da sie sich, nachdem man sie in ihrer eigenen Sprache angeredet hatte, weigerten, sich zu ergeben, wurden sie erschossen. General Sully ließ ihnen später die Köpfe abschlagen, und als das Kommando am nächsten Morgen aufbrach, zierten sie zwei spitze Pfähle am Flußufer als Warnung für alle umherstreunenden Indianer.

General Sully zeigte sich außerordentlich betroffen vom Tod Captain Fielners. Als tapferer Offizier, gelehrter Wissenschaftler und Gentleman mit ungewöhnlichen gesellschaftlichen Qualitäten hatte er sich die Sympathie seiner Offizierskollegen und den Respekt aller erworben. Das ganze Kommando betrauerte aufrichtig seinen zu frühen Tod.

Der Tod von Feindeshand war in jener kleinen Armee selten vorgekommen, ja so selten, daß man, wenn jemand beim Anwesenheitsappell nicht antwortete, seine Abwesenheit spürte. Der einzige andere Offizier, der während der dreijährigen Operationen von General Sully gegen die Indianer umkam, war Lieutenant Thomas K. Leavitt von der B-Kompanie der Sechsten Iowa Cavalry. In der Schlacht von Whitestone Hill, im September 1863, ging Lieutenant Leavitt, nachdem man die Indianer gründlich verjagt hatte, zu Fuß durch ihr verlassenes Lager, da man das Pferd unter ihm weggeschossen hatte. Als er dabei auf ein Büffelfell stieß und es mit der Säbelspitze anhob, kamen ein Indianer und eine Squaw zum Vorschein, die ihn so plötzlich ansprangen, daß er sich nicht mehr verteidigen konnte, und mit ihren Messern an mehreren Stellen auf ihn einstachen. Die Dunkelheit brach herein, und von seinen Kameraden getrennt, seiner Kleider beraubt sowie lebensgefährlich verwundet, war er die ganze Nacht der bitteren Kälte ausgesetzt. Trotz seiner Verletzungen jedoch legte er kriechend eine gute halbe Meile zurück. Am nächsten Morgen fand man ihn und brachte ihn ins Lager, wo er bald darauf starb. Der junge Mann mit höherer Bildung, der aus einer wohlhabenden Familie stammte, hatte einen lukrativen Posten bei einer Bank aufgegeben und sich als einfacher Soldat gemeldet. Doch war er bald zum Lieutenant befördert worden, und als er starb, bekleidete er das Amt eines Adjutanten in General Sullys Stab.

Der von dem Kommando des Generals zu begleitende Auswanderertreck kam von Minnesota und wurde an einer bestimmten Stelle am Missouri, etwa 400 Meilen oberhalb von Sioux City, erwartet. Dort setzte der gesamte Troß zum Westufer über, wo man das Lager aufschlug und so lange blieb, bis die erschöpften Tiere sich erholt hatten, damit man auf einen langen, beschwerlichen Marsch in eine fast unbekannte, von einem barbarischen Widersacher eifersüchtig gehütete Wildnis vorbereitet war.

Während dieses Aufenthalts wurde Fort Rice, nunmehr eine der wichtigsten Festungen am Missouri, gebaut, und als der Marsch wieder begann, blieb ein beträchtlicher Teil des Kommandos zurück, um eine Garnison zu errichten.

Dort erfuhr General Sully auch, daß alle Stämme der Sioux sich am Knife River versammelt hatten und entschlossen waren, ihm den Durchzug durch ihr Land zu verwehren, wobei sie darauf vertrauten, daß sie mit ihrer zahlenmäßigen Übermacht die gesamte Expedition vernichten und reichlich Pferde sowie Waren erbeuten könnten, ganz zu schweigen von den Hunderten von Skalplokken, die sie als Beweis für ihre Heldentaten davonzutragen hofften.

Etwa Mitte Juli machte sich die Expedition auf den Weg nach Westen und erreichte ein paar Tage später den Heart River. Inzwischen hatte man von als Kundschaftern eingesetzten Indianern erfahren, daß der Feind an einem Ort namens Ta-ka-a-ku-ta oder Deer Woods, circa 80 Meilen nordwestlich und um diese Distanz von der für die Expedition vorgesehenen Route abgelegen, eine starke Streitmacht gebildet hatte. Daraufhin befahl General Sully, den Auswanderertreck und die schweren Armeewagen zusammenzuziehen. Schützenlöcher wurden gegraben, und da die Auswanderer im allgemeinen gut bewaffnet waren, schien es ausreichend, für den Fall einer Attacke nur einen kleinen Teil der Kavallerie zu ihrem Schutz zurückzulassen.

Nachdem der Rest des Kommandos mit leichtem Gepäck — Zelte und alles andere, was nicht unbedingt erforderlich war, blieben zurück — in Marsch gesetzt worden war, zog die kleine Gruppe entschlossener Männer in Richtung des feindlichen Lagers. Obwohl die Indianer wußten, daß ein Angriff bevorstand, wurden sie überrascht und hatten keine Zeit mehr, wie gewöhnlich ihren Besitz sowie Frauen und Kinder aus der Gefahrenzone zu bringen, denn General Sully hatte sich so schnell bewegt, daß er mindestens 24 Stunden früher als erwartet in Sichtweite des Lagers auftauchte.

Ich war bei diesen Indianern, als die weißen Soldaten — meine Landsleute — erschienen. Meine zwischen Hoffnung und Angst schwankenden Gefühle kann man sich besser vorstellen als beschreiben. Ich hoffte auf Erlösung, fürchtete aber auch, daß diese kleine Armee ein Desaster und der Tod treffen könnten.

Um ein Uhr mittags begann die Schlacht und tobte heftig, bis sich die Nacht über den Kampfplatz legte und die Weißen als Sieger sowie im Besitz des Indianerlagers zurückblieben.

Früh am nächsten Morgen wurde ich mit den Frauen und Kindern sowie den alten Männern und dem, was wir bei unserer plötzlichen Flucht mitnehmen konnten, fortgeschickt, damit wir aus dem Weg waren und die Indianer, wenn sie geschlagen wurden und fliehen mußten, nicht behinderten.

Das war ein schrecklicher Schock für sie. Es hatten sich etwa 8000 von ihnen dort versammelt, die ihr Dorf und all ihre Habe (außer den Pferden und Hunden), einschließlich sämtlicher Vorräte für den Winter, verloren. Ohne Obdach und Nahrung wurden sie in eine öde, trostlose Gegend getrieben, in der es kein Wild gab, so daß der Hungertod unausweichlich schien.

In den ersten Morgenstunden begann die Verfolgung. Doch nach einem Marsch von ungefähr fünf Meilen gab man auf, da das Land für die Kavallerie nicht mehr passierbar war. Bei der Rückkehr an den Ort, an dem am Vortag die Schlacht stattgefunden hatte, verbrachte General Sully mehrere Stunden damit, das, was die Indianer bei der Flucht liegengelassen hatten, zu vernichten. Zeltstangen wurden aufgestapelt und angezündet. In die Flammen warf man dann Felle, Zeltbahnen, Vorräte und alles, was den Soldaten in die Hände fiel.

In der Nacht lagerte das Kommando etwa sechs Meilen vom Schlachtfeld entfernt, aber immer noch in Sichtweite desselben. Bereits am frühen Nachmittag zog man sich dorthin zurück. Auf den Hügeln wurden Feldwachen, drei pro Posten, aufgestellt. Bald darauf jedoch geriet das Lager in Aufruhr, weil einer der Wachhabenden mit der ganzen Geschwindigkeit, zu der sein Pferd fähig war, herangeprescht kam, mit Indianern dahinter. Seine Kameraden, die von dem anstrengenden Dienst der vorangegangenen drei Tage völlig erschöpft waren, hatten sich schlafen gelegt, und noch bevor derjenige, der auf Wache blieb, Alarm schlagen konnte, war eine Gruppe von Indianern dicht an sie herangekommen. Nachdem er einen Schuß abgegeben hatte, um seine Kameraden zu wecken, blieb ihm kaum noch Zeit, sich auf sein Pferd zu schwingen und zu fliehen. Am nächsten Tag fand man die schrecklich verstümmelten Leichen der beiden anderen, und in der Nacht konnten die Soldaten, da sie sich in Sichtweite des Schlachtfeldes befanden, bei Feuerschein eine große Zahl von Wilden um die brennenden Überreste ihres Zuhauses herumtanzen sehen.

General Sully kehrte zum Heart River zurück, wo er die Auswanderer wieder übernahm, um den Marsch nach Idaho fortzusetzen.

Nachdem die Expedition die abwechslungsreichste und schönste Gegend durchquert hatte, die jemals von der Sonne beschienen wurde und die bei jeder Wendung Bilder von natürlicher Anmut bot, wie sie noch kein Künstler auf Leinwand gebracht hat, stieß sie schließlich auf die Mauvaise Terre oder die Bad Lands, die so unwirtlich waren, wie man es sich schlimmer nicht vorstellen kann. Weder Feder noch Pinsel vermögen auch nur annähernd ihre schreckliche Trostlosigkeit wiederzugeben.

Als das Kommando an der Grenze zu dieser Wüstenei Halt machte, kam einem unwillkürlich die frühere Beschreibung der Unterwelt in den Sinn.

Die Bad Lands von Dakota erstrecken sich vom Zusammenfluß des Flusses Yellow Stone mit dem Missouri über circa 100 Meilen nach Südwesten und sind 25 bis 40 Meilen breit. Kein Weißer hatte bis dahin seinen Fuß in diese Wildnis gesetzt.

Der erste Tagesmarsch in diesem Ödland brachte die

Expedition nur zehn Meilen weit. Er dauerte zehn Stunden, und am Ende waren die Streitkräfte nur vier Meilen und auf Sichtweite von dem Lager entfernt, das sie am Morgen verlassen hatten. Am 7. August wurde die Vorhut nachmittags von einer großen Gruppe Indianer angegriffen. Nach einem beschwerlichen Marsch von vielen Tagen erreichte man ein Tal, das Gelegenheit zur Rast und das erste Grün für die ausgehungerten Pferde bot. In diesem Tal schlug die Truppen ihr Lager auf. Die Vorhut, die bei dem Angriff der aus dem Hinterhalt agierenden Wilden leicht gelitten hatte, wurde zurückgeholt.

Am nächsten Tag begann eine der denkwürdigsten Schlachten gegen die Indianer, die unsere Regierung je geführt hatte. Das ganze Volk der Dakota, einschließlich der vermeintlich freundlichen Stämme, war dort konzentriert und zählte volle 8000 Krieger. Ihnen gegenüber stand vergleichsweise eine bloße Handvoll Weißer. Aber sie wurden angeführt von einem kriegserfahrenen Mann, der seinen Feind kannte.

Drei Tage wütete der Kampf, und schließlich, am Abend des dritten Tages, gelangte das Kommando nach einem mühseligen Marsch von zehn Tagen durch die Bad Lands in weites, offenes Gelände, wo die Wilden einen letzten, verzweifelten Versuch unternahmen, die Eindringlinge zurückzutreiben. Es waren die wilden Dakota, die bislang kaum weiße Siedlungen gesehen hatten und eine verächtliche Haltung hatten. Aber es galt, eine neue Lektion zu lernen, und die kam sie teuer zu stehen. Sie kannten große und kleine Gewehre, aber die kleinen Berghaubitzen, aus denen Granaten auf sie abgefeuert wurden, waren ihnen ein Rätsel, und so fragten sie die indianischen Kundschafter, die die Expedition begleiteten, ob alle Wagen »zweimal schössen«. In den drei Tagen wurden sie furchtbar bestraft.

Am Ende des zweiten Tages berichtete der Nachschuboffizier der Brigade, daß er Spuren von einer weißen Frau entdeckt habe und glaube, daß die Indianer eine gefangenhielten. Das war der erste Hinweis auf meine Gefangenschaft, den General Sully erhielt, und da ihm von den westlichen Posten keine Meldung darüber vorlag, daß die Indianer Gefangene gemacht hatten, dachte er, es müsse sich um irgendein Halbblut mit Schuhwerk, wie es die zivilisierten Frauen trugen, handeln.

Aber in dem tapferen, edelmütigen General regte sich tiefstes Mitgefühl, als seine indianischen Kundschafter ihm berichteten, sie hätten mit dem Feind gesprochen, der höhnisch verkündet habe: »Wir halten eine weiße Frau gefangen.«

Die Indianer wurden böse geschlagen, und als General Sully diesen Teil seines Auftrags erfüllt hatte, zog er mit seinem Auswanderertreck weiter zum Yellowstone-Fluß, und danach gab es zwar noch lange, beschwerliche Märsche, aber keine Schlachten mehr.

Anfang Oktober kam das Kommando gegenüber von Fort Rice an, wo es lagerte. Kaum hatte die kleine Gruppe weißer Krieger ihre Zelte aufgestellt, da erhielt sie die Nachricht, daß Captain Fisk mit einem großen Auswanderertreck und einer kleinen Soldateneskorte von einem mächtigen Indianerverband angegriffen worden war, daß er den Treck zusammengezogen hatte und sich nicht rühren konnte, aber in der Defensive war und glaubte, durchhalten zu können, bis Hilfe kam. Sie lagen etwa 180 Meilen entfernt, und der teilnahmsvolle Veteran verspürte, obwohl er die Handlungsweise des rangniedrigeren Offiziers verurteilte, den dringenden Wunsch, die Frauen und Kinder des anscheinend verlorenen Trecks zu retten.

Er ließ ein Sonderkommando von Leuten aus seinen verschiedenen Kompanien zusammenstellen, das Captain

Fisk und seinen Auswanderertreck aus ihrer gefährlichen Lage befreite. Dabei erhielt man den definitiven Beweis, daß eine weiße Frau von den Indianern gefangengehalten wurde. Und während jeder bereit gewesen wäre, sein Leben für ihre Rettung einzusetzen, und viele den General um die Genehmigung ersuchten, eine entsprechende Expedition durchzuführen, hatte dieser bereits Maßnahmen, die zu ihrer Befreiung führen mußten, ergriffen.

Friedliche Indianer, die die Expedition begleitet hatten, wurden zu den einzelnen Stämmen geschickt, damit sie diesen versicherten, daß die Weißen wirklich Frieden wollten, und sie zu Vertragsverhandlungen nach Fort Sully einluden. Als Folge davon ging es gegen Ende Oktober im Bereich des Forts ungewöhnlich lebhaft zu. Es waren mehrere Gruppen eingetroffen in Erwartung des großen Festschmauses, der bislang sämtlichen Gesprächen vorangegangen war. Man kann sich vorstellen, wie enttäuscht sie waren, als sie zu hören bekamen, daß es weder Gespräche noch ein Festmahl gab, bis sie die weiße Frau gebracht hatten.

Ihr Einwand, daß es nicht ihre Gefangene sei und sie sie von der Gruppe, die sie festhielt, nicht bekommen könnten, nützte nichts, und schließlich rief Großer Soldat, der als freundlich galt, dazu auf, daß sich Freiwillige meldeten, die mit ihm auszogen, um in den Besitz der weißen Frau zu gelangen. Es kamen ungefähr 100 zusammen, und man machte die Zusage, daß man sich die Gefangene verschaffen würde, auch wenn es zu einem Kampf mit denjenigen käme, denen man sie abnehmen wollte.

Es vergingen Wochen voller quälender Spannung, und dann traf ein Brief von der Gefangenen ein, der von einem Indianer überbracht wurde und die Warnung enthielt, daß das Fort erobert und die Garnison niedergemacht werden sollte. Dieser Warnung entsprechend wurde gehandelt, und als am 12. Dezember auf den Felsen oberhalb des Forts ein großes Aufgebot von Indianern erschien, war die kleine Gruppe von lediglich 200 Männern darauf vorbereitet, sie gebührend zu empfangen, wenn sie in feindlicher Absicht kamen. Nicht nur daß ihre Waffen sich in bestem Zustand befanden, sondern es schlugen auch aller Herzen vor äußerster Entschlossenheit.

Als die Kavalkade vor dem Fort aufzog und die gefangene Frau mit etwa einem Dutzend ihrer sie begleitenden wilden Begleiter die Tore passiert hatte, erging der Befehl, diese zu schließen, wodurch der Haupttrupp ausgesperrt und dem Beschuß aus der Bastion preisgegeben war.

Aber es fand kein Angriff statt. Die Indianer wußten anscheinend, daß die kleine Gruppe von Soldaten vorbereitet war, und schlugen auf einem Hügel gegenüber dem Fort ruhig ihr Lager auf. Am nächsten Tag hielten sie Rat und entschieden über die Bedingungen für die Auslieferung der Gefangenen: Drei untaugliche Pferde, die die von den Schwarzfußindianern bei den Ogalallas als Pfand für die Rückkehr der Gefangenen hinterlassenen Ponys ersetzen sollten, Geschenke im Wert von 50 Dollar, Vorräte und eine Vertragszusage für den Zeitpunkt der Rückkehr von General Sully. Die Indianer blieben fast zwei Wochen in der Nähe des Forts und bemühten sich, ihre frühere Gefangene dazu zu bewegen, dasselbe zu verlassen und sie in ihren Hütten zu besuchen, zweifellos mit dem Ziel, sie wieder an sich zu bringen. Dann sagten sie, nachdem sie ihr einige Geschenke gemacht hatten, Adieu. Zwei Monate später kehrten sie zurück und waren offenbar sehr enttäuscht, als sie feststellen mußten, daß ihre Gefangene nach Hause gefahren war. Bald schon machten sie sich erneut auf den Kriegspfad.

Für Mrs. Fanny Kelly

gewidmet von einem Soldaten

In früher Jugend weit, weit west
dein Fuß hat duft'ge Felder sanft gepreßt;
voll Freude war dein junges Herz,
hat nicht gekannt Sorg' oder Schmerz.
Der Lebensmorgen am Himmel strahlend schön,
in rotes Licht getaucht die fernen Höh'n,
und Hoffnung, glühende Hoffnung, von der Phantasie entfacht,
hat paradiesisches Entzücken in dein junges Herz gebracht.
's war dort unter westlicher Himmelsherrlichkeit,
wo prächt'ge Wälder sich recken in die Unendlichkeit
und laue Winde reich an Duft
über weitem Prärieland und ew'ger Blüte schwängern die Luft,
wo silberne Seen und munt're Bäche
rauschend durchbrechen der Hügel und Täler grüne Fläche,
und die Vogelschar, wenn dahin sie zieht,
froh anstimmt ihr stets willkomm'nes, leises Lied.
Dort war's, wo deine Jugend blieb
und alles auf furchtbare Wirklichkeit zutrieb.
Dem gehörend und angetraut, den du verehrtest
und bis zum Tod an deiner Seite begehrtest,

zu teilen deine strahlenden Hoffnungen oder dunklen Ängste,
mit dir zu lächeln oder zu weinen, wenn dir am bängsten,
dir zu sein ein Busenfreund ohn' Ende
ehrlich und treu, bis daß das Leben seinen Abschluß fände:
Die Tage und Jahre heiter vergingen,
ohne dir Kummer und Tränen zu bringen.
Nun sind sie dahin –
die sonnige Zeit war zu sehr ein Gewinn!
Denn über die weite Prärie
strebtest du einem neuen Heim zu wie nie.
Tage und Wochen so angenehm waren,
daß Bilder auftauchten aus früheren Jahren:
deine Jugend, die du geliebt,
noch ahntest du nicht, daß es bald Tote gibt.
Denn Tage der Trauer, für alle sie kommen,
von der Hütte bis zum Palast ist keiner davon ausgenommen.
Wenn dunkle Wolken am Himmel aufzieh'n
unsre schönsten Hoffnungen sind nur mehr Ruin.
Als der Treck gen Abend lagern wollte
und die Sonne ihren letzten Tribut euch zollte,
der Kriegsruf der Sioux erschallte hart
und alle umzingelt ihr wart.
Wenig später um dich lagen,
als der Rauch sich verzogen von euch und den Wagen,
die toten Leiber derer, die gequält mußten gehen hinüber,
und du warst die einz'ge, die noch blieb über.
Kein Freund, kein Berater war zur Hand,
der Worte und Zuspruch fand.

Denen, die dir am teuersten auf Erden, war Flucht geboten,
und du als Gefang'ne standest unter den Toten.
Monatelang in der Gewalt der herzlosen Meute,
ohne Rettung von irgendeiner Seite,
mußtest du zieh'n durch die wilde Prärie,
fern von deinem Mann und Klein-Mary.
Kein Stern der Hoffnung, kein Sonnenlicht
diese schreckliche Nacht durchbricht.
Nichts kann die Finsternis bezwingen,
mit der in deinem ird'schen Grab du mußt ringen.
Doch schau! Was für ein Wunder! Es ist vorbei!
Du, die gefangen, bist wieder frei.
Der große Jehova, mit starkem Arm er dich befreit,
nicht länger gewartet, nach dieser Zeit.
Die dunkelste Nacht, die dich anficht,
verwandelt er in gleißendes Tageslicht.

W. S. V. H.

Bescheinigung der Indianerhäuptlinge

Es ist persönlich vor mir, einem Notar für den Bezirk Columbia, erschienen: Mrs. Fanny Kelly, z. Zt. Bürgerin des Staates Kansas, die nach ordnungsgemäßer Vereidigung zur Niederschrift angibt, daß sie im Jahre 1864 von Geneva, Allen County, Kansas, aufbrach, um sich mit Mann und Kind in Montana niederzulassen, und daß sie und ihr Gatte zu diesem Zweck ihr gesamtes bewegliches, nachstehend größen- und wertmäßig erfaßtes Eigentum mit sich führten.

Sie gibt ferner an, daß sie nunmehr Witwe ist und eine Familie zu unterhalten hat.

Aber sie war über viele Monate Gefangene eines Stamms der Siouxindianer, der sich seinerzeit im Krieg mit den Weißen und den Vereinigten Staaten befand. Dazu kam es wie folgt: Am 12. Juli 1864 wurden sie, ihr Mann und ihr Kind sowie diverse andere Personen, während sie auf der üblichen Route durch die Prärie reisten, von diesen Indianern angegriffen, wobei fünf Treckmitglieder umkamen, während Mrs. Kelly gefangengenommen wurde. Die Indianer brachten alles, was die Auswanderer besaßen, an sich oder vernichteten es. Mrs. Kelly war fünf Monate lang in Gefangenschaft und mußte eine harte Behandlung sowie Schmähungen ertragen. Schließlich wurde sie den Militärbehörden der Vereinigten Staaten in Fort Sully, Dakota, übergeben.

Nachstehende Liste umfaßt die betreffenden Vermögenswerte, einschließlich des Viehbestands, soweit sie sich daran erinnern kann.

Eine vollständige Aufstellung wurde nach ihrer Kenntnis

Dr. Burleigh, dem früheren Abgeordneten von Dakota, ausgehändigt, den sie jedoch momentan nicht ausfindig machen kann. Die ihr im Gedächtnis gebliebenen Hauptpositionen und Werte lauten wie folgt:

. . .

Fanny Kelly

In meiner Anwesenheit unterschrieben und beeidet am 24. Februar A. D. 1870.

Jas. H. McKenney, Notary Public,
Washington County, D. C.

City of Washington
District of Columbia
9. Juni 1870

Wir, die Unterzeichnenden, Häuptlinge und Anführer der Dakota- oder Siouxindianer bestätigen hiermit die in der vorstehenden eidesstattlichen Erklärung von Mrs. Fanny Kelly enthaltene Darstellung ihrer Gefangennahme und der Vernichtung ihres Eigentums durch Mitglieder unseres Volkes. Wir akzeptieren die gegen uns geltend gemachten Schadenersatzansprüche als rechtmäßig und wünschen, daß sie durch unserem Volk jetzt oder in Zukunft als Jahresraten oder auf Grund von Bewilligungen durch den Kongreß zustehende Gelder beglichen werden. Wir bitten darum, daß der in der obigen Aufstellung genannte Betrag Mrs. Fanny Kelly vom Ministerium aus jetzt oder in Zukunft an uns zu leistenden Zahlungen erstattet wird.

X
Spotted Tail (Gefleckter Schwanz), Häuptling der Brulessioux,

X
Swift Bear (Geschwinder Bär), Häuptling der Brulessioux
X
Fast Bear (Schneller Bär), Krieger der Brulessioux
X
Yellow Hair (Gelbes Haar), Krieger der Brulessioux

Hiermit bestätige ich, daß ich bei der Unterzeichnung der vorstehenden Erklärung durch die genannten Häuptlinge und Krieger der Brulessioux zugegen war und daß ihnen der Inhalt derselben zuvor vom Dolmetscher genauestens erläutert wurde.

Chas. E. Gueru
Siouxdolmetscher

Washington, D. C., den 9. Juni 1870

Zeugen:
DeWitt C. Poole,
Captain der U. S. Army und Siouxagent

X *Red Cloud (Rote Wolke)*	X *Sword (Schwert)*
X *Red Dog* *(Roter Hund)*	X *Setting Bear* *(Ruhiger Bär)*
X *Rocky Bear* *(Taumelnder Bär)*	X *Little Bear* *(Kleiner Bär)*
X *Long Wolf (Langer Wolf)*	X *Yellow*

Ich bestätige, daß ich bei der Unterzeichnung der obigen Erklärung durch die Häuptlinge und Krieger der Ogalallas zugegen war und daß ihnen der Inhalt derselben zuvor vom Dolmetscher genauestens erklärt wurde.

John Richard

Zeuge:
Jules Coffey

Washington, D. C. den 11. Juni 1870

X *Little Swan* *(Kleiner Schwan)*	X *Black Tomahawk* *(Schwarzer Tomahawk)*
X *Pretty Bear* *(Hübscher Bär)*	X *Red Feather* *(Rote Feder)*

Hiermit bestätige ich auf Ehre und Gewissen, daß ich bei der Unterzeichnung der obigen Erklärung durch die genannten Häuptlinge und Krieger der Minniconjou- und Sans-Arc-Sioux zugegen war und daß ihnen der Inhalt derselben genauestens erläutert worden ist von

X (sein Zeichen)

Bazel Clemens, Dolmetscher

Zeuge:
F. D. Curtis

Geo. M. Randall,
Capt. und Brvt. Maj. U.S.A.
Indianeragent

New York, den 14. Juli 1870

Red Cloud (Rote Wolke), Sprecher der Siouxhäuptlinge

Beglaubigte Abschriften meiner Korrespondenz mit Captain Fisk

Washington, D. C., den 13. Januar 1865

L. Thomas, Adjutant General, U. S. A.,
Washington, D. C.

Allgemeines:

. . .

Am Nachmittag des 15. Juli brachen wir von Fort Ridgley auf, wo mir die zuständigen Offiziere die hellsten Aufmerksamkeiten und die größten Gefälligkeiten erwiesen hatten.

. . .

Der Waffenstillstand – Eine weiße Frau in Gefangenschaft

Bald versammelten sich – wie es schien – sämtliche Indianer, die sich in der Gegend aufhielten, auf einer Anhöhe in der Prärie, eine Meile von uns entfernt und in voller Sichtweite des Lagers. Aus dieser Ansammlung lösten sich drei unbewaffnete Krieger und näherten sich dem Troß mit einer weißen Fahne in der Hand, die sie ungefähr 600 Meter von uns weg in den Boden stießen. Dann zogen sie sich wieder zurück.

Das war eine unerwartete Entwicklung. Während wir zusätzliche Vorbereitungen für einen Krieg trafen, kam von der anderen Seite ein Waffenstillstandsangebot. Ich schickte Mitchell, meinen mutigen und tüchtigen Wachoffizier, mit zwei Siouxhalbblutdolmetschern aus, damit sie herausfanden, was das Ganze zu bedeuten hatte. Als sie an der Stelle eintrafen, entdeckten sie einen an mich gerichteten Brief, der auf einen Stock aufgespießt war. Ohne anzuhalten, um mit den Indianern, die nur 10 bis 20 Meter von ihnen entfernt waren, zu sprechen, kehrte mein Assistent mit dem Brief ins Lager zurück. Er schien von einer weißen Frau geschrieben zu sein, die von den Indianern gefangengehalten wurde, und lautete wie folgt:

»Makatunke sagt, er geht nicht gegen die Wagen vor, denn sie haben zwei Tage gekämpft. Nach dem, was sie mit ins Lager brachten, zu urteilen, müssen viele von ihnen umgekommen sein. Sie sagen mir, was ich schreiben soll. Ich verstehe sie nicht. Ich wurde am 12. Juli von ihnen entführt. Sie wollen 40 Stück Vieh von den Soldaten.

Hehutalunca sagt, er kämpft nicht, aber sie haben gekämpft. Seien Sie nett zu ihnen, und versuchen Sie um Gottes willen mich zu befreien.

Sie haben mich am 12. Juli gefangengenommen.

Mrs. Kelly

Kaufen Sie mich, wenn Sie können, und Sie werden zufrieden sein. Sie haben viele Weiße getötet. Helfen Sie mir, wenn es geht.

Die Hunkpapas (Sie fügen Wörter ein, und ich muß gehorchen), sie sagen, sie wollen darum kämpfen, daß die Wagen weiterfahren. Aber ich fürchte das Ende dieses Kampfes. Der Herr erbarme sich Ihrer. Rühren Sie sich nicht vom Fleck.«

Diesen Brief beantwortete ich so:

»Mrs. Kelly,

falls Sie wirklich eine weiße Frau sind, die von diesen Indianern gefangengehalten wird, will ich Sie gerne kaufen und dafür sorgen, daß Sie wieder zu Ihren Freunden gelangen. Wenn ein paar unbewaffnete Indianer Sie an der Stelle abliefern, an der wir Ihren Brief gefunden haben, dann werde ich drei gute amerikanische Pferde für sie dorthin schicken und Sie in unser Lager mitnehmen.

Ich kann nicht zulassen, daß Indianer, egal ob es wenige oder viele sind, zu meinem Troß oder Lager kommen, solange wir uns in dieser Gegend aufhalten.

Sagen Sie ihnen, daß ich weiterziehen werde, wenn ich soweit bin, und solange hierbleibe, wie ich es für richtig halte. Ich will keinen Rat und auch kein Entgegenkommen von den Indianern, die angegriffen haben, sondern ich bin darauf vorbereitet, gegen sie zu kämpfen, wenn sie es wollen, und ich fürchte nicht im mindesten den Ausgang dieser Schlacht.

In der Hoffnung, daß man Sie uns in Anbetracht des von mir gemachten Angebots sofort übergibt, bin ich

Ihr sehr ergebener
Jas. L. Fisk, Capt. Comd'g«

Der obige Brief wurde durch den Indianerboten zugestellt, und wir warteten ab, was daraus werden würde. Am Nachmittag erhielten wir folgende Antwort:

»Ich bin wirklich eine weiße Frau und befinde mich zur Zeit in Sichtweite Ihres Lagers. Aber sie wollen mich nicht gehen lassen. Sie sagen, sie werden nicht kämpfen, aber

trauen Sie ihnen nicht. Sie fragen, wie es Ihnen geht, und wollen, daß Sie ihnen Zucker, Kaffee, Mehl und Schießpulver geben. Aber geben Sie ihnen nichts, bis Sie mich selbst sehen können, und sorgen Sie dafür, daß sie mich zuerst ausliefern. Sie wollen vier Wagen. Dann hören sie auf zu kämpfen. Sie wollen 40 Stück Vieh zum Verzehr. Ich muß schreiben, was sie mir sagen. Sie wollen, daß Sie herkommen — aber Sie wissen besser, was Sie zu tun haben. Sein Name ist Chatvanco und der des anderen Porcupine. Lesen Sie selbst. Ein paar von ihnen sprechen Englisch. Sie sagen, es ist ihr Land. Sie sagen: ›Geht nach Hause und kommt nie wieder.‹ Die Soldaten von Fort Laramie sind hinter mir her gewesen, aber sie (die Indianer) bewegen sich so schnell. Und sie sagen, sie wollen Messer und Äxte sowie Pfeileisen, damit sie auf Büffeljagd gehen können. Sagen Sie ihnen, sie sollen warten und in die Stadt gehen. Da können sie die Sachen bekommen. Ich würde ihnen alles geben für meine Freiheit. Bringen Sie sie dazu, mich vorzuzeigen, ehe Sie ihnen irgend etwas geben. Sie wollen unbedingt, daß Sie Ihren Weg jetzt fortsetzen. Doch ich flehe Sie an: Tun Sie es nicht, wenn Ihnen Ihr Leben lieb ist.

Fanny Kelly

Ich habe zuvor in Geneva, Allen County, Kansas, gewohnt.«

Durch den Indianer ließ ich folgende Antwort überbringen:

»Madame,

Ihr zweiter Brief hat mich davon überzeugt, daß Sie sind,

was Sie behaupten zu sein, eine weiße Frau in Gefangenschaft. Seien Sie versichert, daß ich und meine Leute darauf brennen, sie zu befreien, aber im Moment kann ich den Forderungen derer, die Sie festhalten, nicht stattgeben beziehungsweise deren Wünsche nicht erfüllen. Wir sind in wichtigem Auftrag auf Befehl des großen Kriegshäuptlings in Washington mit einer kleinen Gruppe gut bewaffneter und entschlossener Männer auf dem Weg nach Westen in die Bergregion und halten uns absolut für imstande, uns zu verteidigen. Aber wir führen keinen Krieg, und unser Troß ist nicht für Kriegszwecke gedacht. Schießpulver und Kugeln haben wir, aber keine Geschenke für feindliche Indianer.

Ich bin Offizier der Regierung, aber auf Grund meiner Anweisungen nicht befugt, Indianern, die mich auf meinem Marsch aufzuhalten versuchen, etwas anderes als Vernichtung zuteil werden zu lassen. Doch für Ihre Freilassung würde ich drei meiner eigenen Pferde, etwas Mehl, Zucker und Kaffee oder eine Ladung Vorräte hergeben. Sagen Sie den Indianern, sie sollen sich über Nacht zurückziehen. Dann werde ich ihnen morgen Mittag, wenn sie Sie mit fünf Mann auf den Hügel, den wir heute besetzt haben, zu meinen Soldaten schicken, wobei sich ihr Hauptverband nicht über seine derzeitige Position hinaus bewegen soll, die Pferde und Vorräte übergeben, die sie in ihr Hauptquartier mitnehmen dürfen.

Wenn Anlaß dazu besteht, können wir uns morgen auf die gleiche Weise austauschen.

Der Große Geist sagt mir, daß Sie wohlbehalten zu Ihren Freunden zurückkehren werden und daß alles Unrecht, das man den Wehrlosen und Unschuldigen antut, sich rächt.

Madame, Sie haben mein tiefstes Mitgefühl.

Jas. L. Fisk
Capt. und A. Q. M. U. S. A.«
. . .

Mit großer Hochachtung verbleibe ich als Ihr sehr ergebener

Jas. L. Fisk,
Capt. und A. Q. M., Expeditionsleiter
Adjutant General's Office
Washington, den 17. März 1870
Offizieller Auszug
Wm. Berch
Assistant Adjutant General

Erklärung von Lieutenant *G. A. Hesselberger*

Washington, D. C. den 16. Februar 1870

An den ehrenwerten James Harlan,
Chairman Com. Ind. Affairs, U. S. Senat

Sir,

ich erlaube mir, zu der Gefangennahme und Befreiung von Mrs. Fanny Kelly folgende Erklärung abzugeben:

Im Sommer 1864 fand unter dem Kommando von General Alfred Sully, U. S. A., eine Expedition gegen die feindlichen Sioux im Gebiet von Dakota statt, an der ich als Offizier, und zwar als Erster Lieutenant der Sechsten Iowa Volunteer Cavalry teilnahm. Im Verlauf der Expedition stellte sich heraus, daß Mrs. Fanny Kelly Gefangene der Indianer war, gegen die wir damals vorgingen. Als das Kommando nach Fort Rice in Dakota zurückgekehrt war, traf eine Nachricht von Captain Fisk, einem Offizier der U. S.-Pioniere, ein, derzufolge er mit zusammengezogenem Zug von denselben Indianern umzingelt war, gegen die wir gekämpft hatten. Ich begab mich zusammen mit anderen zu Fisk und wurde von ihm persönlich darüber unterrichtet, daß er Mitteilungen und Warnbriefe von Mrs. Kelly erhalten habe, die besagten, daß er seinen Treck nicht aufbrechen dürfe, weil die Indianer beabsichtigten, über die beiden Teile herzufallen und, wenn er es doch täte, seine Wache sowie die bei ihm befindlichen Auswanderer mit ihren Kindern zu ermorden.

Im Herbst, nachdem die Expedition beendet worden war, wurden die Truppen auf verschiedene Posten längs des Missouri verteilt. Ich blieb mit meiner Kompanie in Fort Sully, Dakota. Etwa Ende November sprach dort ein Indianer vor. Als Offizier vom Dienst fragte ich ihn, was er wollte. Er sagte, er käme von weit her und wüßte gerne, ob ich der »große Häuptling« sei. Wenn ja, dann habe er einen Brief für mich. Es handelte sich um ein aus einem Geschäftsbuch gerissenes Blatt mit der Zahl 76 in der Ecke.

Die Mitteilung lautete wie folgt:

»Ich schreibe diesen Brief und übergebe ihn diesem Indianer. Aber ich weiß nicht, ob er in Ihre Hände gelangt, da sie sehr hinterhältig sind. Ich bin von ihnen so oft belogen worden. Fast jeden Tag haben sie mir versprochen, mich in die Stadt zu bringen. Ich wünschte, Sie könnten etwas tun, um mich von ihnen wegzuholen. Wenn sie mich in die Stadt bringen, seien Sie auf der Hut, da sie alle möglichen Drohungen äußern und sich auf einen Angriff vorbereiten. Ich habe mir aus einer Gewehrkugel einen Bleistift gemacht. Deshalb ist meine Nachricht vielleicht schwer zu lesen. Bitte behandeln Sie diesen Indianer gut. Falls Sie es nicht tun, könnte es sein, daß sie mich töten.«

Nachdem wir den Indianer ein paar Tage bei uns behalten und ihm reichlich zu essen gegeben hatten, schickten wir ihn mit einem Brief für Mrs. Kelly zurück. Bald darauf entdeckten wir eines Morgens auf dem Hügel hinter dem Fort eine große Truppe Indianer. Es erging Meldung an den kommandierenden Offizier, der unverzüglich befahl, das Fort zur Verteidigung vorzubereiten. Seit der Warnung von Mrs. Kelly hatten wir den Indianern gegenüber eine ungewöhnliche Wachsamkeit an den Tag gelegt. Das

Fort war schlecht gebaut. Den Indianern wurde mitgeteilt, daß sie sich dem Fort nicht nähern dürften. Nur die Häuptlinge, zehn oder zwölf an der Zahl, ließ man hinein. Sie brachten Mrs. Kelly mit, und als sie sich im Fort befanden, wurden die Tore geschlossen, so daß die Truppe, etwa 1000 bis 1200 Mann, ausgesperrt war. Bezüglich Mrs. Kelly kam es zu einer Übereinkunft, und die vereinbarten Sachen wurden im Tausch gegen sie übergeben.

Ich glaube und stehe mit meiner Meinung nicht allein da, daß der Rat und die Warnung von Mrs. Kelly für uns sehr wertvoll waren und dazu beigetragen haben, daß wir auf der Hut und in der Lage waren, die drohende Attacke der Indianer abzuwenden. Meines Erachtens hätten sie das Fort bei einem Angriff einnehmen können.

Der Tag, an dem Mrs. Kelly ins Fort gebracht wurde, war einer der kältesten, die ich je erlebt habe, und sie war sehr dürftig gekleidet. Sie hatte kaum etwas, womit sie sich schützen konnte. Ihre Arme, Hände und ihr Gesicht waren schrecklich verfroren, und sie wurde ins Krankenhaus von Fort Sully eingewiesen, wo man sie lange, fast zwei Monate, behandelte.

G. A. Hesselberger
First Lieutenant U. S. Army
Res. Leavenworth City

Finanzministerium
Second Auditor's Office, den 3. Juni 1870

Bei dem vorstehenden Text handelt es sich um eine korrekte Abschrift der hier bei den Akten liegenden Erklärung von Lieutenant Hesselberger.

E. B. French

Erklärung, abgegeben von Offizieren und Angehörigen der Sechsten Iowa Cavalry

Wir, die unterzeichnenden früheren Offiziere und Angehörigen der Sechsten Iowa Cavalry, geben, nachdem wir ordnungsgemäß vereidigt worden sind, zu Protokoll, daß die besagte Sechste Iowa Cavalry im Winter 1864/65 in Fort Sully, Dakota, stationiert und im Militäreinsatz war und daß wir in dem genannten Winter dort entsprechend unserer jeweiligen Qualifikation Dienst taten. Ferner geben wir an, daß am oder um den 6. Dezember 1864 herum ein Indianer vor dem Fort erschien und dem diensttuenden Offizier, Lieutenant G. A. Hesselberger, bedeutete, daß er den Leuten im Fort etwas mitzuteilen habe, daß dieser Indianer eingelassen wurde und dem kommandierenden Offizier, Major A. E. House von dem zuvor erwähnten Regiment, einen Zettel oder Brief übergab, dessen Inhalt wir alle erfuhren. Folgende Personen haben den Brief gesehen und gelesen: . . . Er war oder sollte geschrieben worden sein von einer Mrs. Fanny Kelly, die sich als Gefangene einer Gruppe von Schwarzfußindianern ausgab und erklärte, daß diese die Absicht hätten, unter dem Vorwand, sie ihrem Volk zu übergeben, die Stadt oder das Dorf, zu der/dem sie ziehen wollten, anzugreifen.

Die erschienenen Personen sagen ferner aus, daß Fort Sully beim Eingang dieses Briefes verteidigungsmäßig nicht in einem solchen Zustand war, daß die Garnison es bei einem Angriff durch eine beachtliche Truppe hätte halten können, daß Major House infolge des Briefes die

Kanone so aufstellen ließ, daß sie auf alle Seiten des Forts gerichtet werden konnte, und anordnete, daß sich die Garnison jedem Versuch, das Fort zu erobern oder zu zerstören, zu widersetzen habe.

Darüber hinaus geben sie an, daß am oder um den 9. Dezember herum die besagte Mrs. Fanny Kelly von den Indianern als Gefangene mitgebracht und dem kommandierenden Offizier in Fort Sully übergeben wurde, daß die Indianer in Kriegsbemalung und unter Kriegsgesang auf das Fort zuritten und daß, sobald Mrs. Kelly sich innerhalb der Tore befand, diese geschlossen und sämtliche Indianer außer denjenigen, die direkt mit ihr zu tun hatten, ausgesperrt wurden.

Sie sagen auch aus, daß sie auf Grund ihres damaligen Kenntnisstandes und späterer Informationen davon überzeugt sind, daß die Indianer die Absicht hatten, das Fort anzugreifen, und nur daran gehindert wurden durch die Vorbereitungen, die der kommandierende Offizier wegen des Warnbriefes von Mrs. Fanny Kelly treffen ließ. Sie sind weiterhin davon überzeugt, daß, wenn der Angriff ohne solche Vorbereitungen stattgefunden hätte, das Fort eingenommen und die Menschen, die sich darin aufhielten, niedergemacht worden wären, und geben an, daß dies die erklärte Meinung fast aller Angehörigen der damals dort stationierten Sechsten Iowa Cavalry gewesen sei. Weitere Aussagen machen sie nicht.

John Logan, *Capt. Co. K, 6. Reg. Iowa Cavalry*
Dean Cheadle, *O. S. K, dto.*
John M. Williams *Q. M. S., dto.*
John Magee, *Serg't Co. H, dto.*
John Cooper, *Corp. Co. K, dto.*
Merit M. Oakley, *Corp. Co. H, dto.*

Obige Personen sind am 22. Januar A. D. 1870 persönlich vor mir, A. J. McKean, Schreiber des Bezirksgerichts von Linn County im Staate Iowa, erschienen und haben feierlich geschworen, daß die vorstehenden Ausführungen der Wahrheit entsprechen sowie in allen Einzelheiten korrekt sind und daß keiner der Unterzeichner in irgendeiner Weise an künftigen oder vergangenen Bemühungen der Mrs. Kelly um Schadenersatz interessiert ist.

(Siegel)

A. J. McKean
Clerk District Court, Linn County, Iowa

Finanzministerium
Second Auditor's Office, den 2. Dezember 1870

Ich bestätige, daß es sich bei dem vorstehenden Text um eine genaue Abschrift des bei uns vorliegenden Originals handelt.

E. B. French
Second Auditor

[Nachstehende Bemerkungen sind mit Bleistift geschrieben.]

Captain Logan war Offizier vom Dienst, als Mrs. Kelly ins Fort (Sully) gebracht wurde, und John Magee, Sergeant Co. H, Sechste Iowa Cavalry, hatte Wache.

An den ehrenwerten James Harlan, U. S. S., und den ehrenwerten Wm. Smith, M. C., zweiter Kongreßdistrikt, Iowa:

Sehr geehrte Herren,

ich war in Fort Sully, als Vorbereitungen für die Rettung dieser Frau getroffen wurden, aber ich war nicht dort, als die Indianer sie brachten. Doch bestätige ich gern, daß die obige eidesstattliche Erklärung im Wesentlichen korrekt ist.

T. S. Bardwell
seinerzeit Assistenzarzt in der Sechsten Iowa Cavalry

Finanzministerium
Second Auditor's Office, den 24. Dezember 1870

Ich bestätige, daß es sich bei dem vorstehenden Text um eine genaue Abschrift des bei uns vorliegenden Originals handelt.

E. B. French
Second Auditor